Magique étude du Bonheur

뱅상 세스페데스 지음

행복에 관한 마술적 연구*

허보미 옮김

* 랭보의 시 〈오, 계절이여, 오, 성城이여!〉에 나오는 구절이다. 이 시에서 시인은 "오, 계절이여, 오, 성이여! 누구도 피할 길 없는 행복에 관한 마술적 연구를 나는 했도다"라고 말한다. (이하 모두 역주)

함께읽는책

차례

"나는 정말 행복한가?"

아, 보라, 거울을 들여다보라,
너의 슬픔을 들여다보라,
생은 여전히 축복의 대상,
네가 설령 축복할 수 없을지언정.

_위스턴 휴 오든, 〈어느 날 저녁 외출하여^{As I walked out one evening}〉

"**자**네가 정말 행복하냐고? 그런 바보 같은 질문이 어디
있어. 그냥 이것저것 따지지 말고 '그렇다'고 대답하
게. 어쨌거나 이렇게 숨은 붙어 있잖아. 물론 여자 하나 때문에 살
짝 맛이 가긴 했어도, 세상에는 더 참혹한 상황이 얼마든지 많다
고. 물론 자네는 살아 있는 게 전부가 아니라고 말할 테지. 한껏
도취된 황홀한 삶이 필요하다고. 감미롭고 따사로운 춤을 추듯
인생을 살아가고 싶다고. 그래야 인간은 즐겁고, 선한 존재가 될
수 있다고. 쾌락과 재능의 마르지 않는 샘이 자네에겐 필요하다
고. 오! 그래, 이론적으로는 아주 근사한 계획이야. 하지만 막상
현실의 시련에 직면하게 되면 모두가 다 부질없는 짓으로 느껴질
걸. 그때가 되면 자네는 단박에 깨달을 걸세. 그저 살아 있는 것
만으로도 감사한 일이로구나. 언제나 아름다움은 퇴색하고, 힘

은 쇠잔해지고, 사랑은 시들고, 친구들은 떠나가기 마련이네. 게다가 지구상에는 얼마나 비참한 일들이 많이 벌어지고 있는가. 우리가 사는 세계는 상상하기 힘들 정도로 끔찍한 기아와 살인과 참화로 얼룩져 있어. 그런 현실에 비추어 보면 모든 행복은 그저 외설로밖에는 느껴지지가 않네. 행복이란 그저 재력가 자제의 추잡한 삶, 희희낙락하는 부유층의 천박한 오만으로밖에는 느껴지지가 않는다고. 대국적인 관점에서 보면 모든 게 엉망인데, 소국적인 관점에서만 기쁨을 누리는 건 흡사 불난 집 지붕 위에 올라가 실성한 사람마냥 배꼽을 쥐어짜고 웃는 것과 같지. 아주 어처구니없는 일이라네. 그래, 맞아. 행복은 정신의학의 영역에 속한다네. 아마 다른 요정들도 대개 그렇게 말할 걸."

자장가처럼 조곤조곤 들려오던 목소리가 별안간 나의 잠을 찌르고, 두 눈꺼풀을 쭉 찢어 낸다. 눈앞에 분홍색, 연보라색, 파란색 빛이 아른거린다. 나는 비몽사몽간에 몸을 일으키기 위해 버둥거린다. 그러나 게스트 룸에 놓인 물침대에서 몸을 일으키기란 여간 어려운 게 아니다. 나는 어느새 다시 푹 하고 고꾸라진다. 순간 철렁거리는 물소리가 아득하게 귓전을 울린다.

"간밤에 아주 떡이 되도록 퍼마셨군 그래."

정체를 알 수 없는 남자가 말을 건다. 남자는 내가 난파당한 지점 바로 근처에 자리하고 있다. 나는 살짝 옆으로 고개를 돌린다. 여전히 분홍색, 연보라색, 파란색의 부연 안개만 눈앞에 어른

거린다. 두 눈이 물속을 유영하고 있기라도 하듯 사방이 온통 부
옇게 보인다. "아, 제발 눈이라도 좀 선명하게 보였으면 좋겠어."
나는 곁에 있는 남자가 나를 도와주기라도 할 것처럼 끈적끈적하
고 애절한 목소리로 애원하듯 말한다. 그러자 대뜸 남자가 제자
리에서 폴짝폴짝 뜀을 뛰며 말한다. "정말? 정말 그게 자네 소원이
야? 오, 아주 성미가 급하신 양반이로군, 그래!" 그러더니 무슨 주
문을 받는 카페 종업원의 말투를 흉내 내며, "갯가재 눈 하나, 맞
으시죠, 손님?"[01]하고 확인한다. 하지만 이 말을 온전히 다 이해하
기도 전에 난데없이 어디선가 일어난 금빛 먼지바람과 거센 회오
리바람이 세차게 내 얼굴을 후려친다. "어이쿠. 이건 또 뭐야?" 나
는 잔뜩 인상을 찌푸린다. "겁먹을 것 없어!" 요란한 바람 소리 너
머로 정체가 묘연한 남자가 소리친다. "그냥 효과음일 뿐이야. 극
적인 순간을 위해 특수 효과가 좀 필요할 것 같아서 말이야. 게다
가 고객이 잠결에 소원을 비는 불상사도 방지해 주니, 일석이조이
지 않은가. 내 말 무슨 소린지 알아들어?"

"그만, 그만! 그 정도면 충분해!"

순식간에 모든 게 잠잠해진다. 바람 소리도, 목소리도, 현기증
도. 나는 다시 눈을 뜬다. 분홍색, 연보라색, 파란색. 다행히 눈썹
에서 쏟아져 나오던 반짝이 가루는 사라졌군.

---

01 갯가재는 시력이 좋기로 유명한 동물이다.

"이게 대체 무슨 요상한 일이람!"

"자네가 '그 정도면 충분해'를 외쳤으니, 이제 처음부터 다시 시작해 볼까? 미리 경고하네만, 이제 자네에게 남은 카드는 없어. 좀 전에 다 써 버렸거든."

"거참, 무슨 귀신 씻나락 까먹는 소리인지!"

"그래, 그런 반응을 보이는 것도 당연해. 철학자 선생들께서 으레 겪는 자연스러운 과정이지. 철학자들은 너무 코기토적인 사유에 익숙해서, 이런 상황에 처하면 하나 같이 정신줄을 놓아 버리거든. 1888년 니체를 찾아갔을 때였어. 구닥다리 특수 효과와 함께 말의 모습으로 변신한 내가 니체 앞에 나타났어. 히이잉! (그래, 그래, 안다고. 초극적^{Über} 말02의 울음소리라기엔 뭔가 영 어설프지? 하지만 말 울음소리를 똑같이 낸다는 게 어디 쉬운 일인 줄 아나?)"

"그래서 니체는 어떻게 됐지?"

"어떻게 되긴, 그 가련한 인간, 완전히 정신줄을 놓아 버렸지! 그 일이 있고부터는 무대 연출을 한층 업그레이드했다네. 자네는 아주 행운아야! 요즘에 우리 요정들은 철학자 고객을 상대하는 경우엔 무조건 분홍색, 연보라색, 파란색의 부연 안개와 돌풍 바람으로 일단 고객을 깨우고 나서 작업을 시작한다네."

"이를테면 무슨 '램프의 요정' 같은 건가?"

---

02 니체의 초극적 인간, 즉 '초인^{Übermensch}'이라는 개념을 패러디한 표현.

"휴. 무슨 그런 구닥다리랑 비교를! 기름 램프라면 그만 잊어주게. 요즘은 바야흐로 요술 아이폰의 시대라고!"

"어쨌거나 내가 바라고 원하는 소원 세 가지를 빌면 되는 거지?"

"아니, 딱 하나! 그게 바로 이 요정님의 유일한 한계지. 알라딘 시대 이후로 우리 요정들은 소원 수를 대폭 줄였다네. 소원을 세 개씩 들어주다 보니 부작용이 엄청났거든. 물론 소원 하나만 들어주는 데도 이미 골치 아픈 일이 한두 개가 아니지만!"

"그렇다면 내가 바라고 원하는 소원 하나를 빌라, 그건가?"

"그냥 짧게 '소원'이라고 말해. '내가 바라고 원하는 것' 그게 바로 '소원'이잖아. 굳이 복잡하게 말할 필요가 뭐 있어. 그건 쓸데없는 중복어법pleonasm이라고. 미안, 미안. 내가 좀 한 '깐깐'하는 요정이라!"

술기운에 취해 이런저런 초현실적인 대화를 나누던 나는 마침 내 내 눈앞에 나타난 것이 원하는 소원은 무엇이든 다 들어준다는 그 유명한 요정임을 깨달았다. (물론 그자는 자신이 진짜 요정이라는 사실을 내게 입증해 보이기 위해 조랑말 변신술까지 선보여야 했다. 그래도 다행히 말의 모습으로까지 변신할 엄두는 내지 않았다. 그 모습을 본 내가 'HP'03 신세를 지게 되는 건 아닌지 걱정이 되었던 탓이겠지.)

---

03 '정신병원'을 의미하는 동시에, '마력魔力'의 약자로도 쓰인다.

서문
"나는 정말 행복한가?"

13

그는 내게 어떤 소원을 빌고 싶은지 천천히 시간을 갖고 신중하게 생각해 보라고 권했다. 그러나 내 머릿속은 이미 소원에 대한 생각보다는 궁금해서 미칠 것 같은 의문들로 터질 것만 같았다.

"네 이름이 뭐지?"

"아, 내 이름? 똑똑히 잘 기억하게. 내 이름은 '제옹'이야. 동료들 가운데 가장 참을성이 많은 요정이지. 철학자들은 이것저것 따지기를 좋아해서, 철학자들을 영접하는 자리에는 꼭 이 몸이 불려 나간다니까. 덕분에 나도 철학에 대해서라면 알만큼 안다네. 특히 행복에 관해서라면 거의 전문가 수준이지."

"너를 보낸 자가 누구지?"

"누구긴. 조커Joker지!"

"왜 하필 나야?"

자초지종을 들어보니, 간밤에 나는 술기운에 취해서 부지불식간에 그만 요정을 불러내는 주술을 행하고 말았다. 꿈결에 큰소리로 "나는 정말 행복한가"라는 마법의 주문을 외친 것이다. 그러자 팡~ 샤르르! 블링블링! 아브라카다브라 얍! 하고 요정이 나타난 것이다. 무슨 소원이든, 정말 아무리 말이 안 되는 소원일지라도 모두 다 흔쾌히 들어줄 준비가 된 요정이 진짜 눈앞에 나타난 것이다. "축하하네, 친구! 자네는 정말 운이 좋은 사람이야. 사실 무슨 소원이든 다 들어주는 요정을 만날 확률은 복권을 손에 쥐고 벼락을 두 번이나 맞을 확률보다 더 희박하거든!"

하지만 대체 나는 어떤 소원을 빌어야 할까? 무슨 소원이든 다 빌 수 있다는 건 너무 막막한 제안이고, 한 가지 소원밖에 빌 수 없다는 건 또 너무 선택지가 협소한 걸. 요정은 다시 좀 전에 나를 깨울 때의 '구루'[04] 목소리로 돌아갔다. 내가 좀 더 빨리 생각을 정리할 수 있게 도와줘야겠다고 마음먹은 듯했다.

세상사에 흥미를 잃은 무감한 인간

"결국은 말이지." 요정이 운을 뗐다. "누구나 마지막으로 생각하게 되는 소원은 바로 영생이야. 돈, 명예, 사랑, 황홀경 따위가 대체 무슨 소용이겠어. 관 속에 두 발 쭉 뻗고 드러눕는 신세가 된다면 말이야. 사실 내가 영생을 선물해 준 인간은 한둘이 아니었어. 하지만 도무지 이해가 안 가. 너희 대부분의 수컷 족속들은 본능적으로 영원불멸의 삶을 소망하거든. 인간들은 대개 호기심이 많은 동물이라 다음에 펼쳐질 미래를 못 견디게 궁금해 하지. 하지만 생각해 보게. 지구상에 살고 있는 인류가 모두 멸종하기라도 한다면, 그다음엔 어떻게 될까? 아니, 아예 지구가 폭발해 버리기라도 한다면? 아마 내가 영원불멸의 존재로 만들어 준 그 인간들

---

04 gourou: 영적 지도자.

은 바보처럼 저 드넓은 우주 공간을 둥둥 떠다니는 신세가 되고 말 걸세. 그럼 영생을 소원으로 빈 걸 땅을 치며 후회하겠지! 그제 야 그들은 더 이상 죽음을 부정적인 눈으로 바라보지 않을 거야. 비로소 죽음을 있는 그대로의 본연의 모습으로 이해할 수 있게 되 겠지. 죽음이란 '삶'의 곁을 지키며, 살아 있는 자들에게 충만한 기 쁨을 선사하는, '세상에서 가장 소중한 존재'임을 절실히 깨닫게 될 거라고!"

제웅은 제 얘기가 신이 난 듯 내친김에 다른 '고객'의 이야기까 지 더 들려주었다. 그에 따르면 어떤 고객들은 무턱대고 영생을 소원으로 비는 대신, 좀 더 신중하게 영생의 한계를 극복할 묘안 을 짜내기도 했다. 가령 그들은 더도 말고 덜도 말고 '딱' 수백 년 만 건강한 몸으로 청춘을 즐기게 해 달라고 요정에게 빌었다. 하 지만 그 결과는…… '참혹'했다. 나는 잠시 목이 칼칼한 것도 참 고, 입을 헤벌린 채 요정의 이야기에 귀를 기울였다.

"나이가 들면 철없는 인간도 철이 들기 마련이야. 바보도 조금 은 바보티를 벗어나지. 그건 정말 틀림없는 사실이야. 천수를 누 리는 게임을 즐기는 동안, 인간은 어마어마한 경험을 쌓게 되거 든. 세계 곳곳을 구경하며 견문도 넓히고, 인간이라는 다이아몬드 의 모든 면을 샅샅이 탐험하기도 하지. 그러는 사이 그들은 수많 은 직함을 지닌, 수많은 언어를 구사할 줄 아는, 엄청난 부자로 거 듭 난다네. 그들은 매일 같이 셔츠를 갈아입듯 문화를 갈아 치우고, 넥타이를 갈아매듯 정신과 의사를 갈아 치우고, 팬티를 꺼내 입듯 파트너를 갈아 치운다네. 웬만큼 위험천만한 운명에도 모두 대응할 수 있는 만반의 준비를 갖추게 되는 거야. 그러니 어떤 위험 앞에서도 절대 욕망을 억제하지 않지. 병에 걸리는 것쯤은 대수롭지 않게 여겨 아찔한 위험 속으로 불도저처럼 돌진하지. 또 온갖 짜릿한 감각에 거침없이 몸을 맡기고.

금세 그들 눈에는 '유한한 인간들'의 가치관이 '열망의 차단기'처럼 보이기 시작해. 그들이 누리는 마술 같은 시간이 어느새 그들 머릿속에 새로운 도덕관을 형성하고, 별안간 세상을 바라보는 눈도 180도 바꾸어 놓은 거야. 결국 모두가 한 줌의 흙으로 돌아갈 운명이라면, 타인을 존중하며 살아갈 이유가 대체 무엇일까? 타인과 마음을 나누고 자애로운 사랑을 베풀며 관계를 유지하기 위해 애쓸 까닭이 무엇일까? 그들의 심리 상태도 마찬가지야. 새롭게 얻은 초월적 능력에 부합하게끔 완전히 바뀌어 버리지. 그들은 항상 침울한 얼굴을 하고 만사에 냉소적으로 반응하는 인간으로 돌변한다네.

요정 세계에서 쓰는 전문 용어로 그런 인간들을 세상사에 싫증 난 '무감한 인간'이라고 부르지. 중증 중독에서, 가장 음탕한 퇴폐적 감각에 이르기까지, 이 세상에 존재하는 모든 감정의 롤러코스터를 전부 체험하고 난 그들은 별안간 '그래서 그게 다 무슨 소용인데?'라며 거대한 허무 속으로 빠져드는 거야. 그들이 보기에 진정으로 열정적인 삶은 항상 그에 합당한 희생을 요구하지. 그러니 그들은 차라리 탐욕스럽게 '취미hobbies'나 수집하고 마는 걸세. 그들은 처음 60년 동안은 파란만장한 인생을 경험하며 살아간다네. 그러나 어느 순간 주변의 모든 것이 사라지는 경험을 하지. 인생길을 밝혀 주던 이정표도, 우상도, 자녀도 모조리 사라지는 거야. 그러고 나면 돌연 그들은 자신의 참모습과 마주하게 되지. '동족'과는 눈곱만큼도 닮은 데가 없는 자신의 본모습을 불현듯 깨닫게 되는 거야. 보통의 인간들이 느끼는 삶의 속도와 열망, 환상과는 완전히 괴리된 자신의 모습을 말일세. 흡사 단물 빠진 풍선껌처럼, 예전에는 그토록 맛있던 산해진미가 정말이지 너무도 쓰디쓰게만 느껴지지. 그리고 그 쓰디쓴 맛이 그들의 내면을 채우고, 육신과 심장으로 스며드는 거야. 더 없이 근사한 육체와, 그러나 시름시름 죽어가는 심장 속으로.

이 '무감한 인간들'은 결국 마지막 남은 자유로 자살을 감행하지. 그러나 언제나 그들은 벼랑 밑에서 무사히 살아 돌아오거나, 혹은 얼간이처럼 목에 맨 밧줄에 대롱대롱 매달린 채 버둥거리는 신세로 끝난다네. 이제 그들은 그 무엇에서도 의미를 느끼지 못해. 어떤 추억을 낙으로 살아가야 할지, 어떤 길을 향해 나아가야 할지, 어떤 이와 혼연일체가 되어야 할지 도무지 알 수가 없다네. 그들은 죽음의 무게를 덜어 내려다가 끝내 인간적 감정까지도 모조리 벗어던지고 만 셈이야. 급기야 어느 순간부터는 말을 하는 것조차 피곤하게 느끼기 시작한다네. 그렇게 겹겹의 시간 동안 오로지 침묵만이 오래도록 울려 퍼지게 되지. 그 겹겹이 두터운 과거를 온전히 다 소화하기까지는 아마도 천 년에 달하는 길고 긴 고독과 성찰이 필요할 테니까.

아! '무감한 자'들이여! 나의 피조물이여! 내 목걸이에 꿰인 작은 비운의 방울들이여! 그들은 진실한 사연을 털어놓으면 정신병원에 갇히고, 법을 어기면 감옥에 갇히는 신세가 될 거야. 그들은 대부분의 시간을 시간으로부터 도망치기 위해 보낸다네. 자신을 고통스럽게 하는 집착으로부터 멀리 달아나기 위해. 그들의 말에 귀 기울이지 않는 세상으로부터 멀리 도주하기 위해. 하지만 무엇보다도 자기 자신으로부터 멀리 탈주하기 위해. 그들은 점점 더 커다랗게 부풀어 오르며 그들을 괴롭히는 가장 간단한 욕구(그들에게 그 욕구는 바로 일반인들에게는 '암'과도 같은 질병이라네)로부터 도주하고 싶어 안달하지. 진실이 무엇인지 큰 소리로 외치고 싶은 욕망, 모든 것을 관할당국에 까발리고 싶은 그 욕망 말일세. 그들은 어떻게 해서든 그 욕망을 꾸역꾸역 억누른다네. 실험실의 쥐가 되어, 놀란 눈을 동그랗게 치켜뜨고 그들을 괴롭히려 득달같이 달려드는 의사들의 날카로운 해부용 칼날 아래서 인생을 마감하고 싶지는 않을 테니 말이야. 잠시 머릿속에 그려 보게. 3세기에 걸친 생체 해부가 대체 어떤 느낌일지!

그러다 마침내 수난의 역사도 끝이 나지. 비로소 죽음이, 해방의 순간이 찾아오는 거야! 그러나 막상 죽을 날이 차츰 가까워 오면 모든 것이 다시 본래의 맛을 되찾게 된다네. 그들은 다시금 세상에 대해 예민하게 반응하고 온몸으로 모든 걸 빨아들이기 시작하지. 삶의 열정과 행복을 회복하는 거야. 더욱이 그동안 고통으로 번민한 덕분에 겸손함이라는 미덕까지 갖추고서 말이야.

그들은 다시금 미친 사람들처럼 사랑에 빠진다네. 누군가와 관계를 맺고, 전율하고, 즐기고, 도움의 손길을 내밀지. 그들은 굉장히 인간적인 존재로 거듭난다네. 여느 관대한 현인보다도, 여느 명석한 학자보다도 훨씬 더 분별력 있고 섬세한 인간이 되는 거지. 그들은 신과 어깨를 나란히 하는 존재, 반신반인의 존재, 천사가 되어 이 세상을 하직한다네. 그러나 이보게, 친구, 이 같은 숭고한 결실은 그럼에도 무기력함 속에, 정체적 혼란과 자기소외의 끝자락에서 보낸 과거의 그 길고 긴 나날을 결코 보상해 주지 않는다네."

나는 여전히 반쯤 취한 상태로 요정의 말을 경청해 본다. 그러나 좀처럼 이 상황이 현실로 느껴지지 않는다. 나는 메가톤급 회의에 휩싸인다. 이걸 꿈이 아닌 현실로 받아들이기 위해선 어쩌면 조랑말 한 마리가 더 필요한지도 모르겠다. "이봐, 친구, 자네 기분이 어떨지 충분히 이해하네." 제옹이 말한다. "자네는 아마 눈앞에 어지럽게 펼쳐진 수억 장의 증명사진 가운데 마음에 드는 걸 골라야 할 때처럼 머리가 핑핑 도는 것만 같이 느껴질 거야. 그래,

알아. 충분히 이해한다고. 하지만 그렇다고 천년만년 이렇게 시간을 허비할 수는 없다네! 그러니까 우리 별 중요하지 않은 건 좀 대충 건너뛰어 보는 게 어떨까? 어때, 좋지?"

"그래. 그렇게 하지."

"먼저, 영원불멸한 삶은 어떠한가?"

"아니, X표."

"그럼, 비자 연장은?"

"감사하지만 사양하겠네. 그나저나 이거 무슨 몸 풀기 게임인 거야? 거 게임 한번 참 시시하군."

하늘을 찌를 듯한 명성

"그래, 알았어! 그럼 이제부터 본격적인 게임으로 들어가지!"

요정은 별안간 활활 의욕에 불타올랐다. 목소리는 점점 커지고, 형형색색의 소용돌이가 점점 더 짙은 빛깔을 냈다. 어느새 분홍색, 연보라색, 파란색은 요정의 모습을 전부 가려 버릴 정도로 짙은 빨간색, 자주색, 파란색으로 바뀌었다.

"자네는 글쟁이니까, 가령 아카데미 프랑세즈[05] 회원 같은 건

---

05 프랑스 최고 지성들의 모임으로 통하는 권위 있는 학술 기관. 한림원이라고도 불린다.

어떤가?"

"얼씨구."

"아니면 공쿠르상[06]은?"

"갈수록 점입가경이군."

"그게 싫다면 노벨상은 어때?"

"그것참 퍽이나 구미가 당기는 제안일세."

"그래, 알겠어. 그냥 알아듣기 쉽게 단도직입적으로 말하지. 세계적인 슈퍼스타가 되게 해 줄게! 어때? 일요 연예면에 나오는 스타들의 얼굴을 새하얗게 질리게 할 정도로 유명한 스타 말이야! 구글 사이트를 과부하로 버벅거리게 만들 만큼 인기가 하늘을 찌르는 유명 인사! 내 자네를 마이클 잭슨의 10승쯤 되는 인물로 만들어 주지. 물론 그 옛 같은 사건들을 싹 빼고!"

"여기가 무슨 할인 행사장이라도 되는 건가?"

"그러지 말고. 잘 생각해 보게. 레드 카펫을 사뿐히 지르밟는 슈퍼스타가 되는 거라고! 1년 365일 내내 황홀경의 연속일 거야! 얼마나 근사한 밤들이 자네를 기다리고 있을지 상상이나 할 수 있는가! 팬들과 여자들과 샴페인의 끝없는 향연일 거라고!"

"하지만 파파라치에 시달릴 텐데?"

"내 경호원을 붙여 주지."

---

06 프랑스 문학상.

"온갖 악성 댓글과 비방은 어쩌고?"

"세계 최고 변호사를 고용하면 그만이야!"

"그래 봤자…… 다 '금칠한 감옥'에 불과하네. 갑갑한 삶일 뿐이라고."

"자네 사상이 사방 천지에 엄청난 반향을 일으키도록 해 줄게! 자네가 생각하는 구상들이 모두 현실이 되고, 사회적 관심이 뜨거워지도록 해 주겠다고!"

"……."

"이봐, 그렇게 너무 깐깐하게 굴 것 없잖아! 정말 자네의 철학이 세상을 변혁할 수 있다고 믿는다면, 그냥 이 소원을 수락하게. 그러면 짜잔! 내가 자네를 이 세상에서 제일 높은 저 천상의 시상대 위에 올려 주겠네! 인류 최고의 명사로 만들어 주겠다고! 자네 생각해 봤어? 자네의 후손들이 자네의 은공 덕에 무려 여섯 대에 걸쳐 명문가로 이름을 떨칠 거라고."

"제웅, 그런 달콤한 말로 나를 꼬드길 생각은 말아. 자네가 아무리 슈퍼 요정이라 해도, 일개 이름 없는 무명 요정이 그런 일을 해낸다는 건 그리 만만한 일이 아닐테니."

내 날카로운 독설이 자존심을 긁었는지 요정은 별안간 입을 굳게 다물었다. 분홍색, 연보라색, 청록색. 나는 이 절호의 기회를 놓치지 않고 잠시 구렁텅이를 벗어나 혼자 차분히 생각을 더듬어 보기로 했다. 가까스로 간밤에 일어난 일들을 하나씩 짜맞추어 본다. 불과 몇 시간 전까지만 해도 나는 산 베네데토 델 트론토에서 파티를 즐기고 있었다. 이탈리아산 와인과 태국 허브, 나폴리의 권주가 등이 머릿속에 드문드문 떠오른다. 그리고 그 환상적인 입술…… 하지만 도무지 이름은 기억나지 않는 한 여인의 잘 익은 과육처럼 도톰한 그 육감적인 입술과 찌릿찌릿 내 몸을 감전시키던 그 보드라운 피부, 그리고 필름이 끊길 때까지 이어지던 물결의 일렁임. 그래, 그건 파도의 일렁임이었는데…… 그런데 대관절 그녀는 어디로 간 거지? 그녀의 이름은 줄리아…… 아니, 카를라…… 아니…… 에잇, 모르겠다…… 그냥 '섹슈엘라'라고 해 두자. 대체 우리 이쁜이 '섹슈엘라'는 어디로 간 거지? 꼭두새벽부터 일어나 커피 한 잔 달랑 마시고 홀연히 나를 떠나 버린 걸까(Ma che ora è)? 게다가 나는 왜 뜬금없이 이 연보라빛 부연 안개 속에서 혼자 발버둥을 치고 있는 걸까? 말도 안 되는 바보 같은 악몽을 꾸고 있기라도 한 건가? 아니면 마약 기운으로 잠시 환각 체험 bad trip에라도 빠진 건가? 그것도 아니라면, 혹 이탈리아산 마약을 과다 복용한 나머지 이제 막 숨이 꼴딱 넘어가고 있는 중일까? 그래, 어쩌면 그럴지도 모른다. 정말 내 인생이 종말을 고하는 순간인지도. 디 엔드The End. 36살, 환각 속에 생을 마감하다!

불현듯 짙은 공포가 나를 엄습한다. 돌연 세상으로부터 홀로 버려진 듯한 불쾌한 기분이 창자를 마구 뒤틀기 시작한다. 지금 이 순간 내가 마지막 단말마의 경련 속에서 진정으로 빌고 싶은 소원이 하나 있다면, 그건 아마도 그저 몇 십 년만이라도 제발 더 목숨을 부지하게 해 달라는 것…… 아주 조금만 더 생을 연장해 달라는 것뿐이리라.

"이봐, 친구, 걱정 붙들어 매시게. 지금 자네가 무슨 생사를 좌우하는 위급한 상황에 처한 건 아니니까!"

다시 요정의 목소리가 내 머릿속을 휘젓고 다니기 시작한다. 차체 덩어리들이 폭포처럼 한없이 쏟아져 녹아내리기라도 하듯 사방이 온통 어지럽다. 대체 누가 내 머리통에 이상한 약물을 주입한 거지?

"이봐, 내 곁에 꼭 붙어 있으라니까 거참 말 안 듣네! 자네는 틈만 나면 주제를 자꾸 벗어나는 나쁜 버릇이 있군. 제발 내가 자네를 행복하게 해 주기 위해 정성껏 준비한 그 '대박 보너스 찬스'에만 정신을 집중하라고! 그리고 말이 나와서 말인데, 소원을 빌 때는 '큰 소리로' 소원을 외쳐야 하네. 명심하라고. 어쨌거나 자네가 좀 전에 했던 생각이 그리 틀린 가설은 아니야. 아마 지금 1회용 플라스틱 컵에 자네 소변을 받아 검사해 보면 약물이 좀 섞여 나올 것이야!"

"그나저나 그 여자 말인데……."

"누구? 섹슈엘라? 그녀 아버지는 목재 공장에서 회계원으로 일한다네. 수입은 한 달에 2천유로. 매달 꼬박꼬박 양육비를 대며 살아가는 이혼남이야. 어머니는……."

"나 너무 무서워. 혹시 내가 죽는……."

"아니, 왜 뜬금없이 약한 모습이야? 원래 '죽는 법을 배우는 게 철학' 아니었어?"

"그 죽는 법을 배우는 '수업'을 마저 다 마치려면 몇 년이 더 필요할 것 같아서."

"이봐, 그냥 편하게 자네가 이루고 싶은 것을 아무거나 하나 말해 보게. 그럼 내가 이루어 준다니까. 그러면 내 당장 이 특수 효과와 싸구려 유머들을 싹 다 챙겨 가지고, 바람과 함께 사라져 줄게. 어때, 좋지? 이를테면 하늘을 찌를 듯한 명성은 어떠한가? 천하가 자네 발밑에 머리를 조아리도록 해 줄게. 이봐, 생각 잘 해. 나는 자네가 매릴랜드 주에서 6번째로 부유한 여자와 결혼하게 해 줄 수도 있다고. 아니면 세상 모든 섹시한 여자들이 전부 자네에게 달려들도록 만들거나! (물론 품은 좀 들겠지만, 어쨌든 나는 기적을 행할 수 있는 요정이니까!)"

"하지만 그것도 별반 다를 것 같진 않은데……."

"아니, 별반 다를 것 같지 않다니, 대체 무엇과?"

"영원불멸한 삶이나 천수를 누리는 삶과! 결국 부와 명성도 인간을 세상사에 싫증난 '무감한 인간'으로 만들어 버리기는 매한가지니까. 모든 관계를 틀어지게 만들고, 인간적 감정들을 모조리 앗아갈 거라고. 나는 내가 은행에 돈이 좀 있다고 내 스스로 남들보다 우월감을 느끼는 것도 싫지만, 또한 그런 이유들로 인해 다른 사람들이 나를 숭배하는 것도 질색이라네……."

"구구절절 옳은 말씀이야. 숭배는 숭배를 받는 사람이나 숭배를 하는 사람 모두 바보로 만들어 버리지. 축하해. 자네가 1점 선취했네."

"나는 누가 나를 여신의 품에 던져 주었다고 해서, 인간의 정상적인 감정들을 느낄 수 없게 되는 건 정말 원치 않아."

"이봐! '정상적인 감정'이라고? 대체 무슨 정상적인 감정? '정상'[07]이란 그저 한낱 세탁기에 입력된 세탁 코스 중 하나일 뿐이라고!"

이 마지막 멘트. 앗! 이건 분명 이탈리아로 떠나기 바로 전날, 내가 라디오에서 들었던 말인데. 당시 나는 〈프랑스앵테르Fran-ceinter〉에서 방송 중인 대담 프로를 듣고 있었다. 방송에 출연한 한 정신과 전문의가 정상 상태에 목을 매는 환자들을 구원해 줄 비결을 이야기하다가 난데없이 이 농담을 꺼냈었다. 나는 그의 말을 듣자마자 배꼽을 쥐어짜고 박장대소했다. 말하자면 그 자리에서 나는 내가 집어 삼킨 그 말들을 모두 완전히 소화해 버린 것이다. 그렇기에 이렇게 자유자재로 그 말을 불러낼 수 있었던 게지. 그 말은 말하자면 나의 일부가 된 셈이다. 결국 제웅은 저 익숙한 표현을 입에 담는 바람에 그만 정체를 들키고 말았다. 그러니까 나

---

07 normal: 정상적이라는 뜻 외에도 일반적, 표준적이란 뜻을 갖는다.

는 한참 꿈을 꾸고 있는 중인 것이다. 제웅의 입에서 흘러나오는 저 말들은 모두 내 욕망의 목소리에 불과한 것이다. 저항적인 기억들을 순화하고, 머릿속에 떠오른 단상들을 재활용한 내 욕망의 목소리일 뿐이다. 요컨대 "나는 진정 행복한가?"라는 바로 그 중대한 의문에 해답을 찾아내고 싶다는 나의 욕망이 요정의 입을 빌어 표현된 것이다. 물론 마치 깨어 있기라도 한 것처럼, 꿈결 속에 느껴지는 감각들이 너무도 생생한 것이 사실이다. 그 유머 코드도 왠지 나의 것이라기에는 이상하리만치 어색하다. 그래도 조금만 더 관대해져 보자! 나는 새로운 사건들을 잔뜩 경험한 채로 이국 땅에서 잠이 들었다. 그러니 평상시보다 강렬한 꿈을 꾸는 것은 어쩌면 자연스러운 현상일 테지. 하지만 난데없이 로또 복권이 가득 담긴 선물 자루를 들고 나타난 저 산타클로스 선생은 대체 어디서 튀어나온 거지? 저건 너무 뜬금없는데. 어느새 차근차근 합리적으로 생각을 가다듬는 사이 나는 조금씩 안정을 되찾아 갔다. 그리고 끝내 두려움을 모두 가라앉힌 채 평온한 마음으로 빛의 물결과 깊은 성찰 속으로 빠져들 수 있었다.

"이런, 친구! 아니야, 아니라고. 자넨 지금 절대 꿈을 꾸고 있는 게 아니라고!"

"그래, 어련하시겠어!"

"이 친구, 내가 다시 돌풍 바람이라도 일으켜야 믿을 텐가? 아니면 조랑말 변신술이라도 한번 보여 줘야 해?"

"대체 내 머릿속 어디서 그런 것들을 다 찾아냈는지는 모르겠지만, 솔직히 나름 흥미진진한 게임이었네……."

"오! Bene! Bravissimo! 대단해! '정상적인' 사람이라면, 고문을 당하는 듯한 격렬한 고통이 느껴졌을 텐데……."

"그럴 리가. 자네와 한 그 게임 덕분에 나는 진짜 중요한 질문에 한 걸음 다가갈 수 있게 되었는걸. 그러니 미안하네만, 잠시 내가 조용히 혼자 생각에 잠길 수 있는 여유를 좀 허락해 주겠나?"

제웅은 공정한 페어플레이를 외치더니 입을 다물었다. 그러나 내가 마음속으로 생각을 정리하는 동안 가끔씩 어디선가 투덜거리는 소리가 들려왔다.

돈 가방

"Te manc' semp' o centesem' p'acchcchià a lir'!"

아마도 내 환각 증세는 이 나폴리 방언에서부터 시작된 것이 분명하다. 나는 어제 이탈리아의 유로존 가입 이전에 만들어진 것으로 추정되는 이 속담에 대해 알게 됐다. 표준 이탈리아어로는 "Ti manca sempre un centesimo per fare la lira"라고 표현하는데, 우리말로 옮기면 "너는 항상 1리라에서 1첸테시모(센트)가 부족하다"는 의미다. 무엇에든 쉽게 실망하여 만족하지 못하는 사람을 표현할 때 쓰이는 더할 나위 없이 훌륭한 비유다. 이 속담을 듣는 순간 불현듯 머릿속에 떠오르는 사람이 한 명 있었다. 바로 우리 아버지였다.

아버지는 마흔다섯 살부터 쉰여섯이 될 때까지 항상 똑같은 불만을 입에 달고 살았다. 당신이 타고난 재능만큼 근사한 인생을 살지 못했다는 신세 한탄을 틈만 나면 늘어놓았다. 아버지는 본래 전도유망한 배우가 되는 게 꿈이었다. 그러나 워낙에 성질머리가 고약한 데다, 어머니마저 대학 공부를 더 하라며 등을 떠미는 통해 결국 배우의 길을 포기했다. 게다가 아버지에게는 나와 내 이복동생 두 명까지, 부양해야 할 식솔들이 있었다. (이 얼마나 무거운 짐이란 말인가!) 결국 아버지는 이 같은 인생의 '우여곡절'을 끝내 극복하지 못하고 천직과도 같이 소중히 여기던 연극인의 길을 포기했다. 대신 아버지는 그의 예술혼을 가정에서 불태우셨다. 때로는 쓴웃음을 짓기도 하고, 또 때로는 와락 성질을 부리기도 하였으며, 또 때로는 타인을 비난하며 스스로를 책망하셨다. 아버지는 언제나 "~했어야 했는데"라는 후회와 자조 섞인 자책을 반복하며 스스로를 안달복달 괴롭히며 살아갔다.

그 끔찍한 나날을 보내는 동안 아버지는 어디선가 현금 다발이 수북이 들은 돈 가방을 줍는 상상을 하는 데서 인생의 위안을 찾곤 하셨다. 아주 작은 가방일지라도 상관없었다. 어느 조심성 없는 은행원이 흘리고 가거나, 은행 강도가 황급히 도주하다 실수로 떨구고 간 돈 가방 하나만 발견할 수 있다면. 저녁 식사가 끝나고 나면 어김없이 아버지는, 돈 가방 하나가 얼마나 근사한 인생 역전을 우리에게 선사해 줄 수 있을지 열변을 토하시곤 했다. 더도 말고 덜도 말고 딱 1~2백만 유로만 생긴다면. 그러면 아주 기나긴 파티를 즐길 수 있을 것이라고 아버지는 말씀하셨다. 호화로운 고급 별장을 사들일 수도 있을 것이고, 세계 전역을 누비며 여행을 즐길 수도 있을 것이다. 혹은 으리으리한 서재도 하나 갖출 수 있을 것이다. 하지만 뭐니 뭐니 해도 돈 가방이 생겨서 가장 좋은 점이 있다면 그날로 더 이상은 '돈 걱정' 없이 두 다리 쭉 뻗고 편히 살아갈 수 있다는 것이었다. 돈만 있으면 이 일 저 일 모두 하인에게 떠맡기고, 필요하다면 회계사를 부리며 살아갈 수도 있으리라. 그러면 집안 살림을 관리하는 일에서부터, 관청에 제출할 서류를 정리하거나, 고장 난 가재도구를 손보거나, 가벼운 경범죄를 처리하는 일처럼 평소 인간의 자유를 억압하던 모든 자질구레한 일들이, '정상적인' 인간을 바보로 만들어 버리고, 인간을 예술과 멀어지게 만들던 그 모든 잡다한 일들이 한순간에 기적처럼 모조리 사라지게 되는 것이다. 그렇다. 우리 아버지에게 돈은 인생을 행복하게 해 줄 일종의 요술 방망이였던 셈이다. 자고로 돈이란 인간이 가장 본질적인 것에만 헌신할 수 있게 해 주는 수단, 요컨대 창조와 사랑에만 몰두할 수 있게 해 주는 유일한 수단이었다. 어쩌면 많은 이들이 돈 가방을 줍거나 로또 복권에 당첨되는 공상을 하며 그토록 무력하고도 쓸쓸한 기쁨을 쫓아다니는 것도 실은 그러한 환상 때문이 아니겠는가. 돈. 사적이면서도 혁명적인 돈. 수동성을 행동으로, 뻣뻣한 마를 부드러운 벨벳으로 바꾸어 주는 돈.

나는 당시 아버지의 열정을 열심히 받아 마시며 그 형편없는 허구적 환상에 열렬히 동참했다. 그러나 정확히는 모르겠지만 언제부터인가 무엇인가 잘못됐다는 생각이 어렴풋이 들기 시작했다. 대체 그것이 무엇이었을까? 그것은 바로 TV였다. 1985~1995년대 우리가 바보처럼 게걸스럽게 들이키던 바로 그 TV. 그 시절 TV는 하늘에서 쏟아지는 돈벼락이나 모노폴리 게임[08]식의 성공, 자본주의의 도래가 가져올 눈부신 삶의 변화에 대해 사람들에게 강렬한 환상을 심어 주었다.

부르주아지는 브라운관을 통해 그들을 배반하고 싶어 하는 이들의 머릿속에 부르주아 정신을 주입했다. 당시 부르주아지에게는 새로운 특수요원이 함께했는데, 가령 바보 얼간이 같은 방송 진행자, 온갖 욕망을 거침없이 선전해 대는 광고 전문가, 사민주의, 반동적 성격의 '신철학자Nouveaux Philosophes[09]', '만사를 운이 나쁜 탓'으로 돌리는 경제학자, 그리고 경영의 황태자나 각자도생의 귀

---

08 2개의 주사위를 굴려 나온 수만큼 말을 옮겨 해당 칸의 땅을 사거나 땅의 소유주에게 돈을 내는 식의 보드 게임.

09 1970년대 중반 극좌노선을 버리고 우경화한 철학자들로, 반전체주의 이데올로기를 주창했다.

재들이 그들을 지원 사격했다. 사실 '68혁명'을 TV 수상기 속에 침몰시키고, 사회적 불만을 다른 곳으로 돌리는 데 있어 〈배추 잎 만세!〉류의 방송 프로그램들만큼 일등 공신으로 활약한 매체는 찾아보기 힘들었다. 이런 종류의 방송들이 활개를 치면서, 더 이상은 정치를 개혁하자는 주장이나 혹은 여럿이서 함께 삶을 변혁하고 행복의 의미를 재정립하자는 요구는 더 이상 찾아볼 수 없게 되었다. 이제는 오로지 돈, 돈, 돈, 돈만이 유일한 관심사였다. 부지불식간에 우리 아버지도 이런 집단적 흐름에 편승했다. 아버지는 과거를 불평하면서도, 결코 현실에 저항하는 법이 없었다. 아버지는 이내 TV가 주워섬기는 핑계들을 당신의 인생을 변명하는 구실로 활용하며, 뜨겁게 불타오르던 열정들을 억누르고, 부인하고, 끝내 소멸시켰다.

　하지만 돈에 대한 개념이 없던 우리가 돈 가방을 손에 쥔들, 대체 그것으로 할 수 있는 일이 기껏해야 무엇일까? 아마도 내 손을 덜어 줄 사람들만 여러 명 고용해 가며, 결국 자잘한 일들을 돌봐주는 하인들을 대동하지 않고 누릴 수 있는 인생의 행복을 까마득히 잊어버린 채 살았을 것이다. 혹은 면책특권이라도 얻은 양 아무런 양심의 거리낌 없이 한도 끝도 없이 휴가나 즐기며 살았을 테지. 혹은 도시 외곽의 어느 근사한 부촌에 지어진, 제초제에 흠뻑 절은 잔디밭이 딸린 철저히 밀폐된 그림 같은 집에서 안락한 보호를 받으며 살았을 것이다. 더욱이 나 자신은 또 어찌 되었을까?

만일 내가 머리가 텅텅 빈, 캐비어에 환장한 막돼먹은 부잣집 도련님이 되었다면, 아마도 나는 아버지에게 온갖 응석을 부리는 소위 '개망나니'로 자라났겠지. 그랬더라면 나는 지금과 같은 창조적 에너지를 대체 어디에서 찾아낸단 말인가? 아니, 그보다 더 끔찍한 일은 아버지가 어떻게든 돈 가방 덕에 청년 시절의 푸르른 꿈을 저버리지 않고 정말로 원하는 인생을 살았을 경우다. 그랬더라면 나는 어느 유명 스타의 복제품, '아무개의 아들'이라는 꼬리표를 평생토록 낙인처럼 붙이고 살아가야 했을지도 모른다. 모르긴 몰라도 내 인생에 있어 돈 가방은 분명 일종의 재앙이 되었을 게다. 틀림없이.

"그렇지만 또 누가 알겠니?"

그때 별안간 제웅이 아버지와 똑같은 음성을 흉내 내며 내 이야기를 가로막았다.

"목적이 아닌 수단으로서의 돈은 환상적인 약발을 자랑하는 '거담제'와도 같으니! 별 시간이나 품을 들이지 않고도 모든 문이 저절로 네 앞에 활짝 열린다고 생각해 보렴. 게다가 주변사람들도 너를 항상 존중하고, 예의를 갖추어 말하거나 행동할 것이란다. 그저 손가락만 한 번 살짝 튕기는 것만으로, 너와 네 친지들의 꿈이 모두 현실로 실현되는 거라고! 자고로 돈은 행복을 널리 전파해 준단다, 아들아! 가령 네 엄마에게 3만 유로, 네 아빠와 애인과 친구에게 3만 유로를 준다고 생각해 보렴. 그리고 나머지는 네가 갖는다고. 너는 아마도 모두에게 기쁨을 나눠주는 은혜로운 존재가 되어 있을 거란다!"

"그래 봤자. 그런 건 다 인위적인 기쁨에 불과할 뿐이야!"

"아니다, 아들아! 그건 시처럼 아름다운 환희란다! 불가능을 실현시켜 주는 힘을 지닌 돈의 묘미를 함부로 비방하지 말거라! 돈이란 자고로 꿈은 더욱 원대하게, 꿈꾸는 자는 더욱 담대하게 만들어 주는 법이니까. 이상을 현실로부터 갈라놓는 유일한 장애물은 바로 경제적 결핍이란다. 유토피아? 그것은 돈이 실현해 주지. 손에 넣을 수 없는 이상? 그것도 돈이 접시 위에 살포시 담아 네 눈앞에 대령해 줄 거야. 너는 한 번이라도 친구가 인생의 계획을 실현하는 데 쓸 수 있도록 3만 유로를 선뜻 내준 적이 있느냐? 그럴 때 그 친구의 얼굴이 얼마나 은혜로운 빛으로 넘쳐흐를지 한 번 상상이나 해 봤느냐? 오, 아들아, 내가 친구에게 주는 것은 돈이 아니니라, 바로 사랑이니라! 사람의 마음을 다사롭게 쓰다듬어 주는 위안의 손길! 요컨대 누군가를 행복하게 해 주는 것, 그런 것이야말로 진정한 행복이 아니겠니?"

제웅은 다시 목소리를 풀더니 본연의 중저음 첼로 톤으로 돌아왔다.

"이봐, 친구. 자네는 사실 하루하루가 불안한 지식 노동자 아닌가! 언제나 누군가에게 손만 벌리고 살아왔지, 선뜻 돈을 내준 적은 없었을 거야!"

"거참 듣기 좋은 소리만 골고루 골라서 하네."

"나는 지금껏 요정으로 일하면서 모두 17개의 돈 가방을 손님들에게 나눠 주었네. 내 장담하네만, 좋은 일에 쓰이는 돈은 사람들을 아주 많이 행복하게 해 주지! 돈이 행복을 만드는 게 아니라는 소리는 그저 가난한 사람들을 위로하기 위해 지어낸 말일 뿐이야. 부자들이 가난한 사람들의 분노를 조용히 잠재우기 위해 만든 헛소리에 불과하다고! 그거 알아? 일반적으로 공장 노동자의 수명은 간부 노동자보다 무려 9년이 짧다네…… 물론 '돈을 위한 돈'은 인간의 창의성을 훼손하기도 해. 하지만 '꿈을 위해 쓰이는 돈'은 말이지, 그것은 세상 그 무엇보다도 위대한 힘을 발휘한다네. 그것은 극한의 오르가슴과도 같은 것이지. 틀림없어. 이 세상 모든 사람들이 돈을 쫓으며 산다네. (막스 앤 시Marx & Cie[10]도 마찬가지야.) 돈이란 평영 영법을 크롤 영법으로 바꿔 주고, 칙칙한 우리네 인생의 창문에 분홍색 물감을 흩뿌려 줄 수도 있다는 사실은 삼척동자도 다 알지. 작은 돈 가방 하나면, 무거운 짐처럼 너의 어깨를 짓누르던 수많은 문제들이 해결될 거야. 너는 의욕에 넘쳐 대양과도 같은 노력을 다하게 될 거고. 지성과 교양이 너에게로 물밀듯이 밀려들 테지. 사랑의 꽃들이 너의 피부 위를 흐를 거고. 심지어 너의 어망 속에 담긴 꽃게들도 조금은 똑바로 걷는 기적이 일

───────
10 저가 의류 브랜드.

어날 거라고. 내 장담하지! 돈은 인간적인 것을 강화하며 모든 이들에게 건강과 사랑이 넘치는 삶을 선사해 준다네."

"아니야. 그렇지 않아. 돈은 그저 자신의 인간성을 팔아넘기는 한낱 매춘 행위에 지나지 않아."

"이보게, 친구. 인간은 누구나 포주라네! 일종의 노예제도 지지자들이라고 할 수 있지. 인간은 아예 유전자 속에 포주 근성을 지닌 채로 태어났다니까! '이건 이렇게 해라! 저건 저렇게 해라!', '바보 같이 굴지 말고 내가 시키는 대로만 해라. 내 말에 복종해라!'…… 네가 혹 세상사에 흥미를 잃은 '무감한 인간'이 되는 게 정 싫다면, 그냥 생체 실험을 통해 인간의 감정을 배양해 네 몸에 주입해 가지고 들고 다니라고. 인간의 감정을 너무 이상화하지 말라는 소리야! 매춘은 세상 어디에나 존재하네. 공장 노동자에서 심리학자에 이르기까지, 교수에서 경영진에 이르기까지, 우체국 직원에서 상원 의원에 이르기까지, 소시지를 파는 점원에서 콩포라마[11] 매장을 책임지는 점장에 이르기까지 모두가 매춘을 한다고! 즐거움이 배제된 모든 노동에는 매춘이 자리하기 마련이야. 그러니 이 문제에 도덕 따위를 들이밀 생각은 하지 말게. 노동자, 실업자, 기회주의자에 이르기까지, 거의 모든 사람들이 오늘날 오로지 한 가지 생각에만 매달려 살아가고 있어. 자신의 몸과 땀을

---

11 프랑스 가구 가전 유통 업체.

팔아 월 말마다 두툼한 월급봉투를 받아 챙기는 것! 돈 가방의 한 귀퉁이라도 조금이나마 손에 쥐어 보는 것. 그렇게만 하면 아무리 힘겨운 삶조차 조금은 '버틸 수' 있을 테니까. 맛있는 것도 먹고, 영화도 보고, 휴가도 즐기고, 최신형 평면 TV도 구입하면서 말이야. 돈은 단지 우리의 일상생활을 조금 개선만 해 주는 게 아니라네. 우리의 인생을 아예 통째로 행복 자체로 바꾸어 놓지. 자네도 그렇게 고고하게 굴 것 없어. 자네 역시 돈이 없는 삶은 상상조차 할 수 없지 않은가!"

"하지만 부자들도 가끔은 절망에 빠진다고. 자살로 생을 마감하는 불행한 부유층 자제들이 얼마나 많은지 아는가……."

"그런 것은 다 부수적 피해에 불과해. 대개는 아빠가 자식을 잘못 키워서 생긴 일이지. 혹은 돈을 권력과 동일한 것으로 혼동하는 데서 비롯된 일들이라고. 가령 우리 주변에 성정체성의 혼란 따위로 고통을 겪는 이들을 간혹 찾아볼 수 있지 않은가? 그럼에도 어쨌든 대부분의 부자들에게 돈은 기쁨을 가져다준다네. 정말이라니까!"

"하지만 돈은 존재를 소유로 변질시키잖아."

"아, 또 그놈의 개똥철학! 그건 경쟁 사회에서는 어쩔 수 없는 일이라고. 세상에는 삶을 향유할 수 있는 능력이 있는 사람이 있는가 하면, 그렇지 않은 사람들도 있는 거라고. 그건 자연스러운 일이야!"

"참으로 식상한 설명같군……."

"세상에는 자유롭게 여행을 즐기며 사는 사람이 있는가 하면, 베드타운에서 썩어 가는 사람도 있어. 자녀를 명문 학교에 보내는 사람이 있는가 하면, 자식을 쓰레기 똥통 학교에 방치할 수밖에 없는 이들도 있고!"

"그래도 부자들 역시 실존적 불안에 시달리기는 마찬가지 아닌가."

"대부분의 실존적 불안은 물질적 안정으로도 충분히 해소할 수 있네!"

"하지만 인간은 아무리 돈이 많아도 언제나 또 돈이 부족하다고 느끼잖아. 돈이란 인간에게 끝없는 좌절감만 안겨 주니까! 'Te manc' semp' o centesem' p'acchchià a lir'!'……."

"그렇다면 이렇게 소원을 빌면 되지 않는가. '내기 얼마를 쓰든 내 저금통 안에 항상 백만 유로가 남게 해 주세요!'"

"미국에서는 백만장자가 1570명에 불과한 데 반해 가난한 사람은 무려 4500만 명에 달한다네. 프랑스도 가난한 사람이 700만 명을 넘고! 제옹, 내가 아무리 벼락부자가 된다 한들, 이런 사회적 불평등이 존재한다면 양심에 거리낌 때문에 마음이 편치 않을 것 같아. 특히 남반구 개도국들의 사정을 보면……."

"그렇다면 어마어마한 저항운동이 일어나 세상을 평등하게 만들어 달라고 빌어 보던가."

"정말? 정말 그런 엄청난 일도 할 수 있는 거야?"

"왜, 너무 놀라서 입이 안 다물어지는가? 1789년에 일어난 프랑스혁명, 자네는 누구의 작품 같나?"

"계몽주의 철학자들의 영향을 받아…… 기근 발생으로……."

"푸핫핫! 나 잠깐 웃어도 되지? 이봐. 잘못 짚어도 한참 잘못 짚었어. 사실 프랑스혁명은 프랑스의 한 평범한 처자가 빈 소원 때문에 일어난 거라네. 그녀의 이름이 바로 마리 엘레오노르 우브라르Marie Eléonore Ouvrard지!"

"'소원'이었다고?"

"그래, 그렇다고! 한 저명한 무명인의 소원! '제옹, 제발 이 정권이 몰락하게 해 줘. 그리고 가능하다면, 단두대 위에 그 빌어먹을 루이의 목도 함께!' 그리고 짜잔! 그렇게 이 몸이 마술로 세상을 뒤엎은 거야."

"마리……."

"너무도 젊고, 너무도 가녀린 여인이었지! 당시 나는 말의 형상을 하고 그녀 앞에 나타났었지, 아마?"

"……엘레오노르……."

"어쨌거나 암망아지는 아니었을 거야."

"……우브라르라고?"

"하지만 무슨 운명의 장난인지 그 가련한 여인은 프랑스 공포

정치[12]시대, 혁명력 제2년 설월^{雪月} 2일에 소뮈르의 군사위원회로부터 반역 죄인으로 몰려 사형에 처해졌다네."[13]

마법의 삼위일체

아, 정말이지 이젠 그만 이 바보 같은 꿈에서 깨어나고 싶군······.

"그러니까 얼른 소원을 빌라고, 이 친구야!"

······그리고 네가 내 두뇌를 인터넷 게시판처럼 활용하는 것도 그만두었으면 좋겠어! 그리고 보니 텔레파시 능력, 그것도 꽤나 솔깃한 능력인데······.

"아, 그거? 마법의 고전이라 할 수 있지! 마법의 삼위일체 중 하나야. 그 세 가지가 뭐냐면, 첫째, 투명인간, 둘째, 텔레파시, 셋째, 순간이동이지. 마치 최신 유행하는 첨단 기기와도 비슷해. 일단 호기심을 자극하고, 큰 인기몰이를 하다가, 금세 물려 버리지. 그리고 이따금 큰 피해를 초래하기도 해. 먼저 투명인간부터 살펴

---

12 프랑스대혁명 이후 지롱드파를 밀어내고 정권을 잡은 자코뱅파가 사회 혼란을 잠재우기 위해 펼친 정치.
13 프랑스 혁명 중 방데 지역을 중심으로 가톨릭을 신봉하는 왕당파가 반혁명 운동을 일으켰다. 본래 신실한 가톨릭 수녀였던 그녀는 1793년 반란군인 '가톨릭 황군'의 공모자로 몰려 처형된다.

볼까? 그것은 기껏해야 잠재적인 제임스 본드나 질투심에 눈이 먼 인간 혹은 관음증 환자들에게나 유용한 능력이야. 그들은 처음에는 엿보고, 염탐하고, 즐기는 데서 그치지. 그러나 어느 날부터인가 진짜 상대에게 손을 대고, 짓궂은 장난을 치고 싶어 몸이 근질근질하는 걸 참을 수가 없지. 그렇게 이 여자 저 여자에게 몹쓸 짓을 시작하지. 투명인간은 사디스트적 욕망을 부추긴다고 아마 모든 학대자들은 말할 거야. 더욱이 웃긴 건 고객 2명 중 1명은 소원을 똑똑하게 빌지 못해 탈이 나곤 하지. 가령 구체적인 부연 설명도 없이 그냥 '나는 투명인간이 되고 싶어'라고만 말하고 마는 거야. 그러면 그들은 정말 그 길로 사진 한 장 남기지 않고 신원 기록도 말끔히 말소된 채 뼛속까지 투명한 투명인간이 되고 말지!"

그렇다면 텔레파시는 어때?

"그것도 그다지 강력히 추천하는 능력은 아니야. 누군가의 생각을 읽는다는 건 실상 그들의 생각을 맨 얼굴로 받아 내는 것과 다르지 않거든. 자고로 모든 신랄한 진실은 우리에게 상처를 주기 마련이라네. 게다가 원거리에서 대화를 나누고 싶다면 방법은 텔레파시 말고도 또 있어. 가령 통신 기기가 버젓이 존재하지. 통신 기기는 그저 개나 쓰라고 만들어 낸 물건은 아니라고! 그런데 참 이해가 안 가. 텔레파시의 인기는 식을 줄을 모르거든. 특히 학생들 사이에서 아주 열광적이라니까. 아! 선생님 머릿속에 들어가 수학 답안을 손에 넣을 수만 있다면 얼마나 행복할까! 아! 대체 왜 섹슈엘라가 나를 벌레 보듯 하는지 그 이유를 알 수 있다면! 제 발 그녀의 마음을 훔칠 방법을 알아낼 수만 있다면!"

그렇다면 순간이동은 어떨까?

"순간이동은 만족감을 주기보다는 골치 아픈 문제들을 더 많 이 일으킨다네. 물론 순간이동 능력을 이용하면 12개 지역에서 서 로 다른 12인분 몫의 삶을 살아갈 수 있지. 그러나 문제는 이 모 든 일을 단 하나의 두뇌로 모두 조율해 내야 한다는 거야. 그래서 순간이동 능력을 부여받은 자들은 1개월도 못 돼 얼이 빠지고, 1년도 못 돼 정신분열에 시달리지. 사실 고객이 새로운 세상을 보 고 싶어서 순간이동을 소원으로 비는 경우는 그리 많지 않아. 정 말 견딜 수 없는 골치 아픈 문제들로부터 벗어나기 위해 다른 장 소로 이동하기를 원하지. 이 유비쿼터스 기능을 딘 한마디로 간단 히 설명하면 여러 장소에 동시에 존재할 수 있는 능력이라고 할 수 있어. 동시에 10인분의 삶을 사는 것이지. 물론 눈부실 정도로 근 사한 삶이라면 10명의 삶을 산다는 것은 아주 멋진 일일 거야. 하 지만 개떡 같은 10인의 삶을 동시에 살아 내야 하는 가련한 인간 이라면, 그 머릿속이 어떨지 상상이 가는가!"

나름 나쁘지 않은 것 같은데…….

"정말? 진심이야? 그럼 그 소원으로 정할래?"

이런 순 사기꾼 같으니라고! 내가 그렇게 쉽게 속임수에 넘어갈 것 같아!

"쳇, 자네가 뭐 그리 대단한 인물이라고!"

뭐라고? 지금 내게 도전하는 거야?

"이봐, 친구. 이 몸은 슈퍼 요정일세. 아브라카다브라한 차원에서 자네는 결코 나의 적수가 될 수 없어!"

세 개의 인용문

그렇다면 철학적인 차원에서는 어때?

"뭐 이 몸도 철학책이라면 좀 읽은 축에 드는데……."

좀 전에 행복에 대해서라면 알만큼 안다고 자신하는 것 같던데, 어디 한번 실력 좀 구경해 볼까?

"이 요정님 메뉴판에는 철학에 관한 세 가지 인용문이 올라 있네. 지금부터 내가 마술 모자에서 그 인용문을 하나씩 꺼내 얼간이들을 깜짝 놀라게 해 주지. 물론 여기서 얼간이란 바로 자네를 의미하네."

뭐라고? 인용문이라고? 대관절 이건 또 무슨 속임수인지…….

"먼저, 교차대구법[14]으로 쓰인 문장부터 시작해 보겠네. '행복이

---

14 chiasmus: 어구, 아이디어 등의 순서를 뒤집어 반복하는 수사법.

너를 착취한다면 너는 불행을 갈망하라(Convoite le malheur si le Bonheur t'exploite)!' 물론 여기에서 말하는 '행복'이란 대문자 'H'[15]로 시작하는 행복이라는 점 명심하게!"

그래, 그래. 대문자로 시작하는 행복. 사실 대문자 H로 시작하는 행복은 아주 전제적인 규범과 같지. 행복해야 할 의무를 강요하는 일종의 이데올로기라고 할 수 있어. 이름 붙이자면…… 행복 지상주의! '해피니즘'[16] 정도가 될까.

"오, 멋지군! 멋져! 그 말도 내 가슴 속에 깊이 새겨 두지."

하지만 어쨌든 행복을 운운하다 뜬금없이 '불행을 갈망하라'는 말로 넘어가는 건 좀 심한 비약이 아닌가!

"이런! 이런! 이런!"

아니면 차라리 불행이란 말에 따옴표 처리를 하는 건 어때? 여기서 말하는 불행이 실은 정지석, 종교적, 상입직 프로파간디에 등장하는 그 불행을 의미할 뿐이라는 사실을 강조하기 위해서 말일세. 그러니까 여기서 불행이란 오히려 행복을 가져다주는 모든 것을 의미하는 셈이지! 이를테면 반순응주의와 불경, 관대함 따위를 뜻한다고.

그럼 앞의 문장을 이렇게 고쳐 쓸 수 있을 거야.

---

15 원문에서는 행복을 의미하는 프랑스어 bohheur의 대문자 B.
16 bonheurisme: 너도나도 행복을 맹신하며 웃음과 행복을 강요하고 강요당하는 현 세태를 꼬집기 위해 저자가 만들어 낸 신조어.

행복이 너를 착취한다면 너는 '불행'을 갈망하라!

Convoite le 'malheur' si le Bonheur t'exploite!

"그런데 이 표현 어쩐지 너무 낯익지 않아?"

글쎄. 어디 보자…… 앗, 이런! 이걸 보니 68년 5월혁명 때 한 인쇄물에서 본 구절이 떠오르는군. 나는 그 구절을 줄줄 욀 정도로 좋아했는데. (오늘날의 현실에도 얼마나 딱 들어맞는 구절인지!)

만인에게 가해지는 '행복'의 폭력을 거부하라. 우리는 행복이라는 미명 아래 추가 노동을 허용한다. 그 보잘것없는 흑백의 단조로운 또는 알록달록 화려한 딸랑이 몇 개를 얻기 위해 우리는 우리의 노동력이나 우리의 생명력을 맞바꾸는 흥정을 벌인다. 그것은 참으로 터무니없는 행복이다. 결국 그러한 행복은 그저 우리에게서 인간성을 박탈해 더욱 훌륭한 노예가 되도록 부추길 뿐이다.

"흠. 나쁘지 않군."

그렇다면 다음 인용문은 뭐지?

"좋아. 두 번째 인용문은 이거야. '행복의 비결은 15살 때까지는 건강, 40살까지는 사랑, 60살까지는 자유, 그 이후로는 가족에 달려 있다'……."

행복을 만드는 레시피가 그토록 간단하다면 얼마나 좋겠는가!

건강만 있으면 정말 우리는 모두 행복한 어린 시절을 보낼 수 있을까? 물론 그럴지도 모르지. 하지만 그렇다면 건강의 의미를 부모의 정신 건강으로까지 확대해야 할 걸! 다음으로 사랑만 있으면 정말 15살에서 40살까지 행복한 삶을 살 수 있는 걸까? 그건 비아그라와 이혼, 우울증이라는 삼종 세트를 잊고 하는 소리네! 그리고 40~60살의 행복이 자유에 달려 있다고? 물론 자유, 그래 나쁘지 않지. 하지만 과연 퇴직 전에 우리가 온전한 자유를 누린다는 게 가능한 일이란 말인가. 또 가족이 우리의 행복한 '해피엔딩'을 보장해 줄 거라고 했나? 지금 장난하는 거야? 손주들에게는 보이콧 당하기 싫어 잔뜩 과자를 쥐어 주고, 자식들에게는 제발 요양병원에 내다 버리지 말라고 현금 봉투를 쥐어 주고, 그런 게 노인들의 삶 아니던가!

"이봐, 이제는 자네마저 냉소적인 인간이 된 건가?"

이제야 슬슬 몸이 풀리는군!…… 빨리 마지막 인용문도 말해 보게.

"사실 이 인용문은 마지막 문장으로는 더할 나위 없이 금상첨화인 문장이네! 이제 이 문장만 읊고 나면, 자네는 합리적인 의사 결정에 필요한 충분한 데이터를 확보하게 될 거야. 그럼 그 길로 우리는 둘 다 자유의 몸이 되는 거지."

아, 그래, 그래. 그놈의 '소원' 타령!

"내가 원하는 건 오직 그것뿐이라고. 그것만 챙기면 나는 바로 짐 싸서 떠날 거야!"

대체 네가 그 인용문들을 말해 주는 속내가 뭔지 그냥 단도직
입적으로 이야기해 보겠나? 내가 그 이야기들을 듣고 나면, 대체
어떤 소원을 빌기를 바라는 거지?

"간단해. '제옹, 내가 바라는 건…… 아무것도 없어! 조금도.
전혀. 눈곱만큼도. 그러니 이제 그만 집으로 돌아가 주게! 뭐 정히
아쉽다면 그냥 섹슈엘라의 전화번호나 냉장고 문에다 붙여 주고
가든가!' 이렇게 말하라고!"

자네 생각은 잘 알았네. 그래서 마지막 인용문은 뭐지?

철학자 왈 '네가 행복하지 않은 건 네가 행복하게 사는 법을 모
르기 때문이다'– 이것은 유치증[17]. 사회학자 왈 '네가 행복하지 않
은 건 네가 행복해질 수가 없기 때문이다'– 이것은 돌로리즘[18]. 정
신과 의사 왈 '네가 행복하지 않은 건 네가 행복하게 살기를 원치
않기 때문이다'– 이것은 냉소주의. 광고쟁이 왈 '네가 행복하지 않
은 건 네가 내 말을 따르지 않기 때문이다', 그리고 정치가 왈 '네
가 행복하지 않은 건 네가 다른 사람들이 사는 대로 쫓아하기 때
문이다'– 이 두 가지는 모두 교조주의. 제발 내가 더 이상 행복을

---

17 infantilisme: 성인이 인지적으로나 정서적으로 어린이의 상태에 머물러 있는
증상.
18 dolorisme: 고통숭배, 고통주의.

갈망하지 않도록 누군가 나를 멈추어 주었으면 좋겠다! 나는 살아 있다, 고로 행복하다. 이 삶을 오롯이 느끼며 사는 건 오로지 나의 몫이다. (중략) 내가 행복하다고 느끼지 못하는 건, 내가 불행을 너무도 두려워한 나머지 나의 삶에 몰아의 상태로 온전히 빠져들지 못하기 때문이다.

이런 영악한 친구! 이제 보니 실은 앞의 두 인용문도 모두 내 머릿속에서 나온 거로군 그래.

"빙고! 나는 항상 고객에게 '엑스트라볼'을 선물하기 전에 사전 조사부터 하고 나오거든."

그래, 그래. 그게 다 '절차'일 테니……

"아니, 그저 단순한 '호기심' 때문이지."

그래. 그래서 나에 대해 알아보니 어떤 것들이 좀 나오던가?

"글쎄! 일단 자네는 열심히 연구하고, 여러 가설들을 세우고, 또 여러 이론들을 뜯어 고치고 있더군. 한마디로 속세에 사는 다른 인간들과 마찬가지로, 자네도 행복에 대해서 횡설수설하기는 매한가지였어."

오락가락 왈츠

행복에 대해서는 그렇다 치고, 철학에 대해서는 어떠하던가?

"그것도 똑같아. 오락가락 왈츠가 따로 없더군. 원 스텝 비평, 투 스텝 시詩. 불안과 경이 사이를 오락가락 헤매고 있더라고. 자네는 한편으로는 행복지상주의를 마구 물어뜯더군. '다른 이들이 지니지 못한 것을 가졌다는 만족감, 소비사회가 우리에게 선전하는 그 부정적 의미의 행복'을 가차 없이 공격하더라고. 그러나 또 다른 한편으로는 행복에 대해 생체적이고 몽상적인 개념을 적용하기도 하지. 요컨대 행복이란 우리를 충만하게 채우는 수많은 감정과 사건들의 칵테일을 흡수해 소화시키는 일종의 꿈이라고 말이야. '타인의 타자성은 우리의 행복에 매우 중요한 필수 영양분이다'라는 식으로. 이봐, 친구. 자네는 모든 걸 너무 이원론적으로만 판단한다네! 토해내야 할 행복 vs 섭취해야 할 행복. 우울함을 안겨 주는 행복 vs 활력을 불어넣어 주는 행복. 가짜 행복 vs 진짜 행복. 그것은 말이야…… 흐음, 흐음, 흐음…… 흐음, 흐음, 흐음……."

애당초 나는 내가 술에 취했는지 여부와 관계없이 이 상황이 정말이지 비현실적으로만 느껴졌다. 그런데 이제는 설상가상 요정이 잠긴 목을 틔우기 위해 연신 가래를 긁어내는 소리까지 듣고 있자니, 한층 더 이 현실이 어처구니없이 느껴지면서 나도 모르게 실소가 터져 나왔다. 제웅은 내게 뭘 잘못 먹은 게 아니냐고 물었다. 나는 눈물이 핑 돌 정도로 온몸을 들썩거리며 웃다가 가까스로 웃음을 가라앉히고, 그에게 잠긴 목을 풀기 위해 차라리 커피라도 한 잔 만들어 마시는 것이 어떻겠냐고 권했다. 그러자 이번에는 요정도 덩달아 깔깔깔 웃음을 터뜨렸다. 그는 앞뒤로 몸을 들썩거리며 배꼽이 빠져라 박장대소했다. 어느새 우리 사이에는 조금씩 친근함이 싹트기 시작했다.

분위기가 진정되고, 나는 둘 사이에 생겨난 친근한 감정을 이용해 요정에게 힌트를 달라며 흥정을 시도했다. 그러나 요정은 그것은 불가능한 일이라며 단호하게 거절했다. 그가 할 수 있는 일은 오로지 세 가지, 고객이 말하는 소원을 현실로 실현시켜 주고, 고객에게 돌풍 쇼를 보여 주고, 고객에게 이 같은 상황이 꿈이 아니라고 믿게 만들기 위해 말 따위의 동물로 변신하는 것뿐이었다. 만일 이런 규제책이 없다면 아마도 모든 요정들이 슈퍼 파워를 남용하며 신처럼 행세하려 들 것이고, 그러면 이 세상은 아비규환의 장으로 전락하고 말 것이라고 그는 설명했다. 요정은 다시 한 번 흐음, 흐음, 흐음 하고 목을 틔웠다. 이번에는 그전보다 가래 긁는 소리가 더 심해졌다.

다시 안정을 찾았을 때는 얼마나 심하게 웃었는지 배가 다 아플 정도였다. 나는 요정에게 이제 그만 내 철학에 대한 이야기로 돌아가자고 말했다.

"그래. 자네는 행복과 삶을 동일시하더군. 그것이 아무리 고통 스러운 삶일지라도 말이야." 요정은 아직도 완전히 가래가 가시지 않은 목소리로 이렇게 말했다. "'나는 살아 있다, 고로 행복하다.' 사실 이것은 얼굴에 기름기가 좔좔 흐르는 애송이들의 입에서나 나올 법한 말이지. 초조한 마음으로 임신 테스트기 위에다 소변을 본 적이 단 한 번도 없는 자들, 의약용 마리화나 클럽 같은 곳에는 발도 들여 본 적이 없는 자들 말일세. 모든 허세에 절은 철학자들 이 그렇듯, 자네도 엉덩이에 털이 세 개뿐이면서 무슨 칫솔인양 행 세하더군![19] '이 돌대가리 평민 놈들아. 내가 너희들에게 예의범절 에 대해 한 수 가르쳐 주지!'하고 말하듯이 말이야. 자네는 흔히 인간들이 조용히 꿈꾸는 모든 것, 이를테면 명성과 재산, 안전과 안락 등에 모두 대문자 'H'로 시작하는 행복이라는 포장을 입히 고, 그런 종류의 행복에 마구 공격을 가하더군. 그러면서 흡사 아 야톨라 행세를 하더라고. 그러나 자네가 그들에게 팔고 있는 것 이란 게 정작 무엇인가? 기껏해야 '너만의' 멋진 삶을 살아라, 혹은 '너만의' 고유한, 본연의 모습으로 살아가라 따위가 아니던가?

그러다 아주 우연한 기회에 네 눈앞에 한 요정이 나타나는 거 야. 그가 다짜고짜 너를 가장 뿅 가게 해 주는 것이 무엇이냐고

---

19 프랑스어로 '허세를 부리다, 거만하다'는 뜻을 지닌 'avoir trois poils au cul' 이란 표현이 문자 그대로 해석하면 '엉덩이에 털이 세 개 달렸다'는 의미를 지닌 다는 사실을 근거로 거만한 철학자를 익살스럽게 칫솔에 비유했다. 즉 엉덩이에 털이 세 개밖에 없는 주제에 칫솔 행세를 한다는 의미다.

묻는 거지. 그 순간 모든 비극이 시작되는 것이라네! 자네가 세운 모든 이론이 한순간 카드로 만든 성처럼 와르르 무너지는 거야! 대체 자네는 어떤 소원을 빌어야 할까? 자네가 정립한 철학은 입을 굳게 다물고 아무런 답도 내어 주지 않는다네. 자네가 대문자 H로 시작하는 행복이 주는 쾌락을 선택하는 순간, 스스로의 철학을 반박하는 꼴이 되고 말지. 아주 경이로운 무엇인가를 소망하는 순간 안타깝게도 자네는 자네의 세상으로부터 멀리 괴리될 수밖에 없어. 자네에게 그 세상은 비록 시공간이라는 한계 속에 갇혀 있긴 해도 인간적으로는 유일하게 살 만한 세상인데 말이야.

그러니, 친구, 내 자네한테 한 가지 제안을 하지. 자네 같은 부류에겐 귀리와 물 중 무엇을 선택할지[20]를 결정하는 데 도움을 줄 만 한 개론서가 하나 필요할 듯하네. 그러니 내 잠시 자네에게 완벽한 평화의 시간을 주도록 하겠네. 자네가 그토록 열렬히 성토하는 저 끔찍한 '해피니즘'에 대해 마음껏 의견을 피력할 시간을 주겠다고. 마르크스를 양념으로 한 한낱 직관의 수준을 벗어난 경지까지 자네 이론을 좀 더 심화시켜 보라고. 그리고 toufoulcan. com[21]에 실린 것보다 훨씬 더 깊이 있는 분석을 해 보라고. 그러면 혹시 아는가? 정말 자네가 자네만의 황금 노다지를 발견할 수

---

20 '뷔리당의 당나귀'라는 자유의지에 관한 주장을 예증하는 우화에서 나온 말이다. 양쪽으로 똑같은 거리에 각각 물과 귀리를 놓아두면, 당나귀는 어느 쪽으로 가야 할지 선택하지 못한 채 굶주림이나 탈수로 죽는다는 이야기이다.
21 축구 관련 유머 사이트.

있게 될지? 마침내 먹음직한 진짜 행복의 원석을 발견하게 될지 말이야! 마음껏 자네 생각을 펼쳐 보게. 자네의 가방 속에 든 것을 싹 다 깨끗이 비워 내란 말이야! 그리고 명심하게. 절대로 자네 배꼽에다 대고 이야기를 해서는 곤란해. '정상적인' 사람들을 바라보며 이야기를 하라고. 신형 세탁기를 꿈꾸는 사람들, 고급 레스토랑 푸케에서 일 년 내내 무료로 식사하기를 갈망하는 사람들, 인조 보석이나 돈 가방, 혹은 흩날리는 머리칼 주변으로 팡팡 터지는 플래시 세례를 꿈꾸는 저 표준적인 인간들을 상대로 말일세. 이봐, 젊은이. '나는 살아 있다, 고로 행복하다.' 정도로는 너무 짧아. 그런 것으로는 절대 충분치 않다고. 명심하게!"

"그래, 잘 알았네, 제옹, 그렇게 하지!"

말이 끝나기가 무섭게 주변은 금세 캄캄한 어둠속에 잠겨 버렸다.

팸플릿

탈육화된 행복

*

나는 잠을 잔다. 꿈을 꾼다. 꿈속의 나는 탁자 앞에 앉아 있다. 어깨에 살포시 재킷을 걸친 채 생수병을 꼭 그러쥐고 환한 조명이 내리쬐는 무대 위의 마이크를 흘끔흘끔 쳐다본다. 마이크 앞에는 모두 7777명의 관객이 자리하고 있다. 물론 발갛게 상기된 관객들의 머리통을 일일이 세어 본 것은 아니다. 그러나 관객의 수가 마치 슬롯머신 화면 위에 나타난 당첨 번호의 숫자 열처럼 머릿속에 자동으로 펼쳐진다. 관중들은 대부분 대학생이다. 그러나 평소 트집 잡기를 좋아하는 팔팔한 노인네처럼 보이는 관객도 있고, 만사를 비딱한 시선으로 바라보는 교수 행색의 관중도 더러 눈에 띤다. 관중의 초조한 시선이 어느새 바짝 긴장한 내 몸을 깊이 파고든다. 그들은 어서 강연이 시작되기만을 애타게 기다리고 있다. 그 때문에 기꺼이 지갑을 연 게 아니던가. 겉으로 나는 그저 정신이 몽롱한 사람처럼 보일지 모른다. 그러나 속은 온통 새파란 공포에 질려 있다. 빙수를 먹은 것처럼 목구멍부터 뼛속 마디마디까지 온몸이 얼음처럼 꽁꽁 얼어붙었다.

나는 천천히 마이크 앞으로 다가간다. 관중들이 귀를 쫑긋 세운다. 나는 바들바들 떨리는 입술로 가까스로 입을 뗀다. "제제제제…… 제옹?" 관중석에서 살짝 동요하는 기색이 감돈다. "제옹이라니? 무슨 자마이카 사람 이름인가?", "마이크 테스트 중인가 봐", "그리스 철학자의 이름인지도 몰라"…… 나는 눈을 비비며 더욱 애절하게 청한다. "제옹! 제발 부탁이야. 강연 어쩌고 했던 말은 생각해 보니 그리 좋은 아이디어는 아니었던 것 같아. 그냥 이쯤에서 없던 일로 하자고!" 그러나 나의 머릿속에서 요정의 주파수는 좀처럼 잡히지 않는다. 강연을 들으러 온 사람들은 결국 화가 머리끝까지 치밀어 발만 동동 구른다. 그때 별안간 참으로 표준적인 한 인간이 인상을 잔뜩 찌푸린 채 고래고래 소리친다.

"이봐, 우리는 여기 '해피니즘'에 대한 강연을 듣기 위해 왔지, 알코올 말기 환자를 구경하러 온 게 아니라고!"

뭐라고, 해피니즘이라고? 하지만 해피니즘에 대한 강의는 전혀 준비되어 있지 않은데. 게다가 록 스타가 아닌 다음에야 7777명의 흥분한 관중 앞에 서면 누구나 머릿속이 백지장처럼 하얘지기 마련이다.

어느새 불안은 차츰 무기력으로 바뀌기 시작한다. 나는 다시 출구 쪽을 흘끔거린다. 속이 울렁거리는 것을 가까스로 참으며 나는 이것이 마지막 기회라는 심정으로 또 다시 제웅을 간절히 불러 본다. 마침내 머릿속에 목을 가다듬는 요란한 기침 소리와 함께 요정의 중저음이 잡힌다!

"오, 이런! 이런! 이런! 친구! 자네는 '남아일언중천금'이란 말도 모르는가? 한번 '그래, 그렇게 하자'고 했으면, 그것으로 끝인 게 지. 대신 자네가 멋진 강연을 할 수 있도록 내가 기를 팍팍 불어넣어 줄 멋진 선물을 하나 준비했어. 자네 왼쪽 일곱 번째 줄을 잘 살펴보게. 이마에 송골송골 맺힌 땀을 닦아 내는 덩치 큰 털보 아저씨 근처를 잘 살펴보라고. 그럼, 이만. 멋진 강연 부탁하네. 파이팅!"

첫 번째 줄. 두 번째 줄. 세 번째 줄. 강연 지연으로 인해 부글부글 화가 난 사람들, 일찌감치 미심쩍은 시선으로 나를 꼬아 보는 불평분자들이 보인다. 그다음 네 번째 줄, 다섯 번째 줄. 근사한 인생에 목이 마른 초롱초롱 눈이 빛나는 젊은이들과 평소 캠핑카를 타고 여행 다니기를 즐기는 상큼한 소녀들, 환한 낯빛의 히피족들이 보인다. 여섯 번째 줄. 집시족 현인 몇 명이 자리를 지키고 있다. 그리고 드디어 일곱 번째 줄. 앗! 찾았다! 섹슈엘라! 꿈에 그리던 나의 섹슈엘라! 그녀가 저기서 내게 시선을 고정한 채 강연이 시작되기만을 애타게 기다리고 있다!

덱스터의 내기

타인의 행복이 근사한 것은
사람들이 그것을 믿어 주기 때문이다.

_ 카틸 망데스, 〈타인의 행복〉

안녕하세요.

'해피니즘'에 관한 제 강연을 들으러 와 주신 여러분께 진심으로 감사합니다.

사실 저는 해피니즘^{bonheurism}이라는 이 흉측하기 그지없는 신조어를 일부러 사용했습니다. 모든 사람들이 행복을 신화화하고, 매일 같이 남들 앞에서 거짓으로 기쁜 척하며 이 같은 현상을 더욱 부채질하는 현 세태를 비판하고 싶었기 때문입니다.

해피니즘이란 쾌락주의⁰¹를 의미하는 것도 아니요, 그렇다고 행

---

01 hedonism: 쾌락을 가장 가치 있는 인생의 목적이라 생각하고 모든 행동과 의무의 기준으로 보는 윤리학의 입장.

복주의[02]를 뜻하는 것도 아닙니다. 해피니즘이 표방하는 것은 쾌락을 위한 쾌락도, 행복을 위한 쾌락도 결코 아니지요. 해피니즘이 추구하는 것은 바로 행복을 위한 행복, 다시 말해 목적 그 자체로서의 행복입니다. 그리고 행복이 부재하는 경우, 외적 징표가 그런 행복을 대신하기도 합니다. 예컨대 미소나 열정이 가득 찬 말, 흥분한 얼굴 등이 행복의 증거로 사용됩니다. 이미 알아채셨겠지만 해피니즘은 행복을 상상하는 사람들입니다. 이들 '해피니스트bonheuriste'들은 무늬만 낙원인 무색, 무취의 지옥에서 살아가고 있지요.

오늘날 낙원의 이상적 '형태'가 모든 인간의 본능 속에 속속들이 침투하고 온갖 대중매체를 통해 널리 전파되고 있습니다. 그러니 우리는 TV 드라마의 등장인물은 물론, 관광 상품을 선전하는 홍보 전단을 통해서도 충분히 이같은 해피니즘의 문제에 천착해 볼 수 있을 것입니다. 두 경우 모두 행복이라는 개념이 제도(가족과 휴가)에 의해 순화되고 보편화됨으로써 행복이란 누구나 쉽게 접근할 수 있는 중립적인 것이라는 인식을 만들어 내고 있습니다. 그러나 대체 어떤 기적에 의해, 행복은 본래의 충만한 떨림과 야생성, 신비함을 잃지 않고도, 이처럼 일종의 '서비스'로 변환될 수 있었던 걸까요? 잠시 저 깊은 심연 속으로 함께 여행을 떠나 보도록 하지요.

---

02 eudemonism: 행위의 규준, 즉 행위의 옳고 그름의 판단 근거를 행복에 두는 윤리적 입장.

행복의 사진술

"왜 제가 행복한 척을 해야 하나요?" 아들이 아버지에게 묻습니다. 그러자 아버지는 대답합니다. "엄마를 행복하게 해 주기 위해서란다."

아버지의 대답이 재미있다고요? 하지만 여기서 조금만 더 깊이 이 말을 음미해 볼까요? 아들은 어머니를 행복하게 해 주기 위해 행복한 척 연기를 해야만 합니다. 어쩌면 엄마도 아들을 행복하게 해 주기 위해 행복을 연기하고 있는 건지도 모릅니다. 이제 뭔가 불편하고 혼란스러운 감정이 든다고요? 오! 그렇게 심각하게 생각할 거 없어요. 그저 선한 의지들이 차례대로 쓰러지는 도미노 게임을 즐긴다고 생각하세요. 내가 행복한 표정을 지으면, 가족과 친구들의 얼굴도 덩달아 행복해지잖아요. 그렇게 한 명 한 명 이어지다 보면, 결국 모든 이들의 얼굴에 환한 미소가 떠오를 겁니다. 모두가 '행복'해지는 것이지요. 행복은 전염성을 가지고 있습니다. 누군가 살짝 손가락을 튕겨 상대를 쓰러뜨리기만 해도, 금세 바이러스가 전파되듯 행복이 연쇄적으로 퍼져 나가지요.

좋아요. 일단 여기까지는 별 문제가 없어 보입니다. 그러면 여기서 조금만 더 깊이 분석해 볼까요? 하지만 만일 이 근사한 회오리바람이 그저 배우들의 보잘것없는, 아주 보잘것없는 거짓 연기에서 탄생한 것이라면 그때는 상황이 어떻게 될까요? 아마도 우리 눈앞에 펼쳐진 것은 영혼도 근본도 없는 그저 한낱 공허한 미소들의 향연에 지나지 않을 거예요. 한 얼굴에서 다음 얼굴로 뛰어오르는 광대뼈들의 팬터마임, 모두가 누군가를 즐겁게 해 주기 위해 스스로 즐거운 척, 누군가를 행복하게 해 주기 위해 스스로 행복한 척 '가장'하는 위선의 폭포수 속에서 부질없이 공회전을 하는 거짓 기쁨의 경련들일 뿐이죠. 이런 위선적인 현실 속에서는 더 이상 진짜 전율을 동반한 진실한 감정이 육신을 뒤흔들고 있다거나, 혹은 그 우스꽝스러운 표정 뒤에 진정성이 자리하고 있다고 결코 아무도 장담할 수 없을 거예요. 그것은 흡사 만면에 미소를 띤 로봇들의 세계와도 같을 겁니다. 이른바 꽃 가게 주인과 뉴스 앵커와 커피 자판기, 저녁 사교 모임 등의 세계와도 같을 거라고요.

앞에 나온 일화에서 아버지와 아들은 마이애미 해변에서 가족사진을 찍는 중이었습니다. 가족사진을 찍는 시간은 전략적으로 매우 중요한 순간입니다. 모두가 '와이키키' 하며 입꼬리를 살짝 추어올리고, 카메라 렌즈라는 목표물을 향해 세상에서 가장 환한 표정을, 마치 포탄을 던지듯 투척해야 하는 순간이니까요. 그러나 아들은 그렇게 하지 않습니다. 그는 모래가 더럽다는 사실을 발견하고는 당장이라도 몸을 일으켜 집으로 돌아가고 싶은 생각밖에는 없으니까요. 아버지는 아들을 꾸짖었습니다. "애야, 그런 건 나쁜 행동이란다(too bad). 너도 가족의 일원이잖니. 가족의 일원이라는 건 사진을 찍을 때 활짝 미소를 지어야 한다는 걸 의미한단다(smiling for photos)." 세상에 이 말만큼 가족에 대해 명쾌하게 정의한 말을 본 적이 있으십니까? 사진술의 첫 번째 규칙인 '미소를 띠어야 할 의무'는 '가족과 함께 행복해야 할 의무'를 떠받치는 중요한 기둥 중 하나입니다. 아버지가 상황을 깨끗이 정리하고 멋진 사진을 찍을 준비를 모두 마치고 나자, 사진기는 4개의 완벽한 미소를 아주 멋지게 포착해 냅니다. 이제 곧이어 이날의 미소들도 가족들의 미소 앨범에 추가될 것입니다. 그러면 30년 뒤 모두가 눈시울을 붉게 적시며 이렇게 말하겠죠. "아! 저 시절 우리는 얼마나 행복했는지!"

그렇습니다. 미소는 행복의 징표입니다. 미소는 행복을 겉으로 드러내니까요. 그러나 강압에 의한 미소는 오히려 행복을 왜곡하기도 합니다. 사실 우리가 행복을 더 능숙하게 연기할수록, 진심 어린 미소와 위선적인 미소를 가르던 미묘한 차이들은 감지하기 힘들 만큼 작아지게 됩니다. 아마 여러분들은 미소의 종류가 수천 가지에 달한다고 하면 말도 안 되는 소리하지 말라며 고개를 가로저을 겁니다. 그러나 일본 사람들의 경우 힘든 티를 내거나 싫은 내색을 하지 않기 위해 미소 짓는 것을 예의범절이라고 생각합니다. 이는 사실 유럽인들이 일본인들을 대할 때 상당히 곤혹스러워하는 부분이기도 합니다. 유럽인에게는 언제나 미소가 행복과 한 쌍을 이루는 낱말일 테니까요. 또 다른 이야기도 있습니다. 한번은 과학자들이 인간의 감정을 해독하는 컴퓨터 소프트웨어 프로그램을 이용해 모나리자의 오묘한 미소에 담긴 감정을 해석해 보려고 시도했습니다. 컴퓨터가 분석한 결론에 따르면, 모나리자 미소의 83%는 행복을 나타내는 것으로 확인되었지만 나머지는 두려움이나 분노 따위의 '부정적' 감정들이 뒤섞여 있는 것으로 분석되었습니다. 그렇습니다. 미소는 언제나 모호함을 띠기 마련입니다. 어떤 문화권을 배경으로 하는지에 따라 다채로운 의미를 지닐 수 있으니까요. 물론 미소가 아닌 다른 표정들의 경우도 마찬가지입니다. 그럼에도 어쨌든 시대와 장소를 막론하고, 우리는 행복을 인위적으로 표현하고 싶을 때면 언제나 입꼬리를 살짝 치켜들고 두 눈을 초롱초롱 빛내며 웃습니다. 그렇다면 이제 이런 의문이 듭니다. 대체 나는 왜 남들 앞에서 행복한 척을 해야만 하는 것일까요?

'엄마를 행복하게 해 주기 위해서'라고요? 소년 덱스터는 아버지의 말을 납득할 수가 없었습니다. 그래서 아버지는 다시 한 번 아들을 조용히 불러내 조곤조곤 이유를 설명해 주어야 했지요. "그것은 모두가 다 그렇게 하기 때문이란다. 사진을 찍을 때는 모두가 웃어야 한다고. 네가 정말 행복한지 아닌지 따위는 그다지 중요하지 않아. 네가 이 사회의 일원으로 살아가고 싶다면 그냥 그렇게 해야만 하는 거야(You just do it to fit in)."

'그냥 해라(Just do it)'. 사실 이 말은 우리의 귀에 상당히 익숙한 표현입니다. 이것저것 따지지 말고, 대들지도 말고, 그냥 무조건 따르라고 독려할 때 쓰는 말이잖아요. '왜' 그런 행동을 해야 하는 지를 묻는 수천 가지 질문에 대해 '왜냐하면'이라며 결정적인 답변이 되어 주는 바로 그 말. 사실 이 명령어는 두 가지 의미를 지닙니다. 관료적이 되라는 말과 동시에 운동선수 같은 활력 있는 모습이 되라는 이중적 의미를 말합니다. 예컨대 직원은 상사가 명령하면 '그냥' 따르면 되고요, 운동선수도 게임에서 승리하려면 '그냥' 경기를 하면 됩니다. '그냥 해라'는 상대에게 반기를 들거나, 토를 달지 말고 그냥 순종하라는 말입니다. 심장과 뇌는 잠시 따로 떼어 놓고 그냥 몸으로 최선을 다하면 끝이에요. 그러면 짜잔, '얼굴에 환한 미소를 띤 활력 넘치는 간부 직원'이 탄생합니다. 정력적인 스포츠맨과 관료적인 직원이 결합된 인간상이 만들어지는 셈이지요. 이를테면 경영자를 위한 등용문 혹은 권력자의 복도를 어슬렁거리거나, TGV 일등석 칸을 번질나게 드나드는, 서류 가방을 손에 들고 넥타이를 점잖게 맨 근사한 양복 차림의 신사들 말입니다.

반면 마이애미 해변의 '그냥 해라(Just do it)'는 좀 더 정신분열적 특성을 지닙니다. (어쨌거나 결국 두 가지는 똑같은 것이 아닐까요?) 사실 그것이 진짜로 감정이 우러나와서 하는 행동인지는 별로 중요하지가 않습니다. 그저 우리는 얼굴에 환한 미소를 띠고, 가족이나 사회라는 제도 속에 기계적으로 '편입'하면 끝이지요. 여기서 우리가 가족이나 사회의 일원으로 편입하기 위해 필요한 것은 단 한 가지뿐입니다. 바로 다음과 같이 충성 서약을 맺는 것이지요. "나도 당신들처럼 위선적인 미소를 짓고 살 것임을 굳게 맹세하는 바입니다!" 오로지 열심히 행복한 척할 수 있는 사람만이 인류라는 공동체 속에 편입될 자격이 있는 것입니다. 그렇지 않은 사람들, 가령 가족과 함께하는 '즐거움'을 거부하는 사람들, 가족과 함께 있는 시간을 극도로 지루하게 여기거나 혹은 그런 지루한 감정을 뻔뻔하게 겉으로 드러내는 사람들, 그런 사람들은 모두 그런 진실성이라는 죄목 하나만으로 인간사회에서 배척을 당합니다. 진실함이란 도저히 용서받기 힘든 신성모독죄와도 같은 것이니까요. 철학자 압둘 카림 소루쉬[03]도 이란 최고 지도자에게 보낸 서한에서 이렇게 날카로운 지적을 한 적이 있습니다. "강압은 진실을 말살합니다." 그러나 소비지상주의의 땅에서 '강압'이란 더 이상 포로들을 능욕하고, 여자들을 욕보이고, 학생들을 억압하는 방식을 필요로 하지 않습니다. 오로지 미소를 띤 얼굴로 우리에게 미소를 띠라고만 강압할 뿐이니까요. 그러니 강압은 진실을 말살하기 위해 굳이 폭력을 행사하지 않습니다. 오히려 허언증 환자들을 더욱 자극하는 방법을 교묘하게 활용합니다. 그러면 그들은 저절로 '해피니스트들은 최고의 영적 지도자이고, 행복은 거의 국교에 준하는 감정'이라는 환상에 사로잡히게 되지요. 요컨대 이제는 거짓이 강압을 말살해 버리는 겁니다.

---

03 Abdolkarim Soroush: 이란의 대표적 급진파 학자.

사회의 일원으로 편입하고 싶다면 자신의 감정을 속일 줄 알아야 합니다. 무슨 수를 써서라도 슬픔이란 감정은 부끄럽게 여겨 억누르고 기쁨만을 과시할 줄 알아야 합니다. 덱스터의 아버지는 '사회의 일원이 되기 위한 미소'를 강조합니다. 그러나 그것은 어찌 보면 일종의 협박과도 같습니다. 다른 사람들에게 거부당하고 싶지 않지? 다른 사람들에게 사랑받고 싶지? 그렇다면 순수함 따위는 개나 줘 버려! 네 속에서 그때그때 기분에 따라 화를 내거나 짜증을 부리던 어린아이는 그만 내다 버리라고! 대신 그 자리에 온갖 감정들이 모두 거세된 둥글둥글한 성격을 지닌 '책임감 있는' 미소를 만면에 띤 어른을 세워야 한다. 물론 미소는 행복의 '징표signe'가 맞습니다. 그러나 징표라는 말은 그리스어의 sèma에서 유래했습니다. 우리말로 옮기면 묘비명을 뜻하지요. 그러니 어쩌면 행복의 징표를 의미하는 미소라는 말에는 다른 한편으로는 이런 속뜻이 내포되어 있는지도 모릅니다. 그러니까 미소를 지은 자의 '무덤' 같은 얼굴 뒤에는 '영원히 죽어 땅에 묻힌 행복'이 잠들어 있다.

. 수십 년이 지난 뒤 아들은 어엿한 사회의 일원이자 만면에 미소를 띤 완전한 정상인, 즉 연쇄살인범으로 거듭납니다. 그리고 아들은 스스로에게 이렇게 질문을 던집니다.

"혹 나는 한낱 사기꾼fraud에 불과한 것이 아닐까."

아들은 타인은 물론 자기 자신에게서도 소외된 채 살아가지만, 대신 기쁨과 연민, 사랑을 가장하는 능력을 갖추게 됩니다. 요컨대 'master of disguise' 즉, '위장의 대가'가 되어 버린 셈이지요.

행복의 사기 행각

훗날 오만 가지 거짓 미소를 몸으로 체득한 남자. 그가 바로 집요하게 거짓을 추적하며 살아가는 형사 덱스터 모간입니다. 낮에는 '연쇄'적으로 몰려드는 일을 성실하게 처리하며 살아가는 일벌레(먹고 살아야 하니까요)지만, 밤만 되면 인생의 유일한 낙인 '연쇄' 살인범으로 돌변하는 남자(그래도 때로는 즐기며 살 줄도 알아야 하니까요)입니다.

그러던 어느 날 우연한 기회에 형사 덱스터는 새파랗게 어린 연쇄 살인범 제레미와 마주칩니다. 그리고 그 자리에서 그는 소년이 자기의 분신alter ego과도 같은 존재임을 대번에 알아봅니다. 그는 소년에게서 진한 형제애를 느낍니다. "우리는 서로 비슷한 부류인 것 같은데, 그렇지 않니? 나는 뻥 뚫린 내면을 갖고 있어. 하지만 그 구멍을 조금이나마 작게 만드는 법을 나름대로 터득했지." 그러자 소년은 조바심이 난 듯 덱스터에게 묻습니다. "그 방법이 대체 뭐죠?" 덱스터는 자신의 비결을 소년에게 알려 줍니다. "연기를 하는 거야(Pretend). 세상을 상대로, 그리고 네 주변의 사람들을 상대로, 진짜로 네가 어떤 감정을 느끼는 것처럼 연기를 하는 거란다(You pretend the feelings are there). 혹시 아니? 그러다 정말 언젠가는 진실로 감정을 느낄 수 있게 될지?" 그러나 안타깝게도 제레미는 덱스터가 말한 세계에 입문하기에는 능력이 한없이 부족하다는 사실을 깨닫고 끝내 감옥에서 스스로 목숨을 끊습니다.

사실 초심자가 커다랗게 뻥 뚫린 자신의 내면에 "진짜 감정이 존재하는 것처럼 연기"하기란 그리 쉬운 일이 아닙니다. 그 정도 수준의 열연을 펼치려면 꾸준한 훈련이 필요합니다. 먼저 미소를 짓는 법부터 배워야겠죠. 가족사진을 찍을 때는 반드시 웃을 줄 알아야 합니다. 또 가족이나 친구와 함께 있을 때에도, 혹은 누군가의 생일을 기념하는 자리에서도, 기쁜 소식을 접하거나 사랑하는 애인과 함께 있을 때에도 얼굴에는 항상 미소를 띠어야 합니다. 타인을 수용하고, 타인과 최소한의 교감을 나누고자 할 때, 미소는 기본 중의 기본이라고 할 수 있으니까요. 그러나 때로는 행복만이 아니라 슬픔의 감정 역시 흉내 낼 줄 알아야 합니다. 불행한 사건이 일어나면 자신의 불찰을 깊이 뉘우치는 표정을 짓거나, 위로나 위안의 말을 건넬 줄도 알아야 합니다. 또 바윗덩어리처럼 무정한 마음속 깊이 부드러움이 자리하고 있음을 보여 줘야 합니다. 인간처럼 보이기 위한 이 두 가지 양극단의 감정, 즉 기쁨과 슬픔만 잘 표현할 줄 안다면, 우리는 능히 세상을 속일 수 있습니다. 그리고 세상을 속이는 데만 그치지 않고, 자신까지도 속일 수 있게 된다면, 덱스터와의 내기에서도 마침내 승리할 수 있을 것입니다. 즉 열심히 감정을 흉내 내다 보면, '정말로' 감정을 느낄 수 있게 될지도 모른다는 말입니다. 마치 어떤 습관이나 (혹은 열심히 땀 흘려 얻은) 후천적 능력을 선천적 능력처럼 인지하게 되듯, 모방을 통해 '진짜로' 감정이란 것도 가지게 될 수 있다는 뜻이죠. 말하자면 실재하는 것과 겉으로 보이는 것, 행복을 바라는 것(행복을 갈망하는 것)과 행복을 연기하는 것(행복을 위조하는 것) 사이의 미묘한 차이를 없애기 위해 자기 자신까지 기만하기에 이른, 제 마법에 제가 넘어간 가련한 마법사 꼴이 되고 마는 것입니다.

그렇다면 덱스터의 내기는 평소 얼마나 우리를 유혹하고 있을까요? 진심이 아닌 감정을 실제인 양 꾸며 내며 살아가는 사람들이 우리 주변에는 얼마나 많이 있을까요? 언젠가는 자신마저도 속임수의 존재를 까맣게 잊어버릴 수 있기를 간절히 기대하며 쉴 새 없이 거짓말을 주워섬기고, 위선적인 표정을 지으며 살아가는 사람들이 세상에는 얼마나 많을까요? 예를 들면 서로를 사랑스럽게 쓰다듬기보다는 죽도록 경멸하는 연인들이나 엄마 노릇에 너무도 지쳐 버린 나머지 아기를 낳은 것을 은밀히 후회하는 여인, 아버지의 억압에 시달리던 과거의 상처를 잊지 못한 채 평생토록 분노하며 살아가는 자식, 자신에게는 재능이 없다며 절망한 예술가, 서로를 헐뜯기에 바쁜 30년 지기 친구, 혹은 여느 사무원과 평범한 건달에 이르기까지, 그들은 모두 자신의 생이 담긴 사진 속에서는 언제나 환한 미소를 짓고 있습니다. 모두가 한도 끝도 없는 거짓말을 꾸며 낸 끝에 마침내 스스로를 기만하기에 이른 것이지요. 요컨대 모두가 행복의 사기 행각을 벌이고 있는 셈입니다.

감시 받는 행복

네덜란드 작가 헤르만 코흐^{Herman Koch}가 상류층 사회에 대해 신랄하게 비평한 소설 《디너^{Het diner}》를 보면, 등장인물 폴이 행복의 특징에 대해 다음과 같이 설명하는 장면이 나옵니다.

"행복은 그 자체로 자족적인 성격을 지닌다. 어떤 증인도 필요로 하지 않는다."

물론 이 말의 뜻이 단순히 '우리는 오로지 스스로의 힘으로만 진정한 행복에 이를 수 있다'를 의미하지는 않습니다. 그저 행복한 사람은 자신이 행복하다는 사실을 애써 남에게 말하거나 보여 주려 하지 않는다는 뜻입니다. 행복한 사람은 비록 환한 행복의 빛이 얼굴에 넘쳐흐를지라도, 굳이 스스로 나서서 행복한 기분을 과시하려 하거나, 혹은 자신의 내밀한 기분을 남들에게 확인 받기를 원하지 않습니다. 따라서 자족적인 행복은 그 자체로 일종의 영상이자 내레이션의 역할을 하는 것입니다. (그러니 따로 "증인을 필요로 하지 않는" 것이지요.) 게다가 아주 행복한 사람은 자신이 행운아라는 사실을 미처 깨닫지도 못할 때가 많습니다. 그래서 누군가 자신의 행복을 시기하기라도 하면 전혀 상상도 못했다는 듯 흠칫 놀라곤 하지요.

반면 해피니스트들은 내면에서 우러나오는 내적 행복이라는 개념 자체를 아예 이해하지 못합니다. 조롱할 대상이나 증인으로 삼을 상대가 없이 그저 내면에서 저절로 우러나오는 행복을 그들은 전혀 이해할 수가 없습니다. 행복을 과시하기 좋아하는 행복 노출증 환자는 언제나 자신의 행복을 감상해 줄 관음증 환자를 필요로 합니다. 그들은 자신을 들여다봐 줄 상대가 있을 때에만 비로소 스스로 꾸민 가면극을 진실로 받아들일 수 있습니다. 그러니 그들은 단순히 조악한 구슬이나 금박으로 화려하게 치장한 그들의 행복만이 아니라, 그들의 '자아Moi'까지도 공연의 대상으로 삼습니다. 그러니 그들의 내면 깊숙한 곳에는 유명해지고 싶은 욕망이 억압되어 있는 것입니다. 더 많은 이들이 나를 바라봐 줄수록, 더 많은 관객이 내 '원맨쇼'를 감상해 줄수록, 내가 연기하는 감정들은 더욱 실재에 가깝게 변합니다. 그러다 보면 어느새 나의 불행마저도 마치 행복인 양 착각하게 되는 경지에 이릅니다. 반면 관객의 인정을 받지 못하면 나의 외관에는 금세 금이 가기 시작합니다. 그러다 보면 대중에 영합하는 정치판에는 우스꽝스러운 대통령들이 등장하기도 하고, 인간들 중에는 골치 아픈 사고뭉치들이 생겨나기도 하는 것입니다.

"불행은 항상 동반자를 찾아다닌다."

코흐의 소설 속에 등장하는 인물 폴은 말합니다.

"불행은 침묵을 참지 못한다. 특히 혼자일 때 엄습하는 침묵은 더더욱 못 견뎌 한다."

이 말은 사실 해피니즘 즉, 행복지상주의의 본질을 상당히 예리하게 꿰뚫는 말입니다. 화려한 정장을 걸치듯 행복을 온몸에 두르고 거침없이 펼치는 저 우스꽝스러운 광대극을 날카롭게 비판하고 있습니다. 사실상 해피니즘은 우리 인생을 동행하는 일종의 '동반자와 같은 행복(bonheur de compagnie)'입니다. 주인의 말을 고분고분 잘 따르는 예쁘게 단장한 푸들처럼, 우리네 인생을 함께 동행해 주는 반려견과도 같은 성격을 지니니까요. 하지만 그러한 행복은 오로지 우리가 그것을 과시하는 동안에만 지속될 뿐입니다. 그리고 침묵이 찾아드는 순간, 금세 본연의 모습을 드러내고 말지요. 고통으로 찌푸린 얼굴과 견뎌 내기 힘든 공허를 말이에요. 폴은 그런 것들을 일컬어 모두 '불행'이라는 말로 표현했습니다.

사진 속에 찍힌 행복의 가면 뒤에는 대체 얼마나 많은 우울증과 '사회부적응증'과 공허한 삶들이 감춰져 있는 것일까요? 사실 산업화 사회의 삶의 양식이 지배하는 나라들에서는 그런 현상이 얼마나 심각한지 모릅니다. 정신이 다 혼미해질 정도죠. 아마도 정신과 의사들이나 이민자들은 이미 그런 현실을 온몸으로 절감하고 있을 겁니다.

혹시 여러분은 다행히 자신은 이런 사기꾼의 운명을 벗어났다고 생각하시나요? 하하하. 하지만 직장 동료나 가족, 친지, 혹은 저녁 식사 모임의 손님들이 함께하는 자리에 조금이라도 권태의 바람이 불어와 여러분에게 칙칙한 기운을 불어넣는다 싶으면, 제가 곧장 카메라를 손에 쥐고 나타나 '와이키키'를 외칠 거예요. 그러면 어떤 기적이 일어날지 상상해 보셨나요? 죄송합니다만, 그 순간 여러분은 모두 얼굴에 환한 미소를 지을 겁니다. 굳이 제가 돈을 주고 여러분을 매수하거나, 해고를 빌미로 협박하거나, 관자놀이에다 권총을 겨누지 않더라도, 여러분은 그 길로 당장 두 뺨에 축 처진 그 무기력한 기운을 걷어 내고, 이마에 드리워진 근심을 한 방에 날려 보낼 거라고요. 얼굴을 잔뜩 일그러뜨리거나, 광대 같은 표정을 지으면서요. 단순히 즐거워서가 아니라, 우울한 기분으로부터 도망치기 위해, 우울하지 않은 척 연기하기 위해, 우울한 기분을 완전히 날려 버리기 위해서 말이에요. 왜냐하면, 타인의 눈에는 그래야만 여러분이 '정상적인' 사람, 인간적인 사람으로 보일 테니까요. 왜냐하면, 여러분은 모두 감시를 받고 있으니까요. 왜냐하면, 행복하게 꾸민 겉모습이야말로 사회생활의 성공을 담보하는 조건이니까요. 왜냐하면, 여러분은 어떤 면에서든 그런 '성공'에 길들여져 있으니까요. 제가 난데없이 사진기를 들이미는 순간, 그래서 여러분이 잠시 기운 없이 축 처져 있던 사실이 사방 천지에 영원히 까발려질 위험에 처하는 순간, 여러분은 잽싸게 해피한happy 포즈를 취할 겁니다. 마치 행복의 포즈를 취하는 것이 무슨 조건반사적인 반응인 동시에 도덕적 책무라도 되는 양 말이에요. 그러면서 여러분은 밝게 빛나는 얼굴을 마구 발산할 거예요. '야호' 하는 그 경쾌한 콧소리와 함께!

슬픔을 계획적으로 작동시키라

**나를 끓어오르게 하는 이 슬픔을
점삼적으로 미리 계획해 작동시키기란 참으로 끔찍한 일이리니.**

_델피나 아코스타, 〈사전 숙고Premeditation〉

　돈이 왕처럼 군림하는 세계에서는 행복이 일종의 의무 사항처럼 여겨집니다. 행복은 돈으로 살 수 있다는 이야기를 우리는 귀에 딱지가 앉도록 들으며 살아가지요. 우리가 사람들 앞에서 공공연히 눈물을 내비치거나 슬픔을 토로할 수 있는 시대는 이미 지나갔습니다. 이제는 감히 그렇게 행동했다가는 광신도나 미치광이 취급을 받기 십상이지요. 부유한 나라에 사는 사람들은 언제나 행복을 강요받으며 살아갑니다. 행복은 흡사 그들의 어깨를 짓누르는 짐이자 악몽과도 같습니다. '행복에 이상이 있는 사람mal-heureux'은 곧 '건강에 이상이 있는 사람mal-sain'과 동의어로 여겨집니다. 이론적으로 그들은 '신경쇠약자'나 '조울증 환자', 혹은 '반사회자', '주변인', '불법체류자', '테러리스트' 등으로 인식됩니다. 요컨대 따로 격리 조치를 당하거나 손가락질을 받아 마땅한 이 사회에 유해한 죄인으로 치부되는 것이죠. 이런 자들은 돈을 쏟아부어서라도 (정신과 의사로부터 진찰을 받거나, 멘토로부터 상담을 받거나, 휴가를 떠나거나, 음악을 들으며 심신을 안정시키거나, 약을 사먹는 등) 병을 치료해야만 합니다. 그러니 오늘날 너나 할 것 없이 모두가 타인의 눈에 행복하게 보이려 안달을 하는 것입니다. 심지어 최악의 경우에는 언제나 현재보다 조금이라도 더 행복하게 보이기 위해 안달복달하며 인생을 허비하기도 합니다. 한편 똑같은 이유 때문에 정상적인(normal) 사람은 항상 자신의 삶을 불평하며 살아가기도 합니다. "나는 아직 충분히 가지지 못했어!" 이 비탄의 노래를 입에 달고 사는 사람이 있다면, 그것은 그가 주류적인 삶의 모델에 순응하며 살아가고 있다는 사실을 여실히 보여 주는 징표일 것입니다. 주류 모델 속의 행복은 끊임없이 부풀고 또 부풀어오릅니다. 그러한 사실은 '행복 그래프'만 봐도 잘 드러납니다. 사실상 행복 그래프가 정점을 찍는, 일생 중 가장 행복한 시기가 언제인지 아십니까? 바로 62~70세입니다! 이 나이가 되면 어느새 가식적인 웃음이 진짜 얼굴 주름으로 자리를 잡기 시작하고, 위선적으로 꾸며 낸 감정은 정말 진실한 감정인양 자연스러움을 띠게 됩니다.

"그저 행복할 따름입니다!"

그렇습니다. 자본주의 행복 이데올로기는 행복을 노쇠하게 만들어, 오로지 행복을 나이 든 이들의 전유물로 만들어 버립니다. 대개 젊은이들은 뜨거운 열정을 가라앉히기 위해 맞춤으로 재단된 온갖 의무 속에 허덕이며 살아가니까요. 젊은이들은 감정에 휘둘리는 대신 냉철한 아름다움을 유지합니다. 원하는 사람과 원하는 때에 원하는 방식으로 사랑을 나누는 대신 피상적인 연인 관계를 맺는 데만 목적을 둡니다. 또한 자녀를 많이 낳아 다복한 가정을 꾸리기보다는 단출하게 자식은 딱 2명만 낳아 키웁니다. 또한 자신이 좋아하는 일에 열정적으로 몰두하며 창의의 꽃을 활짝 피우는 대신 불안정하고 재미없는 노동으로 기력을 소진하지요. 그러나 어느덧 육신이 시들고, 배우자와 남남이 되고, 자녀들이 모두 독립하고, 더 이상 일마저 할 수 없는 노년이 찾아오면 비로소 인간은 자신을 짓누르던 모든 근심에서 해방됩니다. 마침내 '행복의 정점'에 오르게 되는 것이지요. 물론 어디까지나 암이나 치매 같은 질병에 걸리거나, 육체가 완전히 노쇠해지기 전의 일이지만 말이에요. 그러니까 젊은 시절을 허비하기를 아주 잘했던 거예요. 과연 인생의 4분의 3을 허비할 가치가 있었던 것입니다!

돈, 행복, 더 나아가 격전지. 그게 바로 오늘날 해피니즘의 현주소입니다. 이상 혹은 이데올로기의 반열에 오른 부르주아적인 행복, 그것이 바로 행복지상주의지요. 물론 돈이 반드시 행복을 만드는 것은 아닙니다. 그러나 행복은 곧 돈과 '흡사하게' 여겨집니다. 사실 행복은 돈과 서로 작동하는 방식도 비슷합니다. 줄기차게 증대되고, 이윤을 창출하고, 자가 증식하는 자본과 흡사합니다. 사실 우리가 이 탐욕적인 행복으로 인해 더 많은 '행복감'을 느낄수록, 우리는 한층 더 행복에 목말라 합니다. 나는 충분히 가지지 못했다고 불평하며, 이웃이 가진 '돈-행복'이나 경영자들의 화려한 삶, 스타들이 벌어들이는 억대 수입을 자신의 처지와 비교하며 끊임없이 시샘을 하지요.

경쟁, 즉 타인의 불행에 기초한 이 '소비로서의 행복'은 관리라는 행위를 필요로 합니다. 우리가 건강이나 일일 스케줄, 주식 포트폴리오나 직업상 인맥을 관리하듯이 말이죠. 그것은 가치를 재는 척도로서의 행복이자, 광고에서 선전되는 행복, 정신과 전문의가 처방하는 행복, 온갖 종류의 '전문가'가 표방하는 행복이지요. 또한 텍스터처럼 거짓으로 감정을 만들어 내고, 그 허망한 신기루를 부여잡고 살아가는 수많은 코뿔소들[04]의 행복입니다. 그들은 그 신기루에 온 정열을 쏟아부으며 살아갑니다. 그들은 공장에서 생산되듯 신기루 속에 생산되고, 무대에 등장하듯 신기루 속에 등장합니다. 그것은 되풀이되는 행복입니다. 그 반복적인 행복은 마

---

04 감정이 없는 인간을 비유한 표현.

치 죽은 나비처럼 수집되어 하나씩 우리의 '포토스토리'를 완성합니다. 그것은 또한 정량적인 성격을 지니는 행복이기도 합니다. 우리는 행복을 인생의 통장에 차곡차곡 저축합니다. 그러면 훗날 손주들에게 전해 줄 재미난 이야깃거리가 되기도 하지요. 마지막으로 그것은 관리를 필요로 하는 행복입니다. 알뜰하게 모으고, 저장하면, 시간이 흐르면서 행복은 더욱더 배가 되지요.

실존적 평범성

　해피니스트는 평범성mediocrity을 지향합니다. 타협과 합의, 무미건조함을 추구하지요. 그들은 너무 강렬한 감정도, 너무 슬픈 감정도 원치 않습니다. 억제하기 힘든 감정은 무엇이든 거부합니다. 해피니스트가 말하는 '행복'은 감정의 물결을 일으키지 않습니다. 단지 소문만 무성하게 만들어 낼 뿐이지요. 절정의 순간에 이르러 기쁨의 탄식을 내뱉으며 황홀경에 오를지라도, 그들은 단 1온스의 금기도 절대 위반하는 법이 없습니다. 이런 종류의 행복을 가장 함축적으로 잘 보여 주는 표현이 바로 '그저 행복할 따름이에요'라는 말입니다. 리얼리티 방송에 출연했던 주인공들은 언제나 탈락이 확정되는 순간 모두가 한결같이 이 말을 내뱉곤 하지요. 그간의 고생을 시청자들에게 생생히 전달하기 위해 모두가 조건반사적으로 이 말을 외칩니다. '그저 행복할 따름이에요.' (그들 대부분은 오랜 시간 타인과 경쟁을 벌이며, 수많은 모욕과 정신적 학대, 심리적 탈진을 경험합니다.) 이 밋밋한 말 한마디에 비하면, 저 모나리자와 83%의 행복은 결코 상대가 되지 않을지도 모릅니다. 어쩌면 그것들은 전부 라커룸을 지키는 신세가 될 수도 있을 겁니다.

1856년 러시아의 소설가인 알렉산드르 이바노비치 게르첸Alexandre Ivanovitch Herzen은 프랑스인의 궁핍한 생활이 오히려 긍정적인 면을 지닌다고 지적했습니다. "프랑스인의 끔찍한 처지는 오히려 부르주아지의 자기만족으로부터 그들을 구원했다." 부르주아지의 자기만족은 그들이 보여지는 모습에만 너무 집착해 존재적 변화를 등한시하게 하고, 물질적인 것에만 매달려 진정한 삶을 살지 못하게 방해합니다. 반면 가난으로 인해 어쩔 수 없이 삶을 직접 부대끼며 살아가는 시민들은 오히려 부르주아지의 자기만족으로부터 '구원'을 받을 수 있습니다. 그들은 자신의 처지로 인해 파란만장한 모험을 그저 소유하는 데만 그치는 것이 아니라, 직접 선택하고 체험하기 때문입니다. 한편 이 러시아의 철학자는 이렇게도 말했습니다. "가난한 시민들은 자신이 경제적 여유가 없어 많이 배우지 못했다는 것을 잘 안다. 따라서 부르주아지는 딱히 그들보다 배움의 깊이가 더 깊은 것도 아닌데 현재 알고 있는 것들에만 만족하려 하는 반면, 그들은 무엇인가를 계속 더 배우려고 한다." 그렇다면 하층민의 빈곤이 곧 해피니즘을 치료해 주는 해

독제인 것일까요?

게르첸은 이 물음에 대해서는 단호하게 아니라고 답합니다. "어린 시절부터 수많은 고통에 시달려 온 하층민은 자신들을 그토록 심하게 억압해 온 이 사회의 기만을 맹렬히 증오한다. 그러나 도시 생활과 이윤 추구라는 보편적 탐욕이 그들에게 악영향을 미친 끝에 결국 그들의 증오를 어느새 선망으로 바꾸어 놓는다." 사실 불운한 자들은 부유한 자들과 똑같은 탐욕을 공유하고 있습니다. 게르첸은 다시 이렇게 말합니다. "그들은 정작 부르주아지를 싫어하면서도 자신도 모르는 사이 부르주아지를 닮아 간다. 상대가 행복한 꼴을 견디지 못하고, 상대처럼 되거나 혹은 상대의 기쁨을 빼앗고 싶다는 욕망에 사로잡힌다." 사실 타인의 행복을 시샘한다는 것은 다른 한편으로는 그들과 똑같은 행복관을 공유하고 있다는 뜻이기도 합니다. 따라서 해피니즘은 전 계층을 타락시키는 신흥 종교와도 같다고 볼 수 있습니다. 말하자면 새로운 '민중의 아편'인 셈입니다. 해피니즘은 (돈이 제공하는) 물질적 안락함을 잣대로 행복을 재단합니다. 그리고 (위선과 강렬함이 배제된 미적지근한 감정만 있으면 확실히 보장되는) 실존적 평범성이 바로 행복이라고 주장합니다. 해피니즘은 의무화된 행복이자, 애착과 충동의 평범성을 의미합니다. 해피니스트들의 엄혹한 독재 체제 하에, 우리는 항시 '행복'을 갈망하도록 강요받으며 살아갑니다. 다시 말해 재산을 모으듯 행복을 축적하고, 차곡차곡 기분 좋은 추억을 쌓아 가라는 중압감 속에 살아가고 있습니다.

행복 요법

해피니즘의 예는 무수히 많습니다. 그 무수한 예 가운데 특히 '클럽메드Club Med'의 '울트라해피니즘적' 수사학은 절대 빼놓을 수 없을 것입니다. "1950년대 이후 행복의 창조자"를 자처해 온 이 여행 전문업체는 '내가 원할 땐 언제나 행복을!'이라든가, 'RE가 되라(Etre-re)'[05]와 같은 강렬한 카피 문구를 반복적으로 내보내던 TV 광고에 이어, 이제는 무려 우리에게 "세상의 모든 행복"까지 약속하고 있습니다. 게다가 클럽메드에서는 빌리지의 구성원들을 어떻게 부르는지 아십니까? 바로 GO(친절한 조직원)나 GE(친절한 직원), GM(친절한 회원, 다시 말해 고객) 등의 명칭으로 부릅니다. 심지어 클럽메드가 최근 발간한 고급 잡지 〈특별 컬렉션Collection particulière〉은 프랑스어 단어를 뒤죽박죽 뜯어 붙인 문장을 통해 아예 노골적으로 해피니즘을 선전하기도 합니다. "풀 패키지 행복 요법으로 심신을 재충전해 보세요." 그렇다면 이제 클럽메드가 제

---

05 이 말은 '행복하다être hereux'라는 프랑스어 표현과 발음이 똑같고, '다시 돌아가다re-venir'라는 의미도 함께 내포하고 있다. 일종의 언어유희를 이용한 광고 카피다.

안한 "7가지 기본 행복의 연금술"에 대해서 하나씩 짚어 보며 우리 함께 행복의 전율을 한번 만끽해 볼까요?

"행복 넘버1. 탈출하라." 광고 전문가들은 클럽메드 '빌리지'의 정수를 한마디로 표현하기 위해 보들레르 시의 유명한 라이트모티프 "사치, 고요, 그리고 관능"(《여행에의 초대》 중에서 인용)을 살짝 비틀어 "사치, 고요, 그리고 프라이버시"라는 카피를 만들어 냈습니다. 대체 이들이 관능을 프라이버시로 바꾼 이유는 과연 무엇일까요? 그건 바로 해피니스트들에게 프라이버시는 관능보다 더 높은 선善을 의미하기 때문입니다. 관능은 사실 너무 감각적이어서 통제하기 어려운 감정이잖아요. 과거 샤를 보들레르가 '한가로이 사랑하며' 지내기를 갈망했다면, 오늘날 친절한 회원(GM)들은 "따분한 잿빛 일상으로부터 탈출"(적어도 "우울한 삶의 감옥에서 탈출"하는 게 아니라면 말이죠)하여, "환상적이 프라이빗 해변을 따라 2헥타르에 걸쳐 펼쳐진 그림 같은 야자나무 숲으로" 놀러 오라고 초대 받습니다. 자고로 프라이버시란 타인을 존중하기 위해, 아니, 좀 더 엄밀히 말하면 어느 정도 타인과 거리를 두기 위해 모름지기 넉넉한 '방역' 공간을 필요로 하는 법이니까요. 반면 관능은 촉각과 촉각의 만남으로 부글부글 끓어오를 뿐만 아니라, 목록 위에 순번으로 매겨진 쾌락과 유희들의 '친절한 조직'도 방해합니다. 물론 클럽메드에도 엄연히 유혹과 섹스는 존재합니다. 그것이 바로 GO와 독신자들이 있는 이유니까요. 그러나 정작 그런 정염들은 관능이 아닌 소비 충동에 근거하고 있습니다. 또한 매일 밤 펼쳐지는 색다른 테마 쇼에서, 그림 같은 장소로 떠나는 온갖 액티비티 활동에 이르기까지, 그 싱거운 놀이들 곁에는 항상 쉬지 않고 비디오카메라가 돌아가고 있지요. 사실 관능이란 여행자가 우연히 현지인을 만나 온정을 나눌 때에야 비로소 느낄 수 있는 그런 감정입니다. 관광객 대 민속이 아닌, 인간 대 인간의 만남이 이뤄질 때 마침내 진정한 관능이 가능해지는 것이죠. '최고의 고품격 클럽메드 빌리지에 와서 내밀한 프라이버시를 누려 보세요.' 결국 그것이 바로 진정으로 클럽메드 브로셔가 유혹하는 탈출의 의미인 것입니다. 빳빳한 종이로 빚어 낸 가짜 행복, 가짜 감정 속으로의 탈출, 바로 그것 말입니다.

"행복 넘버2. 심신을 이완하라." '심신을 이완하라'는 뜻을 지닌 'se relaxer'란 단어는 오로지 이 뜻만 지니고 있는 게 아닙니다. 사법적 용례로, 무죄 판결이 난 피고인을 '석방'한다는 뜻으로도 쓰입니다. 사실 부자들이 가난한 사람들의 삶의 터전으로 쉬러 가는 게 오늘날의 휴가 풍경이 아닙니까. 이런 세태를 떠올려 볼 때, 'se relaxer(심신을 이완하라/무죄방면하라)'의 두 가지 뜻이 모두 매우 의미심장하게 다가옵니다. 그러니까 심신을 이완하라(무죄방면하라)는 말은 곧 비록 생존을 위한 현지인들의 피땀이 서린 곳이지만, 이곳에 와서 아무런 죄의식 없이 마음껏(무제한으로) 먹을 것과 선탠을 즐기라는 의미로도 해석해 볼 수가 있는 것입니다. 또한 리

조트 안에서 쓰이는 동그란 장난감 플라스틱 코인으로 전혀 양심의 거리낌을 느끼지 말고 칵테일이나 온갖 자질구레한 물건을 구매하라는 뜻이기도 합니다. 사실 클럽메드 안에서는 모든 물건을 거래할 때 반드시 플라스틱 코인을 사용하도록 되어 있습니다. 화폐나 신용카드를 사용하는 것은 절대 금물이지요. 그도 그럴 것이 진짜 돈을 사용하는 순간 여행객들은 수치스러운 감정에 휩싸인 채 그들이 즐기는 그 '행복'의 진정한 의미가 무엇인지 깨닫고 말 테니까요! 우리는 앞에서 해피니스트는 얼굴을 몰래 감추고 웃는다는 사실을 알았습니다. 그런데 여기서 한 가지 사실을 더 덧붙여야 할 것 같군요. 해피니스트들은 공간과 관계와 '프라이버시'까지도 체계적으로 조직하고 있다는 사실을 말입니다. 그들이 그렇게 하는 것은 바로 자신들에게 비판의 화살이 돌아오는 것을 막기 위해서입니다. 요컨대 해피니스트에게는 프라이버시가 곧 '관능'인 셈입니다. 미덕으로 둔갑한 비열함이자, 축제화된 사회적 무관심이라고도 말할 수 있습니다. 아무것도 알아내서는 안 되고, 아무것도 방해해서는 안 된다. 그 무엇에도 절대 관여하지 말라. 이러한 행복의 특징은 클럽메드의 홍보 브로셔에도 익히 잘 나타나 있습니다. "클럽메드에 와서 심신에 쌓인 긴장을 풀어보세요…… 장필립 뉘엘Jean-Philippe Nuel, 마르크 에르트리슈Marc Hertrich 같은 유명 실내 장식가들이 빚어 낸 현지 문화가 어우러진 따스한 디자인의 스위트룸에서 클럽메드만의 내밀함(프라이버시)과 안락함,

세련미를 즐겨 보세요." 바야흐로 신토불이가 서구의 인증을 받는 시대, '현지 문화'가 유명 실내 장식가들에 의해 표절되는 세상인 셈입니다.

"행복 넘버3. 내면의 목소리에 귀를 기울여라." 해피니스트가 가장 즐기는 취미는 자신의 만족감에 귀를 기울이는 것입니다. 그러나 그것은 실은 다른 사람들이 자기에게 하는 말을 듣지 않기 위해서랍니다. 해피니스트는 타락한 '나'를 찾아 자신의 배꼽 속으로 침잠합니다. 해피니스트는 '수다쟁이' 자폐증 환자와도 비슷합니다. 사실 그것은 상당히 역설적인 일입니다. 그들은 자신의 기분과 감정과 사생활에 대해 끊임없이 재잘대지만, 실상 그런 종류의 독백으로는 절대 진정한 의미의 기분과 감정과 사생활을 온전히 누리기가 불가능하다는 사실은 미처 깨닫지 못하고 있으니까요. 우리는 자신의 모습을 외적으로 재현하는 동시에 오롯이 내면적이 될 수는 없습니다. "내면의 목소리에 귀 기울여 보세요⋯⋯ 요가 수업을 들으며 심신을 이완하고 평온한 기분을 만끽해 보세요." 그러나 이 광고 문구 역시 소비 상품으로서의 요가를 선전하는 것에 불과합니다. 오늘날 요가는 이어폰을 꽂고 아이팟에서 흘러나오는 명상 음악을 들으며 억지로 몸을 이완하는 폼 나는 정신 수련의 일종일 뿐입니다. 내면의 목소리에 귀를 기울여라. 결국 요지는 본격적으로 선탠을 즐기기에 앞서 잠시 근사한 자태를 뽐내며 몸을 이완하라는 것일 뿐이죠. 이제 다음 행복으로 넘어가 볼까요?

"행복 넘버4. 음미하라." 이 말은 "무제한으로 제공되는 음료와 다과" 그리고 "저녁에 지급되는 샴페인"을 맛있게 즐기라는 뜻입니다. 요컨대 선진국과 개도국 간 양극화라는 외설스러운 현실은 오늘날 매일 밤 넘치도록 차오르는 쓰레기통으로 상징되고 있는 셈입니다.

다음은 "행복 넘버5. 자신의 모습을 되찾아라." 사실 해피니스트들도 자신의 모습을 '되찾는 것'이 불가능하다는 사실쯤은 잘 알고 있습니다. 그들은 적당한 현실 타협과 가식적인 기쁨으로 온통 뒤틀린 모습을 하고 있으니까요. (그리고 그 속에 완전히 잠겨 버렸으니까요.) "행복 넘버5"도 그 점을 모르지 않습니다. 그래서 단순히 자신의 모습을 되찾으라고 말하는 대신, "가족과 함께하는 자신의 모습을 되찾으라"고 말합니다. 그러면서 "유아를 타깃으로 한 '해피 네이처'라는 새로운 컨셉의 상품을 경험해 보라"고 권합니다. 그러니까 이제는 행복의 의무교육이 생후 4개월부터 시작되는 셈입니다.

"행복 넘버6. 자유를 즐기라." 왜 그런 간단한 생각을 미처 해내지 못했던 것일까요. 장 자크 루소와 미하일 바쿠닌[06], 한나 아렌트, 장 폴 사르트르를 비롯한 저 자유의 철학자들은 일평생을

---

06 러시아의 혁명가, 급진적인 무정부주의자.

바쳐 자유의 의미를 고민할 필요가 없었습니다. 그들이 찾아 헤매던 그 "행복 넘버6"는 그저 클럽메드에 와서 GO들과 함께 광란의 시간을 보냈더라면 금세 이해할 수 있었을 테니까요! 해피니스트에게 '자유'란 결코 무상으로 얻을 수 있는 능력이나 권리가 아닙니다. 비싼 값을 치러야만 누릴 수 있는 '사치'이지요. 게다가 다음에 이어지는 설명도 우리에게 많은 생각 거리를 던져 줍니다. "행복 넘버6. 자유를 즐기세요…… 클럽메드가 선사하는 수많은 세련되고 편안한 분위기 중에서도 특히 마르티니크의 부카니에 빌리지가 선사하는 라운지 바의 특별한 분위기를 선택할 자유를요!"

"행복 넘버7. 높이 날아오르라." 물론 여기서 '높이 날아오르라'는 것은 당연히 비행기를 두고 하는 말입니다. 친절한 회원(GM)이 유일하게 땅에 발이 닿지 않아 당황하는 순간이지요.[07] 그러나 클럽메드가 제안하는 "평온한 여행"은 결코 진정한 여행이라고 볼 수 없습니다. 왜냐하면 진정한 여행이라면 인간은 자연스럽게 두려움에 떠는 약한 존재가 되기 마련이니까요. 불사신처럼 끄떡없는 '여행자', 즉 관광객이라는 이름의 여행자는 사실상 어떤 나라

---

07 프랑스어로 '당황하다'라는 뜻을 표현하고 싶을 때는 흔히 '바닥에 발이 닿지 않는다(perdre pied)'라는 관용어를 사용한다. 비행기를 타고 이륙하여 땅에 발이 닿지 않는 상황과 고객의 당황스런 감정을 이중적으로 익살스럽게 표현하고 있다. 필자에 따르면 클럽메드는 결코 우연과 예측 불허를 동반한 진정한 여행을 제공하지 않는다. 따라서 항상 심리적 안전과 평온한 여행을 제공 받는 클럽메드의 여행객은 결코 당황하는 법이 없다.

를 진정으로 방문하고 그 나라 사람들과 직접 만나는 참다운 여행을 했다고 볼 수가 없습니다. 그는 사실상 그 누구도, 그 무엇도 만난 것이 아닙니다. 그저 이용했을 뿐이지요. 그는 여행을 하는 동안 자기중심적 사고에서 결코 벗어나지 않습니다. 오로지 자기 자신에 대해서만, 오로지 자기 자신을 근거로만 사고하지요. 그는 비싼 돈을 주고 이른바 관광 서비스를 구매합니다. 그것이 선량한 해피니스트가 누릴 수 있는 특권이라고 여기기 때문입니다. 요컨대 존재의 변화를 필요로 하지 않는 여행입니다.

"클럽메드는 어떤 상황에서든 모든 것을 전부 알아서 책임집니다."[08] 결국 해피니즘이란 누군가의 도움에 의지한 행복을 의미하는 셈입니다.

"너무 행복한 척을 하다 보면
끝내 아무도 행복해질 수 없다"

예술이 없는 춤 강의, 베다 철학이 없는 요가, 허기가 없는 음식, 물음이 없는 여행, 위험이 없는 모험, 정치가 없는 참여, '친절한 직원'[09]의 경우만 빼고 바하마인이 없는 바하마, 멕시코인이 없

---

08 클럽메드의 종합 휴양 서비스를 의미.
09 GE: 클럽메드에서 일하는 현지인 직원을 말한다.

는 유카탄[10], 주요 여행 코스만 돌아보는 폐쇄적 유럽 여행, 단색으로 칠이 된 세계, 전능감에 휩싸인 젖비린내 나는 유아기로의 퇴행. 사실 여러분이 이런 종류의 휴식을 좋아하든 아니든 간에, 이제 여러분의 머릿속에는 한 가지 의문이 어지럽게 떠오를 것입니다. 어떻게 세상에 그런 조직적인 바보짓이 가능한 것일까? 어찌하여 그런 우스꽝스러운 짓거리가 우리 삶의 구석구석까지 마수를 뻗치고 있는데도 아무도 그러한 현실에 저항하지 않는 것일까? 어찌하여 멀쩡한 성인이 그런 참혹한 재앙을 계획할 자유를 그토록 태연하게 다른 누군가에게 내맡기고 있는 것일까?

우리는 의무로서의 행복으로부터 우리의 미소를 치료해야 하는 것과 마찬가지로, '시장 만능 해피니즘'이 퍼뜨리는 행복을 갉아먹는 나병으로부터 우리의 상상력도 치료해야 합니다. 요컨대 우리에게 필요한 것은 행복 요법이 아니라, 행복의 치료인 것입니다. 행복에게서 묵은 때를 벗겨 내고, 광을 내고, 목소리와 숨결을 불어넣어 말도 하고 열정적인 감정도 지닌 진정한 행복이 되도록 만들어야 합니다. 행복에게 반짝거리는 광채와 예측불허의 성격을 불어넣어 주어야 합니다. 행복을 '현자의 돌'[11]로 만들어 세상을 부드러운 환희로, 유기적 생명을 삶의 기쁨으로 변환시켜 주어야 합니다.

---

10 멕시코 남동부주.
11 중세 연금술에서 비금속을 귀금속으로 변하게 해 주는 물질.

18세기 프랑스 계몽사상가인 폴 앙리 티리 돌바크^{Paul-Henri Thiry} ^{d'Holbach}는 이러한 증상을 두 개의 낱말로 표현했습니다. 그것이 무엇인지에 대해서는 뒤에서 차차 살펴볼 테지만, 그것은 사실상 왜 "너무 행복한 척을 하다 보면 끝내 아무도 행복해질 수 없는지"(〈자연의 정치^{La Politique naturelle}〉, 1773년)에 대해 너무도 잘 설명해 주고 있습니다. 해피니즘이라는 현상은 이미 18세기 때부터 발현되기 시작했습니다. 그러나 돌바크를 비롯한 백과전서파[12] 학자들이 이 무지몽매한 사상의 출현을 얼른 발견하고는 수많은 비평을 통해 일찌감치 그 재앙의 싹을 싹둑 잘라 버리기 위해 혼신의 힘을 다했습니다. 그러나 그 두 낱말로 된 재앙은 끝내 프랑스혁명으로도 막아 낼 수가 없었습니다. 급기야 산업혁명의 시대에 이르러서 우리의 꿈으로까지 굳게 자리 잡고 말았습니다.

그렇다면 돌바크가 비판의 화살을 겨누었던 표적은 대체 무엇이었을까요? 그것은 바로 "행복과 존중의 척도"로 통용되는 돈이었습니다. "돈이 사회 구성원 다수의 유일한 목표가 되는 순간, 돈을 손에 쥐려는 욕망보다 더 강한 동기는 없어진다." 한편 돌바크는 기본적인 필요를 넘어선 과잉된 욕구도 함께 비판했습니다. 흔히 과잉된 욕구는 지나친 풍요로 인한 권태를 동반하기 마련이니까요.

---

12 프랑스 계몽사상가 집단.

부자들을 이 같은 무기력으로부터 끌어내기 위해 산업은 매번 새로운 감각을 자극하기 위한 수단을 상상해야만 한다. 그 결과 새로운 종류의 즐거움이 다양하게 양산된다. 이미 일상의 소소한 즐거움만으로는 아무런 감흥을 느끼지 못하는 존재들을 잠에서 깨울 유일한 방법은 오로지 새로움, 희귀함, 기괴함뿐이다.

여기서 일상의 '소소한 즐거움'이란 아무것에서나 사사로운 아름다움을 모두 만끽하고, 단순히 배만 채워 주는 것이 아닌 정신적으로도 양식이 되어 주는 노동에 몰두하고, 무엇인가를 끊임없이 배우고 익히고 깨달으며, 누군가와 햇살처럼 따사로운 우정을 나누고, 깊은 사랑 속에 녹아들어 보기도 하고, 내면의 아이와 활짝 열린 마음으로 소통하는 것, 그 모든 것들을 의미합니다. 외면적으로는 별것 아닌 초라한 기쁨 같아 보일지 몰라도, 내면적으로는 우리의 마음을 따뜻하게 덥혀 주고 열정을 샘솟게 만드는 원동력이 되어 주는 기쁨입니다. 왜냐하면 이런 일상의 '소소한' 즐거움들은 그저 기쁨을 저축예금처럼 쌓아 두는 데만 관심을 두지 않고, 우리 내면이나 타인의 내면에서 모두 인간적인 본질을 끌어내거나 찾아내려고 애쓰기 때문입니다.

그러나 돈은 모든 것을 마비시킵니다. 또한 그로 인해 모든 것을 '어렵고 복잡하게' 만들어 버립니다. 우리가 더 많은 돈을 가질수록, 인간적인 본질이나 거기서 비롯되는 소소한 즐거움을 느끼기 위해선 더 많은 구슬땀을 흘려야 하니까요. 더 이상 타인을 만나더라도 우리 안에서는 아무런 감정이 일어나지를 않습니다. 그래서 우리는 감정마저도 소비의 대상으로 삼고 맙니다. 그러나 감정을 만들어 내는 상품들은 모두 엇비슷하기 짝이 없어 금방 물리기 십상이죠. 그래서 우리는 끊임없이 참신함을 뒤쫓아 내달리게 되는 겁니다. 이때 우리가 새로운 것을 쫓는 것은 결코 '누군가'에 대한 호기심 때문이 아닙니다. ('무엇인가'에 대한) 갈망을 계속 느끼기를 원하기 때문이지요. 우리는 욕망을 통해 권태를 극복하려 합니다. 이제 우리가 다른 사람에게 내미는 것은 더 이상 우리의 존재가 아닌, 바로 돈입니다. 과시적인 소비는 과시적인 행복으로 귀결됩니다. 그러니 결국에는 끝없는 좌절감이 우리를 덮치게 되지요. 돌바크도 이러한 메커니즘을 아주 예리하게 분석했습니다.

부(富)를 손에 넣어 이를 과시하고 모두 써 버리고 싶은 욕망, 즉 탐욕은 전염성이 강한 감정이다. 사실상 자기가 가지고 있는 것에 만족하는 사람은 이 세상에 아무도 없다. 사람은 누구나 다른 사람이 소유한 것을 탐내기 마련이다. 그러나 이처럼 너무 심하게 모두가 행복한 척을 하다 보면 끝내 아무도 진정으로 행복해질 수 없다. 가장 탄탄한 우리의 자산이 외양을 위해 희생되고, 즐겁고자 하는 염려가 우리의 가장 큰 관심사가 된다.

혹 2세기 반도 더 지난 오랜 옛날에 돌바크가 묘사했던 현실은 사실상 오늘날의 서구 대도시의 모습은 아닐는지요? '행복' 경화 중에 걸린 조울증 환자들로 넘쳐나는 이 거대한 병원 같은 우리들의 세상 말입니다. 현대 사회는 돈과 광적인 거짓말을 쫓아 내달리는 경주장과도 비슷합니다. 사실 이는 유물주의 사상가들이 인류의 행복을 위해 권했던 것과는 정반대 세상이라고 볼 수 있습니다. 유물주의 사상가들은 거리의 철학과 진리의 따스한 빛과 만인을 위한 지식과 두려움의 소멸을 원했습니다. 그러나 두 낱말로 된 그 재앙이 닥치면서 어느새 돌바크가 예언한 음울한 미래는 현실이 되고 말았습니다. 요컨대 해피니즘이 판을 치는 민주 사회가 도래한 것입니다. 다시 말해, 스트레스와 번민으로 넘쳐흐르는 자본주의 사회가 진짜로 실현된 것입니다. 이 같은 사회에서는 재력을 지닌 자들이 '행복'을 소유하고 있다며 요란하게 거만을 떱니다. 그러나 아이러니한 사실은 모두가 피라미드 상층부를 향해 기를 쓰고 오르려는 이 현실의 이면에는, 착취자 대 피착취자, 소비 주체 대 소비 대상 간의 피 튀기는 싸움이 벌어지고 있다는 점입니다. 동족상잔의 비극적 싸움이 시민들을 고통스런 삶으로 몰아넣고 있는 것입니다. 사실상 그들은 "권태로움을 극복하기 위해 끊임없이 자신에게서 찾을 수 없는 자원을 외부에서만 찾으려"고 합니다.

모든 것이 변화와 변질과 타락을 강요받는다. 그 이유는 바로 인간들을, 특히 저 어린아이들을 만족시키기 위해서다. 그들은 매번 새로운 장난감을 요구한다. 그들은 자신에게 없는 것이 타인의 손에 들려 있는 것을 발견하는 순간 불행에 휩싸이고 만다. 희귀할수록 더욱 값어치가 나가는 진기한 물건이나 장신구, 혹은 장식품, 내지는 느릿느릿함을 참지 못하고 가차없이 자연에서 뽑아내 제멋대로 흉하게 가공한 요리들. 이제는 그런 것들이 많은 이들의 가장 중요한 관심사가 되어 버렸다.

돌바크는 시대를 초월하여 살아남았습니다. 그리고 이 시대의 현실을 놀랍도록 날카롭게 꿰뚫어 봅니다. 우리는 그의 예리한 통찰을 통해 '항상 더'를 외치는 이 열풍의 이면에 실은 저 처절하고 광적인 비열함이 맹위를 떨치고 있다는 사실을 깨닫게 됩니다. "어떻게 하면 스스로에게 분노한 저 유약한 인간들에게 고귀함과 위대한 정신, 그리고 대담함을 다시 불어넣을 수 있을까?" 이제 비로소 부유한 나라들을 불평불만과 집단 히스테리의 늪에서 허우적거리게 만드는 그 전염병의 실체가 무엇인지 말해야 할 때가 온 것 같군요. 가난한 자들의 머릿속에까지 해피니즘을 퍼뜨리고, 그들의 저항심을 달콤한 마시멜로로, 불의에 대한 반감을 포만에 대한 욕망으로 바꾸어 놓은 그 두 낱말로 된 질병의 이름이 대체 무엇인지를요. 우리를 열광하게 만들고, 우리의 모든 잠재된 행복을 말살해 버리는 그 질병은 대체 무엇일까요?

그것은 바로 '사치[luxe]'입니다. 여기서 사치란 보들레르의 댄디들이 회구하던 이상을 의미하는 것도 아니요, 극도로 호사스러운 문화를 의미하는 것도 아닙니다. 여기서 사치란 부에 집착하는 병리적 현상, 공허함을 추구하는 '중증의' 강박 성향으로서의 바로 그 사치입니다.

몽상과 몽상을 지나

사실 사치란 부려도, 부려도 끝이 없습니다. 자고로 완전한 사치를 누리기에 인간은 항상 돈이 부족하기 마련입니다. 사치는 우리를 완전히 잠식하고, 우리의 선의를 타락시키며, 우리를 탐욕스러운 인간으로 변모시킵니다. 사치가 부자들의 뇌를 잠식하면, 그들은 곤궁한 처지에 있는 사람들(그들이 충분히 도움을 줄 수도 있는 사람들인데도 말이죠!)을 외면하게 됩니다. 병적일 정도로 개인적인 안락함만을 추구하며, 남들과는 차별화된 고급스런 외양을 갖추는 데만 골몰하지요. "사치는 인간이 수치심을 잃고 무감각하고 잔인한 존재가 되도록 부추긴다." 돌바크는 행복을 말살하는 이 독약에 대해서는 아무리 비판을 해도 지나침이 없다고 생각했습니다. 한편 때로는 가난한 사람들도 사치에 대한 갈증을 이기지 못하고 참담한 선택을 하는 경우가 발생합니다. 사치를 누리기 위해 급기야 절도나 범죄, 매춘에까지 손을 대게 되는 것이죠.

사실 이런 극단적인 경우에 이르지 않더라도, 그 전에 사치가 가장 먼저 타락시키는 것이 있으니, 그것이 바로 인간의 상상력입니다. 가방, 보석, 시계, 향수, 자동차는 물론, 크루즈 여행, 성형 수술, 심지어 온갖 파격적인 패션 상품과 혁신적인 첨단 기기에 이르기까지, 우리가 이전에 카탈로그에서 본 적이 없는 완전히 새로운 상품이란 세상 그 어디에도 존재하지 않습니다. '주목할 만한 신상'이나 '럭셔리 상품'과 같은 상품 소개란만 봐도 대번에 알 수 있지요. 시장의 법칙에 순응하는 사치는 상식의 테두리를 벗어난 온갖 기상천외한 상품들을 수없이 만들어 냅니다. 사치는 천상천하 유아독존을 표방하며 제자리를 빙빙 맴도는 원형 상품 진열대와도 같이, 타인과의 사이에 소통할 수 있는 길을 만드는 능력을 고갈시켜 버립니다. 만남과 관계를 그릇된 길로 호도하고, 우리를 세상에 무관심한 존재로 만들어 버립니다. 심장을 작게 쪼그라뜨려 우리의 삶을 더욱 간편하게 만들어 버립니다. 돌바크가 내린 결론처럼, 사치의 영향권 안에 들어오는 순간 "모든 것은 허구로 둔갑합니다. 사치는 환상처럼 유령만을 만들어 낼 뿐입니다. 병든 상상력은 오로지 가짜 약으로만 치료될 수 있습니다." 절대 충족되지 않는 평범성, 한도 끝도 없이 쾌락을 들이키는 밑 빠진 독. 사치는 어느새 실체를 잃어 갑니다. 우리는 더 나은 삶을 위해 사치를 소비합니다. 상황이 좋지 않아서 사치를 향해 손을 뻗습니다. 실체감을 느끼지 않기 위해, 좀 더 확고한 즐거움이 생성되는 것을 피하기 위해, 따뜻한 마음에서 우러나오는 책임감을 회피하기 위해, 사치에 대해 생각합니다.

'환상으로서의 사치'는 우리의 존재를 비현실적으로 만들어 버립니다. 그리고 존재하는 것이 곧 향유하는 것이고, 향유하는 것이 곧 이미 '충분히 가진 것'이라는 저 자명한 진리로부터 우리를 멀어지게 합니다. 과시적 행복, 즉 사치는 이렇게 명령합니다. "아니다! '좀 더' 향유하라. 고급스런 향미를 즐기고, 하늘을 찌를 듯한 명성을 누리고, 호화로운 방탕을 즐겨라!" 이런 사치의 등장을 알리는 나팔소리가 있으니 그것이 바로 결코 만족할 줄 모르는 어린아이의 불평불만입니다. 그것은 이제 유년 시절의 행복이 막을 내렸음을 알리는 서막입니다. 유년 시절은 흡사 경이로움을 만들어 내는 공장과도 같았습니다. 유년 시절에는 정말 아무것도 아닌 보잘것없는 것이 곧 재미있는 놀이가 되기도 하고, 조금이라도 새로운 것이 오래도록 진한 감동을 선사하기도 하며, 상상력이 지나치게 복제를 추구한 끝에 완전히 고갈되는 법도 없었습니다. 그렇습니다. 사치는 유아 살해범과도 같습니다. 사치는 우리 내면에 웅크린 어린아이를 살해합니다.

그렇다면 환상이라는 것이, 이 유락을 위한 행복이 우리에게 제안하는 것은 대체 무엇일까요? 그것은 바로 유년 시절의 일부를 조금이나마 되살 수 있게 해 주겠다는 것입니다. 그러나 우리가 되사는 것은 실상 인격이 배제된 유년 시절, 슝 하고 나타났다 휘리릭 사라지는 유년 시절, 즉 '유령'에 불과합니다. 환상은 유년 시절을 팔아넘기기 위해 우리를 현실의 시공간에서 떼어 내 미신과 신화 속에 익사시킵니다. 그러면서 이렇게 말하지요. "진리는 다른 곳에 있다. 너의 행복도 마찬가지다! 그러니 어서 달려가 그것들을 찾아내라!" 그러고는 슝~! 우리는 몽상과 몽상을 지나 그 허구의 땅을 지치도록 내달리고 또 내달립니다. 그러나 그 땅은 결코 우리와는 상관이 없는 세계, 우리와는 전혀 관계없는 문제들로 점철된 세계일뿐입니다.

그렇게 종교와 이단 종파, 소문, 상업 영화, 인터넷 세계, 인포테인먼트[13], 연예 전문 잡지의 빳빳한 광택지 위에 실린 스타들의 화려한 삶, 짜릿한 광고 속 현실 등이 빚어낸 대중적 환상은, 그 모든 마법의 나이아가라 강들은, 결국 우리의 창의력을 말살하고, 우리를 무력한 자로, 의기소침한 존재로 만들고, 우리가 본질과는 완전히 동떨어진 생각만을 하며, 진정한 삶의 주변부만을 어슬렁거리며 살아가게 만듭니다. 과시를 위한 사치는 우리의 욕구를 만족시키지 못하고, 우리를 늙은이로 만들어 버립니다. 유락을 위한 환상은 우리의 지능을 마비시키고 우리를 바보로 만들어 버립니

---

13 정보information와 오락entertainment의 합성어로, 정보의 전달에 오락성을 가미한 소프트웨어 또는 미디어를 가리키는 용어이다.

다. 사치와 환상은 둘 다 우리가 상호 협력과 명철한 상상력을 통해 세상의 일부, 요컨대 우리 자신의 일부를 변화시키는 행복을 박탈합니다. 사치와 환상은 둘 다 해피니스트들의 '행복', 다시 말해 우리가 돈만 있으면 쉽게 살 수 있다고 믿는 그 행복을 은밀히 팔아먹습니다. 그것은 위험하지는 않지만 과시적이고, 별로 쓸데는 없지만 너도 나도 갖지 못해 안달하는 그런 행복입니다. 영수증에 찍힌 가격이 인증해 주는 명품 회사 '행복'표의 행복입니다. 그것은 호화스럽고도 매혹적인 가짜 행복입니다. 그 어떤 위험도, 특히 그 어떤 강렬함도 동반하지 않는, 그저 좋은 '장비'에 불과한 행복입니다.

행복은 우리를 미소짓게 만듭니다. 그러나 그렇다고 해서, 우리가 미소를 짓는다고 해서 무조건 행복해질 수 있는 것은 아닙니다. 그런데도 해피니스트들은 우리가 열심히 웃으면 행복해질 수 있다는 믿음을 갖기 위해 부단히도 애를 씁니다. 그 과정에서 때로는 원인과 결과를 혼동하는 실수를 범하기도 합니다. 가령 그들은 '불행하지 않은 것'에 '행복'해 하며, 오히려 실제로는 자신의 평범성으로 인해 불행을 느낍니다. 그렇다면 대체 왜 그들은 기성품 같은 욕망인 사치를 추구하려는 것일까요? 그것은 바로 자신의 욕망을 거세하기 위해서입니다. 대체 왜 그들은 기성품 같은 꿈인 그 위조된 환상 속에서 노닥거리며 시간을 허비하는 것일까요? 그것은 바로 자신의 꿈을 잊기 위해서입니다. 사치와 환상은 이처럼 그들을 강렬한 삶으로부터 오롯이 보호해 주는 역할을 합니다. 물론 강렬한 삶은 때로는 죽음에 쉽사리 빠져들기도 하지만, 동시에 기꺼운 마음으로 그 강렬한 삶이 널리 전파되는 것을 즐기기도 합니다.

여러분은 이제 역설 중의 최고 역설을 발견하게 될지도 모릅니다. 그러니까 해피니스트들은 스스로 '위험하다'고 판단되는 행복으로부터 자신을 보호하기 위해 '예방적 차원'에서 사치와 환상으로 스스로를 단단히 무장하는 것은 아닐는지요? 그들은 오히려 행복을 두려워하는 것이 아닐는지요? 그들은 예방적 조치의 일환으로 행복을 몰아내기 위해 자신이 '행복'하다고 요란하게 선포하는 것이 아닐는지요? 그들이 미소를 짓는 것은 행복을 표현하기 위해서가 아니라, 행복에 대립하기 위해서가 아닐는지요? 더욱이 그들은 진정으로 행복한 자들을 도리어 쫓아내고 있는 것이 아닐는지요? 별다른 의도 없이 순수한 기쁨으로 넘쳐흐르는 자들, 주변의 세상을 흡입하는 자들, 가식적인 미소의 가면을 벗겨 내려는 자들을 무참히 박해하고 있는 것은 아닐는지요? 해피니즘에 대한 간략한 개괄, 이 행복에 대한 연극을 마치기에 앞서, 우리는 이 점을 분명히 확인하고 넘어갈 필요가 있을 것 같습니다.

가고일 이론

행복은 죽이고, 불행은 살린다.

_막스 자콥, 클로틸드 보귀옹에게 보내는 1942년 10월 26일 자 서한.

행복지상주의자들, 즉 해피니스트들은 이미 살펴본 대로 미신에 사로잡혀 있습니다. '덱스터의 내기'가 상정한 대로, 우리가 열심히 행복한 척을 하다 보면 종국에는 진정으로 행복해질 수 있다고 철석같이 믿고 있지요. 사실 미국적 삶의 방식(American way of life)이 다른 산업국의 관습에 영향을 주기 이전부터, 사람들의 머릿속을 가득 채우기 이전부터, 그리고 우리의 야망을 잠식하기 이전부터, 이런 미국식의 맹목적 믿음은 오래 전부터 이미 존재해 왔습니다. 그러다 자발성을 찬양하는 68혁명의 찬가가 무대 뒤로 쑥 들어가고, 돈으로서의 행복과 자선 비즈니스를 표방한 반동주의적인 성격의 TV 쇼가 열풍을 일으키면서, 본격적으로 행복지상주의, 즉 해피니즘이 확대되기 시작합니다. 마침내 (사랑, 일, 교육 등) 전 영역에 걸쳐 '진정한 존재(être-vrai)'를 추구하려던, 축제를 통해 '삶을 변혁'하려던, 그리고 만사에 '네, 대장님!'을 외치던 낡은 관습을 철폐하려던 철학적 혁명이 막을 내리고, 1980년대 경영자들의 선동하에 소유와 소유의 철권통치가 다시 복권합니다.

견디기 위해 웃어라

십여 년 만에 기가 막힌 복제 인간이 출현합니다. 현 체제에 의해 프로그래밍 된 '사이버 인류'가 탄생한 것이죠. 이 새로운 인류는 반은 '관리 소프트웨어'이고, 반은 상어의 모습을 하고 있습니다. 아스팔트도 잘라 낼 수 있을 만큼 날카로운 이빨을 지니고 있는 한편, 가슴에는 심장 대신 지갑이 달려 있지요. 바야흐로 비즈니스 스쿨이 급속도로 증식하고, 광고 전문가들은 훌륭한 시인으로 거듭납니다. 기술관료주의가 아주 내밀한 곳까지 구석구석 스며들고, '경제지상주의'가 수많은 개혁안을 잉태합니다. 말하자면 상당히 세속적인 사상이 출현한 셈이지요. 이것으로 '점잖음의 시대'는 막을 내렸습니다. 본격적으로 불행한 자들을 향한 추격전이 시작된 셈이죠.

느닷없이 점잖음이라니 대관절 무슨 말이냐고요? 사실 1980년대 이전만 해도 앞서 이야기한 마이애미 해변의 예를 제외하고는, 가족사진을 찍을 때 우리는 억지로 웃음을 강요당하는 일이 결코 없었습니다. 부모들은 입꼬리를 치켜 올려 자신의 기분을 가식적으로 위장하지 않았습니다. 아이들도 카메라 앞에서 포즈를 취할 줄을 몰랐습니다. 그저 시도 때도 없이 하얗게 미백한 치아를 훤히 드러내고 웃는 사람은 오로지 유명 스타들뿐이었습니다. 일반인은 억지로 눈웃음을 치거나 입꼬리를 올리지 않고 매 순간 자연스러운 표정을 지었습니다. 그러다 1980년대에 이르러 해피니즘이 맹위를 떨치기 시작하면서, 여기저기서 행복은 자신의 '긍정적' 의지에 달려 있다고 설파하는 자들이 등장했습니다. 그들은 개인의 불행이 사회적 문제에서 비롯됐든, 실업에서 비롯됐든, 그 무엇이든 간에, 오롯이 개인의 책임으로 전가하는 새로운 수법을 쓰기 시작했습니다. 그러자 어느새 사람들은 모두 자신을 홍보하는 세일즈맨으로 변신했습니다. 모두가 거울과 명성을 쫓는 무명 스타가 되어, 끝없는 캐스팅의 덫에 빠지고 말았습니다. 그리고 더욱더 화려하게 주목받고 싶은 욕망에 사로잡힐수록, 행복은 한층더 외설적으로 변해 갔습니다.

불행에게 있어 1980년은 일대 전환점과도 같은 해였습니다. 다국적 제약 회사들로부터 두둑하게 부수입을 챙긴 의사들은 직장생활과 수익 경쟁, 연애 관계 등에서 비롯된 온갖 삶의 고통을 도리어 삶의 고통으로 시름하는 자들의 어깨에 떡 하니 얹어 놓았습니다. 그게 모두 그 '우울증'이라는 마법의 주문과도 같은 표현 덕분이었지요. 사회가 정상 상태에 병적으로 집착하고, 어떻게든 유용한 존재가 되기 위해 안달복달하는 '정상병'에 걸린 노동자들을 더 많이 양산해 내면서, 정신과 상담이나 약물 복용을 통해 '우울증'을 치료하는 것은 이제 노동자 본인의 몫이라는 인식이 더욱 굳건히 뿌리박히게 되었습니다. 특히 부자들은 급기야 마귀를 쫓는 퇴마 의식을 행하듯 불행을 몰아내기 위해 돈을 주고 정신 분석을 받기에 이릅니다. '지하철-일-잠métro-boulot-dodo'으로 대변되는 다람쥐 쳇바퀴 같은 일상으로 다시 의기양양하게 돌아온 뒤에는 절대로 웃음기 없는 무표정을 지어서는 안 될 일이었습니다. 정신과 진료실의 소파는 어느덧 젖먹이 시절까지 거슬러 올라가는 케케묵은 실패담을 털어놓기 위해 찾아오는 과거의 혁명가들로 발 디딜 틈이 없어졌습니다. 대부분은 상담을 받은 뒤 더욱더 중립적인 인간이 되어 병원 문을 나섰습니다. 그들은 총대를 메듯 욕망을 비스듬히 어깨에 둘러메고는 (그렇게 해야 스스로가 더욱 '고결한' 존재로 여겨졌으니까요) 평범함이라는 약속된 숙명을, 해피니즘을, 다시 말해 반혁명을 운명으로 감내하기 위한 마음의 각오를 더욱 단단히 다지고 돌아왔습니다. 그들의 입에서는 조잘조잘 수많은 말들이 쏟아졌지만, 정작 그들의 행동에서는 아무런 행복감도 느껴지지 않았습니다.

노멀리즘normalism(정상주의)이란 대체 무엇을 의미하는 것일까요? 그것은 주류 규범, 다시 말해 부르주아적 규범에 예속된 상태를 뜻합니다. 병적이라고 할 만큼 주류 규범이 개인의 신경과 육신 속에 깊이 각인된 상태를 의미합니다. 사회는 우리에게 '행복'을 얻고 싶다면 규범을 지키라고 요구합니다. 그러나 정작 우리가 규범에 복종하면 오히려 그와는 정반대 현실이 펼쳐집니다. 우리는 진실한 감정을 단절당한 채 고립감과 절망감만을 더욱 크게 느끼게 될 뿐입니다. 정상성normality과 해피니즘은 사실 똑같은 질병의 원인이자 곧 증상입니다. 우리는 이를 다음의 명령문으로도 간결하게 표현할 수 있습니다. "정상인이 되어라. 그러면 행복해질 것이다!" 그러나 이처럼 정상성을 추구하며 사는 것은 매우 고된 일인 데다 나의 싱그러운 젊은 나날을 희생하기를 요구합니다. 나는 '정상적'인 삶을 살수록 오히려 행복해지지 않는 데서, 약속이 실현되지 않는 데서 비롯되는 좌절감만 더욱 커지는 것을 경험합니다. 그러면서 평범함이라는 이름에 합당한 좁은 영토에 홀로 고립된 채, 스스로가 물러친 비좁은 울타리 안에 딥딥하게 간힌 채, 미치 몽유병자와도 같이 삶을 관통하게 됩니다. 나는 너무나도 기나긴 시간 동안 삶을 관통합니다. 나는 현실 밖에서 웃고, 꿈길 밖에서 눈물을 흘립니다. 나는 이미 패배자인 채로 길을 떠납니다. 그리고 마침내 미물의 운명을 모두 끝마칠 때에도 "정상인이 되어라, 그러면 행복해질 것이다!"라는 이 부르주아적 사고 체계의 이면에 도사리고 있는 진정한 실체를 미처 깨닫지 못합니다. 실은 그 이면에는 "행복해져라, 그러면 정상적이 될 것이다!"라는 해피니즘적인 사고관이 은밀히 자리하고 있다는 사실을 꿈에도 알아차리지 못하는 것이지요. 나는 (가공할 그 탐욕적인 행복을 찾아내기 위해) "웃기 위해 견디는" 삶에서 "견디기 위해 웃는" 삶으로 조용히 이행합니다. 진정으로 누릴 만한 가치가 있는 행복에서 죄수의 경쾌한 마조히즘으로 이행하는 것이죠.

행복의 영양학

'의지'만 있으면 행복해질 수 있다고 믿는 사람은 애초부터 눈이 고장 난 것입니다. 사태를 정반대로 바라보니까요. 일단 그들은 다른 사람들이 권하는 대로 이런 저런 행복의 비결을 모조리 다 섭렵해 한 번씩 시도해 봅니다. 행복의 대가들(철학자, 정신의학자, 의사 등)이 처방한 방법을 실천해 보기도 하고, 본연의 자기를 버리고 오로지 정상인이 되려고 노력도 해 봅니다. 소비로서의 행복 안에서 허우적거리며 살아 보기도 하고, 휴가를 즐기러 떠나 보기도 합니다. 습관성 약물에 더 이상 손을 대지 않겠다고 다짐하기도 하고, 혹은 이미 중독이 심각한 상황이라면 병을 고치기 위해 노력도 해 봅니다. 알뜰살뜰 돈을 저축하고, 세금은 부담스럽지 않게 다달이 월납으로 납부해 봅니다. 또 이런저런 모임이나 단체에도 가입해 봅니다. 아름다운 환경 속에 살기 위해 자연을 훼손하는 짓은 일체 하지 않고, 일과 부모, 젊은 세대들을 실컷 욕해 보기도 하고, 또 때로는 침대 위에서 진한 사랑을 나눠 보기도 합니다. 그들은 잠 못 드는 밤에는 불면증을 해소하기 위해 약을 먹고, 정신적으로 힘든 날에는 고통을 견디기 위해 약을 먹습니다. 사랑은 합리적으로만 하고, 쾌락은 일정 선을 넘지 않게 항시 절제하며, 본능의 종류도 일일이 검열해 분류하고, 음료는 오로지 오렌지 주스만 마십니다. 하지만 그렇게 해도 그들은 결코 행복과 만날 수가 없습니다. 기껏해야 "기분 좋은 순간", 잠시 왔다 사라지는 희열 정도를 느끼는 게 전부죠. 결국 그들은 깊은 실망감에 휩싸이고 맙니다. 혼신의 노력을 다했는데도 고작 이 정도의 기쁨뿐이라니! 아무리 행복을 쫓아 온 에너지를 쏟아부어도 그들은 본전조차 돌려받기가 힘듭니다.

그러나 '행복하지 못한 자^{mal-happy}'가 이런 행복의 문제점을 깨닫고, 자신의 깨달음을 정식으로 표명하는 것은 무려 마흔을 넘긴 인생의 중반기에 이르러서입니다. (그는 그제야 비로소 진지하게 표명하는 것입니다! 그동안 대개는 '의식적'으로 이런 마음을 억눌러 오곤 했습니다. 행여 그런 마음을 표현했다가 이내 이혼을 당하거나, 직장 상사를 격노하게 하거나, 무인도로 유배를 떠나게 되거나, 혹은 삶의 감옥에서 석방되는 꼴이 될 테니까요. 대체 어디로 떠나야할지조차 모르는 이에게 '인생의 새 출발'이 다 무슨 의미가 있겠습니까?) 그는 마침내 아무리 기를 쓰고 노력해도 자신에게는 결코 '행복'해질 수 있는 능력이 없다는 사실을 뒤늦게 발견합니다. 그러나 그는 황홀한 삶의 행복이나 희열을 가로막는 걸림돌이 실은 행복을 집요하게 추구하는 바로 자신의 노력이었다는 사실을 미처 깨닫지 못합니다. 행복에 이르고 싶은 욕망이 오히려 그를 행복에서 멀어지게 하고, 행복을 내쫓고, 행복이 결핍되게 만드는 길이었다는 사실을 이해하지 못하는 것이죠. 행복을 너무 멀리하는 바람에 진짜로 행복을 영영 잃어버리고 말았다는 사실을 절대 알아차리지 못하는 것입니다. 행복을 너무 오래 기다리기만 하고, 행복을 맞이할 준비만 너무 길게 하다 보면, 우리는 결국 무심히 행복의 곁을 지나쳐 버리고 맙니다. "행복의 추구는 언제나 추구로만 끝날 뿐이다." 미국의 소설가이자 철학자 더글러스 케네디도 이렇게 말했습니다. 행복이 야망으로 바뀌는 순간, 우리는 성공의 모습을 한 행복에는 결코 도달할 수가 없습니다. 모든 성공은 더 큰 성공에 대한 욕망을 자극하기 때문이지요. 욕망의 연쇄 작용은 절대로 끝이 나질 않습니다. 실현되지 않은 야망은 인간의 마음을 아리게 하고, 실현된 야망은 인간이 또 다른 사냥터를 찾아 이동하게 만드니까요. 행복해지려는 야망도 마찬가지입니다. 그러니 행복해지려는 야망은 우리가 절대 완전한 행복에 도달할 수 없음을 보증해 주는 보증 수표와도 같은 셈입니다.

이제 다시 앞에서 살펴본 행복에 실망한 사람에 대한 이야기로 되돌아가 볼까요? 그는 수년간 열심히 행복을 찾아다녔지만, 끝내 행복을 발견하지 못했습니다. 그가 행복을 추구하기 시작하자

더는 행복을 찾아낼 수가 없었던 것입니다. 여기서 조금만 더 나아가 우리는 이런 결론을 도출해 볼 수도 있을 것입니다. '그는 행복을 찾지 않기 위해 행복을 추구했다.'

너무 비약적인 결론이라서 놀라셨다고요? 하지만 사실 이 말이 겉으로 보이는 것만큼 그렇게 역설적인 것만은 아닙니다. 행복을 만나지 않기 위한 최고의 방법이 실은 행복을 뒤쫓는 것이라는 사실만 제대로 이해한다면 말이죠. 사실상 무엇인가를 뒤쫓는다는 것은 우리와 그것 사이에 일정한 거리가 존재한다는 사실을 함의합니다. 말하자면 그것이 내 곁에 없다는 사실을 인정하는 것이죠. 따라서 (시장 만능 해피니즘이 주장하는 사상에 설득되어) 행복을 골인 지점으로만 생각하며 "나는 기어코 저 행복에 도달하고 말겠어"라고 다짐하는 것은 오히려 행복을 나에게서 멀리 떨어뜨리는 행위라고 할 수 있습니다. 어쩌면 그것은 내가 '이미' 행복하다는 사실을, 그리하여 파울로 코엘료의 소설을 읽거나 오토 쇼, 스파 등을 즐기며 굳이 힘들게 행복을 추구할 필요가 없다는 사실을 은폐하는 행위인지도 모릅니다. 그렇습니다. "행복은 출발선"입니다. 행복은 결코 좋은 선택을 했다고 해서, 어떤 과제를 성공적으로 수행했다고 해서, 멋진 연인이나 친구를 두었다고 해서 얻을 수 있는 것이 결코 아닙니다. 오히려 행복이 바로 그런 일들을 가능하게 만드는 것이지요. 우리의 문제는, 그러니까 우리의 불행은 종종 마흔을 넘긴 뒤에야 비로소 그 같은 진실을 어렴풋이 깨닫게 된다는 것입니다!

만일 내가 해피니즘이 대중의 정신을 몽롱하게 만드는 일종의 소비지상주의적 교리와 비슷한 것이라는 사실을 깨닫게 된다면 그 순간 어떤 일이 벌어질까요? 나는 어떤 사기 행각의 존재를 인식하게 될 것입니다. 사회와 미디어의 압력하에, 나는 행복을 '경험하는' 대신, 그저 '갈망'만 해 왔다는 사실을 문득 깨닫게 되는 것이죠. 내가 나만의 고유한 크리스털 보석을 깨부수고, 나의 '모험 성향'을 자책하며, 타고난 재능을 소진하고, 불편함을 꾸역꾸역 참으며 정상인의 범주에 맞추어 살아왔다는 사실을 알아채게 되는 것입니다. 어쩌면 세월과 실패가 약이 되어, 어쩌면 나는 전보다 더 현명해졌을지도 모르겠습니다. 그러나 나는 행복해지기 위해 빚에 허덕이고, 행복해지기 위해 연인과 지지고 볶고, 행복해지기 위해 토끼 같은 자식을 낳아 부양하고, 행복해지기 위해 수많은 친구들을 곁에 두고 살아가고 있을 것입니다. 한마디로 제대로 통제할 줄도 모르는 어떤 행복을 위한 삶으로 인해 바보가 된 채 살아가고 있을 것입니다. 아무리 은행을 털거나, 중년의 늦바람을 즐기거나, 세상 끝으로 도망치거나, 탈서구적 정신세계(불교, 반자본주의, 반성장주의 등)에 빠져든다 해도 모두가 헛일일 것입니다. 좀 더 실질적인 차원에서 내게 진정으로 필요한 것은, 나를 끊임없이 저 거짓과 권태의 벽으로 몰아넣는 해피니즘의 악귀를 멀리 쫓아내는 것뿐이니까요.

그러나 내가 나도 모르게 해피니스트가 되어 버렸다는 사실을 인식했다고 해서 무조건 거기서 벗어날 수 있는 것은 아닙니다. 그러려면 먼저 기존에 내가 가지고 있던 행복의 개념부터 재정립해야 합니다. 행복이란 것을 더 이상 구축해야 할 대상, 추구해야 할 대상으로 생각하지 말아야 합니다. 행복이란 나와는 멀리 떨어진 것이라고 간주하던 관습부터 내버려야 합니다. 나는 그동안 행복을 나 자신(나의 존재 변화 과정)과는 별개의 것으로만 생각해 왔습니다. 가령 행복을 어떤 섭취해야 할 음식이나 추상적인 존재, 혹은 내게 주어진 과제나 완전무결한 당근의 모습을 띤 밝은 미래 정도로만 인식해 왔습니다.

저는 여러분이 '중년의 위기'를 겪고 있든 아니든 간에, 제 강연을 듣고 난 뒤에는 부디 어떤 철학적 변화를 경험할 수 있기를 바랍니다. 우리가 함께 이 행복에 대한 성찰을 마치고 나면, 어디선가 전문가들이 최신 행복의 비법이라며 여러분을 현혹하더라도 그냥 무시해 버리거나 혹은 실소를 터뜨릴 수 있기를요. 흔히 그들은 정식 메뉴에 오른 지 5천 년도 넘는 레시피를 들고 나와 떠드는 경우가 태반이니까요. "중도를 지켜라", "불가능한 것을 갈망하지 말라", "대가를 바라지 말고 줘라", "지혜, 자유, 사랑을 고양하라", "공명심과 게으름, 분노를 버려라", "약속을 잘 지켜라", "사소한 것에도 기뻐할 줄 알라", "죽음을 두려워하지 말라", "심호흡을 하라". 심지어 최근에는 "아빠, 엄마와 화해하라"든가, 혹은

"목록을 작성해 당신의 삶을 단순화하라" 따위의 비법까지 등장했습니다. 그러나 그런 행복의 경연이 가져온 결과가 대체 무엇인지 아십니까? 바로 이 모든 선의가 모여 종국에는 지옥으로 가는 길을 이루게 되었다는 것입니다.[14] 그리고 그 지옥에서는 누군가의 불행이 또 다른 이의 행복이 되기도 합니다.

어떻게 하면 우리가 '올바른' 행동을 해야만 얻을 수 있는 저 슈퍼마켓 행복을 더 이상 갈망하지 않으며 살 수 있을까요? 어떻게 하면 반복적인 실존적 위기를 통해 우리가 장님처럼 멀었던 두 눈을 뜨고 "조금 더 잘 할 수 있다" 주의, 이른바 행복의 영양학으로부터 구원을 받을 수 있을까요? 어느 날 빛나는 통찰력으로 내 자신이 해피니스트였음을 발견하게 되었다고 칩시다. 거기서 더 이상 열혈 해피니스트로 발전하지 않으려면 어떻게 해야 할까요? 어떻게 하면 내 자신과 내 청춘이 거짓 연극으로 인해 허망하게 망가지는 꼴을 막아 낼 수 있을까요? 어떻게 하면 증상(평범한 삶)이 아닌, 원인(행복의 추구)을 제대로 치료할 수 있을까요? 그러려면 먼저 그 원인이란 것이 대체 무엇을 가능하게 하는지부터 이해해야 합니다. 그러고 나서 그 원인이란 것이 실은 별 신통치 않은 결과만 가져오는데도, 나는 왜 자꾸만 그리도 그것에 집착을 하는 것인지 알아내야 합니다.

---

14 '지옥으로 가는 길은 선의로 포장되어 있다'는 격언은 좋은 의도로 한 일이 나쁜 결과를 가져오는 경우를 표현할 때 쓴다.

와이번의 세계

앞에서 말한 원인, 즉 '상품으로서의 행복'이라는 개념을 수용하는 것은, 나처럼 잘 분류·정돈·정렬된 존재가 최악의 번민에 휩싸이는 것을 막아 줍니다. 그 최악의 번민이란 바로 나의 존재가 변화하는 것을 의미하지요. 내가 지금의 나를 버리고, 나의 '자아Moi'를 내려놓는 것을 뜻합니다. 타자와의 접촉, 세상과의 접촉을 통해 나의 존재가 변화하는 것을 말합니다. 나는 그동안 부르주아적 행복에 힘입어 내 모습을 견고히 유지해 올 수 있었습니다. 나의 정체성을 보장해 주는 신원 증명서와도 같은 자아 속에 잔뜩 웅크린 채로 말이죠. 아! 나는 정말이지 벙커 같은 내 자아를, 모든 감정을 차단해 주는 이 방패막이를 온 힘을 다해 꽉 붙들고 살아왔습니다! 근육과 비늘로 내 자아를 단단히 무장하고, 더 이상 아무런 떨림도 느낄 수 없을 만큼 나의 심장을 작게 쪼그라뜨려 왔습니다. 그리고 그 자아 속에 어린아이의 감수성을, 유연한 상상력을, '나(혹은 놀이)Je(u)'에 대한 감각을 모두 묻어 버렸습니다. 그리고 나는 바로 그런 자아 속에 기거해 왔습니다.

그냥 '존재'하는 대신, 다시 말해 나를 정적인 존재로 생각하는 대신, '변화'한다는 것은 대체 무엇을 의미할까요? 그것은 바로 나 자신을 전복한다는 뜻입니다. '정상적인normal(표준화된) 자아'를 벗어던지고, 내 고유의 원칙을 정립하고, 기존의 규칙을 깨부수고,

법의 틀을 넘어선다는 것을 뜻합니다. 요컨대 진정으로 행복해지는 것을 의미합니다. 그렇습니다. 행복은 '나(혹은 놀이)$^{Je(u)}$' 안에 있습니다. 행복은 나의 존재가 변화하는 과정에서 비롯됩니다. 행복은 내가 세상을 통제할 수 있는 능력을 더욱 강화해 주고, 내 마음이 기쁨으로 크게 부풀어 올라 더 기꺼운 마음으로 행복을 받아들이도록 만들어 줍니다. 행복이란 실존적 차원의 소화 과정입니다. 그 소화 과정을 통해 사건들이 나의 육신으로 스며들 수 있는 것입니다. 말하자면 행복은 일종의 육화 능력이라고도 볼 수 있습니다.

나의 존재가 변해 가는 동안 나는 익숙한 길에서 벗어나 모험에 뛰어듭니다. 새로운 감정을 탐험하고, 모든 가능성의 조합을 실험해 보고, 정상적인^{normal}(표준화된) 삶을 탈피합니다. 해피니스트가 어떤 틀이나, 위상, 역할에 자신을 맞추는 데서 안정감을 느낀다면, 진정 행복으로 충만한 자는 오히려 그런 것들을 무효화하고 기꺼이 위험을 감수합니다. 해피니스트는 미소 속에 두려움을 가두고, 말을 할 때도 침묵을 지키며, 경계나 금기는 절대로 위반하지 않습니다. 반면 진정으로 행복한 자는 거리에서도 거리낌없이 춤을 추고 노래를 부르며, 어떤 말도 거침없이 내뱉습니다. 낯선 이를 만나도 대등한 의식을 갖고 유머를 곁들여 편하게 말을 건넵니다. 행복은 전복적입니다. 내가 세계 속에 들어가 자유롭고 의지적인 존재로 변화하도록 만들어 주니까요.

반대로 해피니스트들이 추구하는 '행복'은 표준적인 모습, 타인의 시선을 끌기에 충분히 화려하지만 정작 오로지 자신만을 관측하기에 바쁜 '자아Moi', 반-전복anti-subversion에 맞게끔 재단되어 있습니다. 그것은 평범한 정체성을 위한 평범한 행복이라고 할 수 있습니다. 자고로 평범한 정체성은 잊히지 못한 채 기억되고, 세상과 융화되지 못한 채 유지되는 경향이 있습니다. 이러한 행복은 자아의 내적 질서를 뒤엎기는커녕 오히려 더 단단히 아무도 자아 속에 침투하지 못하도록 차단합니다. 소위 경험되었다 말해지는 행복도 그저 한낱 구속복에 불과합니다. 온갖 독창성과 풍요로움으로 질서를 뒤집지 못한다면, 결국 경험되었다 말해지는 그 행복도 한낱 똑같은 반복에 불과할 것입니다. 사실 해피니스트들이 행복을 두려워하는 것도 바로 그 때문입니다. 이 행복의 사기꾼들은 '나(혹은 놀이)Je(u)'를 향유하는 법을 잊어버렸습니다. 심지어 최악의 경우, '나(혹은 놀이)Je(u)'를 위협적인 요소로, 더러운 쓰레기로, 무절제한 방탕으로 인식하기까지 합니다. 그리고 교육의 역할에 대해 깊이 성찰하지 않고, 즐겁게 춤을 추는 어린아이, 몰아의 상태에 빠진 어린아이가 이내 저 반짝반짝 눈부신 재앙에 이르도록 방치합니다.

클라이브 스테이플즈 루이스Clive Staples Lewis는 오늘날 《나니아 연대기》로 일약 스타덤에 오른 아일랜드 출신의 작가입니다. 여기서 그가 쓴 자전적 수필 〈예기치 못한 기쁨〉은 우리의 비상한 관심을 끕니다. 그는 이 수필에서 1913년 9월 그가 말번 칼리지(말번은 흔히 '와이번'[15]이라는 별칭으로도 불렸죠)를 다니던 시절을 다음과 같이 묘사했습니다. 말번 칼리지라면 당시 부잣집 자제들이 많이 다니던 명문으로 명성이 자자한 학교였습니다. 작가는 그 시절에 대한 느낌을 이렇게 회고합니다. "나는 그 시절 전혀 불행한 것은 아니었습니다. 그럼에도 전체적으로 볼 때 세계란 것이 일종의 안타까운 제도라는 생각을 하지 않을 수가 없었습니다." 와이번이 금세 표준적인 귀족 자제를 양산하는 공장임이 드러난 것이죠. 특히 이처럼 정상인들을 길러 내는 과정에는 요란한 해피니즘 선전이 동원되었습니다. "사실 나를 가장 지치게 만드는 것은 바로 위선이었습니다. 진짜 재미없는 것들에 대해 끊임없이 흥미로운 척 연기해야 했으니까요." C.S.루이스는 13살부터 19살까지 자신을 괴롭히던 그 허위의 세계를 독자들이 조금이라도 더 생생하게 느낄 수 있도록 다음과 같이 아주 의미심장한 비유를 곁들이기도 했습니다.

독자 여러분, 여러분이 13주 동안 밤낮으로 내리 무방비 상태에서 골프광들과 함께 지내야 한다고 생각해 보세요. 만약 여러분이 골프를 좋아하신다면, 골프광이 아니라 자서전에 환장한 독일

---

15 Wyvern: 영국의 상상 동물로 흔히 '비룡'이라고 번역된다.

학생들과 함께 있다고 생각해도 무방합니다. 그들은 모두 권총 한 자루씩을 차고 있습니다. 그리고 여러분이 조금이라도 지루해하는 기색을 보이는 순간 곧바로 방아쇠를 당길 것이라고 가정해 봅시다. 이제 제가 말번 칼리지에 다니던 시절 어떤 기분이었을지 조금은 감이 오실 겁니다.

사실 동료나 지인으로부터 이런 식으로 진실하지 않은 행동을 강요당한 적이 단 한 번도 없는 사람이 과연 우리 중에 존재할까요? 우리는 그런 상황을 흔히 '사회화'라는 말로 부릅니다. '순응'을 조금 더 완곡하게 표현한 말이지요. 요컨대 '가장하는 존재'의 제단에 '변화하는 존재'를, '자아^{Moi}'의 제단에 '나(혹은 놀이)$^{Je(u)}$'를 제물로 바치는 행위라고 볼 수 있습니다. 자발성을 억누르고 머리를 조아린 채 어떤 기대나 역할, 상황에 부응하는 것을 뜻합니다. C.S.루이스는 그것이 인간을 길들이는 일종의 조련 과정이라는 사실을 제대로 보여 주었습니다. "남학생이 기숙학교에 들어가는 것은 지극히 상식적이고도 정상적인(표준적인) 인간으로 거듭나기 위해서입니다. 더 이상 자기에 대해 생각하는 대신, 남들과 하나가 되는 법을 배우기 위해서입니다. 그러니 특이함은 언제나 가혹한 처벌의 대상이 되기 마련입니다." 한편 그는 영국의 기숙학교 시스템에서는 "불행을 느끼는 것은 물론 심지어 광적인 열의가 부족한 것마저도 일종의 과오로 여겨진다"고도 지적했습니다. 영국의 기숙학교에서는 모든 개인이 감정을 억누르고 청교도적인 해피니즘을 종용당합니다. 해피니즘이 평판을 좌우하고, 위계 서열을 결정짓는 데 있어 학업 성적보다도 더 중대한 영향을 미치지요. 이처럼 집단과의 완전한 융화를 추구하며 개인주의를 지양하는 경우, 언제든 파시즘이 스멀스멀 고개를 들기 마련입니다. 프랑스 대독 협력 시절 페탱 원수는 1940년 12월 29일 '청소년의 날'을 기념하는 자리에서 이렇게 말했습니다. "개인의 삶은 자신을 헌신할 때에야 비로소 의미를 갖습니다. 헌신은 개인의 삶을 초월적인 것과 이어 주며, 개인의 삶을 더 크고 위대하게 만들어 줍니다." 한편 그는 이렇게도 말합니다. "행복하고 안전한 삶을 원한다면, 먼저 모든 프랑스인이 자기 자신부터 잊어야 할 것입니다. 집단에 통합되지 못한 자, 팀워크의 중요성을 인식하지 못하는 자는 감히 국가에 '복무'한다고 말할 자격이 없습니다. 다시 말해 인간으로서의, 시민으로서의 책무를 다하고 있다고 말할 수가 없습니다." 안전을 보장하면서 동시에 위협적인 성격을 지니는 행복인 해피니즘은 굉장히 위험합니다. 행복이라는 명분을 위해, 때로는 동지애를 팔아넘기는 비인간적인 면모를 보이기도 하니까요.

극단적인 예를 들 것도 없습니다. 본래 제도란 것이 어찌 보면 해피니즘적 성격을 띠기 마련입니다. 제도가 인간의 행복에 필요한 것이 무엇인지를 규정하는 역할을 맡는 그 순간 모든 제도는 해피니즘적으로 바뀝니다. 가령 종교와 윤리, 규범적 심리학이나 철학, 학교, 광고 등이 고집스럽게 우리에게 행복의 기초를 주입하려고 하는 순간 그것들은 모두 제2의 '와이번'으로 돌변하지요. 그것들은 모두 어린아이를 늙게 만들고, 특이함을 균질하게 만들어 버리는 어두컴컴한 동굴과도 같습니다. C.S.루이스는 자신의 소중한 벗 J.R.R.톨킨이 그랬듯, 미친 듯이 독서의 세계에 빠져들고, 온갖 북부 신화를 섭렵했습니다. 그는 거기서 다시금 팔딱팔딱 살아 숨 쉬는 '나(혹은 놀이)$^{Je(u)}$', 즉 창조의 숨결과 조우합니다. 그리고 평생토록 그것을 되살리기 위해 부단히 노력하지요. 사자와 하얀 마녀, 마법사와 캐스피언 왕자가 뒤얽힌 환상적인 이야기를 쓰거나, 1931년 기독교로 개종까지 하면서 말이죠. 사실 신과의 만남을 통해 일찍이 만신창이가 된 '나(혹은 놀이)$^{Je(u)}$'를 되찾으려는 자는 그만이 아니었습니다. 온갖 신비주의가 통용되는 것도 어찌 보면 궁극적으로는 자아로부터 벗어나기 위한 목적 때문입니다. 신비로움이 없는 정체성과 이미 소화 과정을 모두 마친 '행복'으로부터 구원받기 위해서죠.

57살이 되던 해 C.S.루이스는 '나(혹은 놀이)$^{Je(u)}$'에 대한 탐구로부터 소중한 교훈을 얻었습니다. "즐거움을 망치는 가장 확실한 방법은 바로 내가 만족감을 느끼는지를 지속적으로 살피는 것이다." 해피니즘이란 결국 우리가 만족감을 느끼는지를 계속 관찰하고^{observation}, 또 그 기분을 유지하는 것^{observance}을 뜻합니다. 본디 행복이란 독창적인 성격을 지니기 마련인데도, 자꾸만 표준화된

'행복'의 처방을 따르는 것을 의미합니다. 해피니즘에 순응하는 것은 행복을 망치는 지름길입니다. 행복의 불씨를 꺼뜨려, 행복이 우리의 평범성을 불태워 없애지 못하게 가로막는 가장 확실한 방법인 셈이지요. 자아에 의지해서만 삶을 지탱하는 사람들, 냉철한 세계 또는 외부적 세계로부터 비롯된 규범에 따라서만 삶을 지탱하는 사람들에게 행복은 매우 위험천만한 것입니다. 그런 자들은 계획적으로 조직된 '행복'을 안전 자산으로 여기며, 아낌없는 투자를 쏟아부으니까요.

올바른 결정

해피니즘의 프로파간다는 수많은 클리셰Cliché를 잉태했습니다. 믿음직한 남편과 토끼 같은 아이들을 거느리고 완벽한 주방이 완비된 그림 같은 집에서 행복한 삶을 영위하는 1950년대 미국의 가정주부에서부터, 일과 헬스 트레이너, 섹스 토이, 세련된 의상, '안티에이징(노화 방지)' 등을 통해 자아실현에 성공한 2010년대 워킹우먼에 이르기까지 말입니다. 사실 행복한 여성이야말로 해피니즘적 민주주의 사회의 우수성을 가장 상징적으로 보여 주는 증거입니다. 행복한 여성은 행복이란 것이 결국 개인의 의지에 달려 있음을 가장 확실하게 보여 주는 매우 근사한 이미지니까요. 가령 정치 활동이 오로지 유권자의 표에, 건강이 오로지 우리가 먹는 음식에 달려 있다고 여기는 것과 마찬가지로 행복도 개인의 의지에 달려 있다고 말하는 것과 같습니다.

이런 주장은 에피쿠로스에서 버트런드 러셀, 성 아우구스티누스, 노자 등에 이르기까지 모든 철학 강의에 반복적으로 등장하는 주제이기도 합니다. 요컨대 "행복해지려면 올바른 선택을 해야 한다"고 모든 철학이 말하지 않습니까. 그러나 행복은 결코 인간이 계획할 수 있는 것이 아닙니다. 계획은 오히려 행복이 하는 것이지요. 말하자면 "우리는 이미 행복해야지 올바른 선택을 할 수 있는 것"입니다. 행복은 요리의 대상이 아닙니다. 맛있는 음식이 아닙니다. 행복은 일종의 소화 과정입니다. 우리가 어떤 고통과 즐거움을 삼키든 간에, 그것을 강력히 소화해 내는 과정이지요.

어떻게 하면 우리가 행복에 대한 야망을 버릴 수 있을까요? 우리가 '행복을 갈망하지 않는 행복'을 갈망한다면 혹 그것이 가능할까요? 오늘날 해피니즘 분야의 권위자들은 행복을 조직적으로 계획하라고 우리에게 말합니다. 리스트를 만들거나, 계획표를 짜거나, 'LNP¹⁶ 트레이닝'이나 '행동 혹은 인지 치료' 등을 통해서 행복을 계획하라고 권합니다. 그런데 이 사람 잡는 선무당들이 처방하는 행복 속에서 우리는 한 가지 공통점을 찾아볼 수 있습니다.

---

16 신경언어프로그래밍: 20세기에 개발된 실용심리학의 한 분야로 인간 행동의 긍정적인 변화를 이끌어 내는 기법을 종합해 놓은 지식 체계의 명칭.

그들의 주장 뒤에는 하나같이 행복이란 '경영'의 문제에 불과하다는 생각이 저변에 깔려 있다는 점입니다. 그들은 모두 한결같이 행복을 관리하고, 결정하고, 계획하고, 구축하며, 확장해 나가는 것으로 생각합니다. 그리고 나쁜 습관은 '해고'해 버려야 한다고 여기지요. 최선의 전략을 세우고, 투자도 해야 한다고 말합니다. 그러니 행복이란 그들에게 이를테면 최적의 수익률을 달성한 인생을 의미한다고 볼 수 있습니다. 잘 조합된 부품들이 쌩쌩 돌아가며 자가 생산의 경지에 이른 상태 말이죠. 그것은 일종의 비인간적인 완벽함이라고도 할 수 있습니다. 왜냐하면 그런 행복에는 인간적인 것(인간의 실패와 고통)이 자리할 여지가 없으니까요.

오늘날 해피니즘은 제대로 소화되지 않은 '카르페 디엠Carpe diem'이나, 제대로 이해되지 못한 '지금 이 순간을 즐겨라' 등의 설익은 사상으로 재미를 보는 장사꾼들의 기회주의를 더는 의미하지 않습니다. 오히려 '부정적' 감정을 말살하고, '긍정적' 감정, 다시 말해 '생산적인' 감정만을 생산하는 전투 병기, 이 소외된 자들의 사회를 위해 마련된 전투 병기가 바로 오늘날의 해피니즘인 것입니다.

'오류-불안-불행'과 '진실-안락-행복'이라는 두 가지 대립항에 기초한 해피니즘은 이원론에 바탕을 둔 매우 간편한 사상입니다. 하지만 문제는 그렇게 간단하지 않습니다. 물질적 안락이 반드시 실존적 안락까지 보장해 주는 것은 아니기 때문이죠. 예를 들어 우리는 리우데자네이루의 파벨라[17]나 마닐라, 키베라[18], 다라비[19] 등지의 빈민촌보다 오히려 호주, 프랑스, 일본 등 안락한 도시들에서 더 높은 자살률을 관찰할 수 있지 않습니까. 또한 부유한 나라에서도 삶의 의욕을 잃지 않고, 불안함을 조장하는 과잉된 자아로부터 벗어나기 위해 가까스로 마약이나 향정신성 의약품에 의지해 살아가는 이들이 수백만 명에 달하는 것을 지켜볼 수 있습니다. 한편 문제는 이렇게 가까스로 불안을 잠재우는 현상이 사실은 이중의 장점을 지닌다는 것입니다. 먼저 첫째, 불안은 경제를 돌아가게 만드는 원동력으로 작용합니다. 그리고 둘째, 건강염려증 환자들을 무수히 양산해 내며 그들이 스스로를 무력하다고 느끼게 만듭니다. 그리하여 그들은 자신을 무능한 존재로 여기며 자신의 책임을 다른 '책임자들'에게 내맡기게 되는 것입니다. 콤플렉스는 정신과 전문의에게, 배움에 대한 갈증은 교수에게, 자유는 국가 당국에 맡기는 식으로요. 해피니즘이란 농노가 정작 주인이 아닌 자신의 예속 의지에다 대고, 본인이 직접 마술을 써서 진실한 감정을 감추고 위선적으로 연출한 인위적인 감정 세계에다 대고, 행복을 선전하는 것과 같습니다.

---

17 브라질의 빈민 지역.
18 케냐 나이로비.
19 인도 뭄바이.

행복해야 할 의무

사실 해피니즘은 비단 감정만을 연출하는 것이 아닙니다. 좀 더 고딕적인, 다시 말해 좀 더 중세적인 연극도 연출합니다. 전문 용어를 좋아하는 이들은 여기에 'apotropaic', 즉 '축출한다'는 표현을 붙이기도 합니다. 이 단어는 고대 그리스어 'apotropein'에서 유래했습니다. 방향을 돌려 무엇인가를 우회하거나 빗겨 가도록 만들거나 혹은, 무엇인가를 막아 낸다는 뜻을 지니고 있습니다. 그렇다면 대체 무엇을 막아 낸다는 말일까요? 그것은 바로 액운입니다. 그리스 함선의 뱃머리에 그려진 유명한 눈 문양도 바다의 위험으로부터 배를 지켜 준다는 의미를 지니고 있지 않습니까. 또한 '파티마의 손'[20]이나 '미리암의 손'처럼, 이슬람이나 유대교 미신에서도 '신의 손'은 재앙을 멀리 물리친다고 알려져 있습니다. 'apotropaic'이란 액막이, 모든 행운의 부적(말편자, 부두교 부적, 애뮬릿, 호루스의 눈, 기독교의 십자가, 기타 모든 종류의 '사탄아 물러가라(Vade retro, Satanas)!'식 주술), 불행과 불길한 기운을 보호해 주는 그 모든 것을 말합니다. 그리고 이런 모호한 모든 것들이 뒤범벅이 되어 탄생한 것이 있으니, 그것이 바로 '가고일'입니다. 가고일이란 흔히 성당 외벽을 장식하는 데 쓰였던, 박쥐의 날개에 날카

---

20 이슬람에서 이용되는 부적의 일종. 유대교에서는 '미리암의 손'이라고도 부른다.

로운 발톱이 달린 악마처럼 무시무시한 상상 속의 동물을 석조에 새긴 괴기스럽고 기묘한 조각상입니다.

가고일은 두 가지 차원에서 '축출apotropaic'의 의미를 지닙니다. 먼저 가고일은 실제 빗물받이로서 빗물을 토해 냅니다. 한편 영원토록 출구를 향해 서 있는 악의 화신으로서 가고일은 신의 전당에서 악령을 토해 낸다는 상징적인 의미도 더불어 지닙니다. 악령을 재현함으로써 악령을 쫓아내는 것이지요. 이미 신이 이 건물을 보호해 주고 있기에 어떤 악령도 이곳에서는 힘을 쓰지 못한다는 사실을 그런 식으로 과시하는 것입니다. 우리가 무대 밖으로 쫓아낸 것을 무대 위에 다시 보여 주는 것과도 같습니다. 이것이 바로 가고일을 만든 조각가들의 전략입니다. 공포를 손으로 더듬더듬 만지면서 비로소 안도를 구하는 것이죠. 두려움의 존재를 직접 초상으로 남김으로써 두려움을 쫓아내는 것입니다.

그런데 해피니스트들의 유쾌한 기분이라는 것도 사실 무엇입니까? 바로 스스로 무엇인가를 멀리 쫓아내는 태도가 아닙니까. 말하자면 네온사인처럼 깜빡이는 화려하고 열정적인 기쁨이 그들을 보호해 주는 것이지요. 대체 무엇으로부터 보호해 주냐고요? 그것은 바로 행복입니다! 인간을 뒤엎고 변화시키고 도발하고 질투하게 만드는 행복, 그 '위험한' 행복으로부터 해피니스트를 지켜 줍니다. 해피니즘이란 바로 그런 것입니다. 이제 우리는 해피니즘에 대해 보다 확실히 알게 되었습니다. 하지만 저는 제 강연을 마치기에 앞서 이 개념을 조금만 더 깊이 살펴보았으면 합니다.

여러분은 해피니스트가 방탄 마스크를 쓰고 그토록 피하고 싶어 하는 대상이 대체 무엇인지 아십니까? 그것은 행복 그 자체가 아닌, 바로 행복해야 할 '의무', 자기만족과 기쁨을 느껴야 할 의무입니다. 세속의 가고일은 항상 행복 속을 헤엄쳐 다녀야 한다는 무거운 의무감에서 해방되기 위해 행복의 외적 징표를 전시합니다. 우리는 흔히 "정말 괜찮은 거야? 얼굴이 안 좋은데……"라며 타인을 추궁하길 좋아합니다. 그러면서 우리가 뜨거운 의리로 친구의 행복을 끊임없이 세심하게 염려한다고 생각합니다. 그러나 그것은 실은 자신도 모르게 타인에게 억지로 행복을 강요하는 것과 다를 바가 없습니다. 친구들이 모호한 감정에 빠져들거나, 조용한 우수에 젖거나, 침묵을 즐기도록 도대체 가만히 내버려 두지를 않는 것이지요. 그렇게 우리는 우리의 자녀나 친구나 사랑하는 연인이 가고일이 되도록 부추기며 살아갑니다. 그러면 그들은 해피니즘이 가하는 폭력을 이기지 못하고 결국 스스로 해피니스트가 되기로 결심합니다. 아무도 더 이상 자신의 행복을 '문제' 삼지 못하게 만들기 위해서 말입니다.

그렇습니다. 가고일은 자신의 외관에 행복을 전시함으로서 행복을 밖으로 몰아냅니다. 더 이상 사진기나 사회 제도 따위가 그들에게 행복을 강요하지 못하도록 말이지요. 가고일은 해피니즘이라는 제어 장치를 달고 누군가 자신을 평화롭게 내버려 두기를 갈망합니다. 그러나 정작 자신과는 결코 평화로운 관계를 유지할 수가 없습니다. 왜냐하면 가고일은 표준적인 모습에만 순응하며 살아갈 뿐 '나(혹은 놀이)Je(u)'의 존재를 부인하기 때문입니다. 그렇게 은근한 불 위에서 시름시름 고통을 견디다 이내 모든 강렬한 감정들을 한 줌의 재로 산화시켜 버리는 것이죠. 인간이 얼마나 쉽게 기꺼이 가고일이 되려고 하는지를 지켜보노라면, 문득 에마뉘엘 무니에Emmanuel Mounier[21]가 물었던 이 질문이 떠오릅니다. "정말 인간은 행복에 적합한 존재일까요? 인간은 행복해진 후에도 프로메테우스의 열정과 자비에서 비롯된 그 숭고한 사랑을 계속 간직할 수 있을까요?" 그러면서 이 철학자는 빈정거리는 말투로 '행복한 인간'에 대해 다음과 같은 해피니즘적인 정의를 내립니다. 행복한 인간이란 "생물학적, 정서적, 사회적 톱니바퀴 장치에 완벽히 맞물리는 톱니바퀴처럼 완전히 적응된 인간을 의미한다. 그것이야말로 이 '거대한 포장'이 진지하고 열정적으로, 양육자다운 사랑을 통해, 지향하는 바다." 에마뉘엘 무니에는 특히 스웨덴을 대표적인 예로 꼽았습니다. 사실상 국경, 외관, 정체성을 지키는 민주주의 사회의 모든 가고일들은 이 해피니즘이라는 '거대한 포장'에 대해 익히 잘 알고 있습니다. 그것이 바로 그들의 본질이기도 하니까요. 그것은 그들의 '덕목'입니다. 질서 유지라는 덕목 말입니다. 해

---

[21] 프랑스의 가톨릭 계통 실존주의 철학자로 인격주의를 제창하기도 했다.

피니즘이라는 거대한 포장은 이렇게 말합니다. 타인에게 향하는 것은 곧 그들과 대립하는 것을 의미한다. 또 이렇게도 말합니다. 아름다움이란 냉혹하고 양성적인 외양을 띠고 파리나 밀라노의 무대 위를 행진하는 것이다. 이 거대한 포장은 꿈의 공장을 지휘하고, 기후 현상이나 마케팅 관련 현상에 시시콜콜 토를 달고, 포장된 자들 각자에게 알맞은 안락함과 짜릿함을 주사해 줍니다. 단 조건이 있습니다. 그들이 복종과 행복을 담보로 내놓아야만 합니다.

어린아이는 결코 불쾌함과 타협하지 않는 천부적 재능을 지니고 있습니다. 가슴이 아프고 눈물이 나는데도 행복한 척 연기를 하지는 못합니다. 반면 우리는 흡사 군인들처럼 시멘트로 마감된 단단한 자아 속에 조직되어 있습니다. 그 속에서 우리는 언제든 행복함을 표현할 수 있고, 또 깊은 절망에 빠진 와중에도 즐겁게 탭댄스를 출 수 있습니다. 감정을 꾸역꾸역 억누른 채 광대처럼 유쾌한 기분을 연기할 수 있습니다. 우리는 얼마나 훈련이 잘된 도마뱀 떼인지요! 대체 삶의 감탄사는, 전파력을 지닌 우리의 진실은 어디로 사라진 걸까요? 두근두근 맥박을 울리며 굳었던 육신에 생기를 불어넣던 그 행복은 어디로 간 걸까요? 무례함에 대해 반말로 응수하고, 죽은 도마뱀들 사이에 파란을 일으킬 수 있었던 그 당당한 기개는요? 우리의 전설적 영웅담, 영광의 화상 자국, 투지에 넘치는 활력, 그 엄청난 희열은 대체 어디로 간 것일까요?

제2의 도약대, 변화하는 존재가 되고픈 열망은요? 위급한 시절에 쓰였던 시와 충격적인 현실 속에서 창조된 예술은요? 그 외침은요? 그 록^{rock}은요? 우리의 전율은요?

맑게 갠 날, 더 이상 우리가 저 둥그스름한 지평선을 바라보지 않게 된 것은 대체 언제부터일까요?

막간극(인터루드)

내 안의 삶

*

삶은 행복하다. 우리는 이 사실을 알고 있을까?
혹은 평생 알지 못할 것인가?

_아니 르클레르, 〈여자의 말〉

나는 흰 토끼를 따라 토끼 굴로 들어간 앨리스다. 나는 추락하고, 추락하고, 또 추락한다. 얼마 뒤면 미로처럼 복잡한 이상한 세계에 착륙할 것이다. 아무리 끝이 보이지 않아도, 모든 추락에는 끝이 있는 법일 테니. 식물의 뿌리들과 바위의 광물과 물기에서 반사되는 광채들이 마치 별똥별처럼 눈앞을 휘리릭 지나간다. 나는 이것이 꿈이라는 걸 잘 안다. 조만간 꿈에서 깨면 모조리 사라질 것들이다. 그러나 이상하게도 공중에 붕 뜬 느낌이 현실인 양 너무도 생생하다. 낙하산 없이 추락할 때의 오싹하고 짜릿한 공포가 그대로 느껴진다! 그래, 악몽이 이 정도 수준에 도달했다면 이제 금방 잠에서 깨어날 거야! 그러나 나는 계속 추락하고, 추락하고, 또 추락한다. 얼굴을 세차게 후려치는 바람 때문에 고함소리마저 도로 폐 속으로 쑥 들어가 버렸다. 벽면 여기저기 긁히는 바람에 강연할 때 입었던 옷은 걸레가 되고, 팔과 허리, 종아리는 온통 만신창이다. 지구의 내장이 허겁지겁 나를 소화시키지 못해 안달이 난 것만 같다.

온몸이 심하게 흔들리는 탓에 이성적인 사고를 하는 것이 불가능하다. 나는 그저 한 SF 영화의 불길한 엔딩 장면만을 머릿속에 떠올릴 뿐이다. 내 몸뚱이가 시공 연속체의 균열된 틈 사이로 추락하는 상상. 생각만 해도 등골이 오싹해진다. 나는 계속 추락하고, 추락하고, 또 추락한다. 잠시 머리 위를 올려다본다. 어두운 구덩이 끝으로 한 줄기 빛이 가늘게 새어 들어오는 게 보인다. 이번에는 손으로 얼굴을 가리고 손가락 사이로 아래쪽을 흘끔 내려다본다. 거기에는 캄캄한 구덩이, 미래가 없는 심연뿐이다. 아마도 한 시간 뒤면 저 무의 세계에 추락하고 말 테지.

별로 믿음은 안 가지만, 다른 뾰족한 수가 없으니 마지막이라는 심정으로 제웅을 불러내 보기로 한다. 나는 젖 먹던 힘까지 쥐어짜 제웅을 부른다. 이번에는 뜨거운 눈물까지 흘리며 애타게 간청한다. 앗! 그가 나타났다! 마침내 애교 섞인 요정의 목소리가 내 귓가를 간질인다. "어이, 친구!" 그 순간 내 몸이 별안간 허공에 멈추어 버린다.

"이봐, 친구, 자네 강연은 정말 재밌었네. 박수갈채가 한창 쏟아지던 중이었는데…… 그렇게 바람처럼 사라지다니 정말 애석하군!" 내 몸은 마치 무중력 상태에 있는 것처럼 공중을 둥둥 부유한다. 문 워킹 중인 꼭두각시 꼴이다. "이보게, 나 여기 있어. 자네 바로 뒤라고!" 내가 가까스로 몸을 틀자 얼룩말 한 마리가 바로 코앞에다가 얼굴을 들이민다! 하늘을 나는 얼룩말이다. 얼룩말은 눈꺼풀을 깜빡이며 속사포로 수다를 쏟아 낸다. "이봐, 친구. 정말 그게 자네 소원이 확실해?" 나는 멍하니 서서 그의 말을 듣는다. 마음속으로는 이제 테킬라는 좀 작작 마셔야겠다고 단단히 벼르면서.

얼룩말로 변신한 제옹이 잠시 내게 현 상황을 설명해 준다. 그에 따르면 나는 지금 '지니랜드' 상공 20㎞ 위에 떠 있다. 지니랜드란 요정들이 마술 연습을 할 겸 만들어 낸 온갖 기상천외한 생물들이 서식하는 세계다.

"어떤 이들은 이곳을 일컬어 '감정의 분출구'라고도 부르지. 하지만 요새 그런 이름을 써서 어디 장사가 되겠어?"

"왜, 지니랜드에서 사파리 관광이라도 해 보려고?"

"허어, 참! 요즘은 어디를 가나 불경기인 세상 아닌가? 요정들의 세계도 마찬가지라고. 이 바닥 경쟁이 얼마나 치열한지 어디 자네가 알기나 하겠나?"

"경쟁이라고?"

"자세히 알 것 없고! 그래서 자네 소원은 결정했어?"

"지금 당장 소원을 빌지 않으면 어떻게 되는 거지?"

"어떻게 되긴, 곧장 지니랜드로 직행하는 거지."

"협박인가?"

"아니, 그냥 압박이라고 해 두지. 자네 지니랜드에 가면 아마 하루도 안 되서 제발 좀 꺼내 달라고 애걸복걸할 걸. 내 동료들 아이디어하곤…… 참 기발하지 않은가……."

"그러니까 협박이 맞네."

"뭐 정히 그렇게 부르고 싶다면 맘대로 하게. 하지만 아무리 그래도 자네가 지금 하늘을 나는 한 말과[角] 동물과 함께 헛소리를 지껄이며 두 세계 사이에 대롱대롱 매달려 있다는 사실에는 변함이 없다는 점만은 명심하게. 마냥 으스댈 상황이 전혀 아니라고."

"말과 동물이라니. 엄밀한 말하면 얼룩말이겠지……."

"아니, 더 정확히 말하면 콰가얼룩말quagga이네. 머리는 얼룩말이지만 몸은 당나귀를 닮았지. 본래 남아프리카 지역에 서식하던 동물인데, 19세기 말 식민지 시절 네덜란드에서 온 이주민들의 손에 멸종을 당했어. 콰가얼룩말 변신은 사실 내 장기야."

"너는 정말 못하는 게 없는 거야?"

"아니, 못 하는 게 딱 하나 있긴 해. 자네같이 느려 터진 속도로 생각하는 건 도저히 따라할 수가 없지!"

"그렇다면 혹시 섹슈엘라가 그날 나를 보고 어떤 생각을 했는지도 알고 있어?"

"쯧쯧…… 틈만 나면 그 생각이군. 이런 카사노바 같은 인간하고는!"

내가 끈질기게 조르자 제옹은 하는 수 없이 내가 그 이탈리아 미녀와 이야기를 나누는 동안 그녀의 머릿속을 스쳐간 엄청난 진실 3가지를 털어놓았다. 첫째, "맙소사, 내 몸에서 지독한 땀 냄새가 나는군!", 둘째, "행복은 곧 살육이다", 그리고 마지막은 "비건 소시지는 확실히 맛이 형편없"였다. 그 밖에도 그녀는 내 이야기에 자주 폭소를 터뜨렸다. 특히 내가 마구 팔을 휘저으며 독재자 같은 어조로 격분하며 이야기하는 모습을 보고는, 나를 무슨 타잔과 무솔리니를 섞어 놓은 인물 같다고 생각했다.

"이거, 완전한 참패로군."

콰가얼룩말 요정은 나와 함께 천천히 지니랜드를 향해 내려가는 동안 철학적 탐구를 지속했다. 나는 요정에게 물었다. "행복이란 곧 살육이라고? 그녀가 어떻게 그런 근사한 말을 생각해 낸 거지? 분명 내가 한 말은 아닌 것 같은데."

"이 친구야, 아마 그 여자 다른 데 정신이 팔려 있었던 게지."

"다른 데라니?"

"이를테면 최근 읽은 나폴리 작가가 쓴 글이라든가."

"!?"

"안나 마리아 오르테세Anna Maria Ortese가 쓴 〈천체Corps céleste〉 말일세."

"나를 두고 다른 생각에 빠져 있었다니. 이런 나쁜 배신자를 봤나!"

"내 말이! 이제 그 나쁜 년 때문에 우리 둘 다 황천길 가게 생겼잖아."

양복은 걸레처럼 너덜너덜해지고, 피부는 온통 만신창이가 된 채로 나는 심장이 찢겨 나가는 듯한 고통을 느끼며 얼룩말 선생의 면상을 빤히 들여다보았다. 내 면전에다 대고 감히 어젯밤 나 대신 공주님 머릿속을 가득 채우던 그 이탈리아 여류 작가를 칭송하는 모습이라니. 나는 순간 우리의 신세가 참으로 처량 맞게 느껴졌다.

결정타 같은 논거

사실 안나 마리아는 매우 유쾌하고도 급진적인 필치로 행복지상주의를 비판한 작가다. 그녀의 말을 빌리자면, 얼굴과 입가에 흘러넘치는 행복은 감정적 차원과 실질적인 차원 모두에서 바람막이 같은 역할을 한다. 이러한 행복은 당의정처럼 폭력과 착취에 민주주의라는 달콤한 꿀을 바르고, 밀가루 옷을 입히듯 시민들로 하여금 장황한 언어의 가루 속을 뒹굴게 한다.

'서구적' 인간과 '문화'. 그것은 좀 더 자세히 들여다보면 한낱 숫자(유용성)의 문화, 말의 문화에 지나지 않는다. 만사를 개선해야 한다고 선포하는 공허한 말들과 유용성만이 군림하는 저 세계에서 오로지 지배자는 단 하나, 살육뿐이다. 우리가 보편적인 행복을 꿈꾸는 동안 자연은 조각조각 해체되어 팔려 나간다. 그리고 우리 발밑의 지구는 우르르 무너져 내린다.

단언컨대, 섹슈엘라는 독서 이력이 아주 훌륭한 여자다. 그 점은 내가 보증한다. 살육적 광기를 합리화하는 알리바이와도 같은 '보편적 행복'. 사실 그것은 모든 전체주의가 과거 소리 높여 부르짖었던 이상이기도 하다. 그것은 강제수용소와 보트피플, 그리고 병영의 음습한 그림자 속에 번성하는 일종의 프로파간다로서의 행복이다. 또한 석유와 광물, 다이아몬드 등을 손에 넣기 위해 힘없는 나라를 신탁통치하고 온갖 파괴를 자행하는 저 인도주의라는 허울을 둘러쓴 행복이기도 하다. 거만한 문화가 지배하는 행복, 최후의 결정적 논거와도 같은 행복 말이다. "행복의 미래는 소름 끼치도록 무섭다." 1888년 작가 앙리 드 레니에Henri de Régnier[01]는 이렇게 예언했다.

"아카데미 회원이 되기 13년도 더 전이었는데, 그 양반 아주 바른 소리를 했구먼!" 요정이 히이잉~ 하는 소리(내 귀에는 웃음소리

---

01 프랑스의 시인, 소설가.

처럼 들리긴 했지만, 어쨌든 인간이 콰가얼룩말의 울음을 제대로 이해한 다는 게 어디 쉬운 일이겠는가)를 내며 말했다. "그래, 그래, 알겠다고. 그러니까 자네는 그 오르테세란 여자와 소수점 6자리 나눗셈만큼이나 아주 흥미진진한 행복관을 공유하고 있다는 거지? 요컨대 자네와 오르테세는 모두 행복이 젊음과 창조에서 비롯된다고 보는 거야. 행복하다는 것은 세상을 창조할 정도로 생기발랄하고 원기 왕성한 상태를 의미한다고 보는 게지. (혹은 그런 류의 뭔가 하품이 절로 나는 시시한 것이 행복이라고 여기는 거야.) 자네는 곰돌이 무늬 포장지에 쌓인 깜짝 선물 같은 행복 앞에다가, 못난이 악당 같은 '행복'을 들이밀고 있군. 음모를 꾸며 우리를 괴롭히고, 조종하고, 호도하고, 바보로 만들어 버리는 그 못생긴 악당 말이야. 이를테면 덱스터 식의 해피니즘. 피투성이 얼굴에 떠오른 미소 같은 행복 말이야. 애초부터 행복의 심판관 따위는 아예 얼씬도 못하게 내쫓는 일종의 가고일과도 같은 해피니즘. 대문자 H로 시작하는 그 흉측한 행복, 매년 휴가객들이 주차장을 방불케 하는 교통 체증도 마다하지 않고 해변으로 달려가게 만들고, '자아^{Moi}'를 '나 (혹은 놀이)$^{Je(u)}$'로, '나(혹은 놀이)$^{Je(u)}$'를 '바보'로 만들어 버리는 그 거대한 환상 말일세.

자네는 그런 행복을 아주 질색하지. 안 그래? 그 나치 같은 행복보다는 훨씬 더 나은 행복을 누릴 권리가 있다고 생각하고, 또 그러기를 바라잖아? 아니야? '온갖 독창성과 풍요로움으로 질서를 뒤집지 못한다면, 결국 소위 경험되었다 말해지는 그 행복도 한낱 똑같은 반복에 불과할 것이다.' 히이잉! 그래, 그렇다면 자네의 그 반-가고일적인 행복, 그 '순수한 분출의 힘'을 일단 수용하자고! 하지만 그러한 행복을 일단 수용했다고 쳐. 하지만 그다음에는 어떻게 되는 거지? 우리는 또 어디로 가야 하는 거지? 무엇을 해야 하는 거지? 그러니까 항상 철학자들의 문제는 똑같다고. 그들은 동료의 편견을 으스러뜨릴 때에는 그렇게 단단한 이를 자랑하면서도, 정작 본인의 팔을 걷어붙이고 조금이라도 앞으로 전진해야 하는 순간이 찾아오면 스르르 팔에 힘이 풀리잖아."

"나는 앙리 드 레니에처럼 '행복이란 욕망과 현실 사이의 균형'이라고 생각한다네."

"나는 자네가 비건소시지 치료를 받으러 지니랜드를 찾아갈 시간이라고 생각하네만!"

"정말 미안해, 제옹. 하지만 나는 아직도 더 알아내고 싶은 게 있어."

"대체 그게 뭐지? 설마 우주? 하지만 너희 인간 세계의 물리학자들은 아직 그것을 정확히 표현할 만한 언어도 찾아내지 못했는걸. 일단은 그냥 무지개 색 건반이 달린 장난감 실로폰이라고 해두자."

"장난감 실로폰이라고?"

"그래. 하지만 아프리카에서 쓰는 실로폰인 '발라폰'처럼 살짝

휘어져 있지. 그것을 방정식으로 표현하면,

$$\acute{F}^{i\pi} \backsim \{[c/(\mathbb{C}\mathscr{S}^{\wedge\stackrel{w}{\cdot}}\mathbb{C}\mathscr{S}^{m})^{-\frac{1}{2}}]v[8\ god\ (\mu)\ \Upsilon(\ 2^{\prime}\mathbf{h}\upsilon\ 2^{\delta}\mathbf{h}\upsilon\ 2^{\circledast})]\}\ \updownarrow\langle t_0,\ t_1\rangle,$$

여기서 F는 합착력, i는 -1의 제곱근, c는 진공에서의 빛의 속도,
$\mathbb{C}$와 $\mathbb{C}$는 음속 혼합 유체의 두 공변 방사량을 의미하지."[02]

우리 얼룩말 선생께서 '파동 이론'[03]에 관한 이 말도 안 되는 엉
터리 수학 공식을 읊어 대는 동안, 나는 잠시 발밑을 내려다본다.
이글거리는 벌건 불빛이 아래로 내려갈수록 점점 더 커진다. 마치
"얼른 용암 해수욕 하러 오세요!"라고 말하기라도 하듯이. 지니랜
드에서 역한 냄새가 풍겨 온다. 나는 이 지옥으로의 하강에서 얼
른 나를 구원해 줄 현명한 소원을 한시라도 빨리 찾아내기 위해 머
리를 쥐어짠다.

내 삶을 직조하는 씨실과 날실

대체 어떤 소원을 빌어야 하지? 어떤 소원을? 행복한 죽음을 맞

---

02 말도 되는 낱말들을 조합해서 만든 엉터리 수학 공식이다. 필자는 이 엉터리 수
학 공식 속에 자신의 철학을 반영하고 있다. 가령 합착력에서 합착concrescence
(혹은 합생, 유착)이라는 단어는 인간이 타인과 서로 융화되는 것을 의미하며 음
속 혼합 유체의 방사량이라는 말도 타인과의 교감이 행복의 환한 빛을 발산한
다는 뜻을 함의하고 있다. 필자는 이 책에서 행복이란 타인과의 융화, 매력 파
동의 전파에 있다고 본다.
03 필자는 나와 타인의 교감과 교류를 매력 파동, 충격 파동 등 파동의 개념으로
표현하고 있다.

이하게 해 달라고 할까?

"쳇, 무슨 그런 시시한 소원을!"

아니면 세계 평화는 어때?

"정확히 어떤 종류의 평화를 의미하는지 좀 더 자세히 말하라고. 아니면 내가 그 말뜻을 해독하다 인생 종 칠지도 모르니까. 세계 평화란 게 워낙 코에 걸면 코걸이, 귀에 걸면 귀걸이 같은 말 아닌가!"

아니면 사랑과 정열이 가득한 삶을 살게 해 달라고 비는 건 어떨까?

"그런 소원이라면 굳이 요정의 도움이 따로 필요할 것 같진 않은데."

그럼 세상 어디에나 편재하는 존재가 되게 해 달라고 하는 건? 아니면 이 실로폰 같은 우주에 대해 모르는 게 없게 해 달라고?

"그러면 정말 좀 전에 말했던 무감한 인간들과 마찬가지로 이 세상과 유리되는 건 따 놓은 당상이겠군! 끝없이 팽창하는 신피질과 신경을 대신하는 초신성. 헬로우, 빅뱅! 굿바이, 인간성!"

차라리 어릴 적 나와 대화를 할 수 있게 해 달라고 빌까?

"무슨 말을 하게?"

'지금 당장 프루스트를 읽어. 그럼 만사가 해결될 거야', '유도는 때려치우고, 정 사범님께 어서 쿵푸를 배워!' 혹은 '기타를 그만두지 마', '아버지가 네 머리를 가위로 싹둑 잘라 놓기 전에 얼른 미

용실로 뛰어가', '우물쭈물하지 말고 그냥 가랑스에게 키스해', '고
등학교에 가면 최대한 땡땡이를 많이 쳐', '이본느 이모를 만나 봐',
'사촌 디디에를 좀 도와줘', '나디아란 여자와는 절대 함께 살 생각
을 하지 마. 그 여자가 네 인생을 망쳐 놓을 거야', '동생 제프와 더
많은 시간을 보내', '샹젤리제 거리의 버진 메가스토어에서는 절대
도어즈의 테이프를 훔치지 마'……

　아니다. 사실 나는 내 삶을 직조하고 있는 이 실들 가운데서 대
체 어떤 코를 다시 손봐야 할지 도무지 알 수가 없다. 내가 경험
한 모든 것들이 다 나름대로 의미를 지니니까. 심지어 회환마저도
내 삶을 직조하는 데 중요한 한 코를 이루었다. 불완전한 실수와
쓰라린 시련조차 지금의 나를 만드는 데 기여했다. 그것들을 부인
한다면, 그것들을 마술처럼 사라지게 한다면, 아마도 나는 지금
의 내가 아닌 생판 다른 사람이 되어 있을 것이다. 솔직히 무엇인
가를 바꾼다고 해서, 그것이 성공적인 결과로 이어지리라는 보장
도 없다. 제2의 기회를 얻는다고 해서 우리가 반드시 재앙을 피해
갈 수 있는 것은 아니다. 앙리 드 레니에가 한 말은 맞았다.

　"삶은 우리 앞에 있는 것이 아니라 우리 안에 있다."

　아무리 꼼꼼하게 인생을 설계하고, 원대한 계획을 세워 봐야 소
용없다. 여기, 지금 우리를 앞으로 나아가게 만드는 추동력은 다
름 아닌 바로 언제나 내 뱃속에서 일어나고 있는 내적 폭발이니
까. 내가 생각하는 그 행복 말이다.

'나는 무엇을 원하는가?' 사실 그것은 인생의 황혼기에나 의미를 지닐 수 있는 질문이다. 그때가 되면 우리는 인생의 모든 성공과 실수를 한 번에 관조할 수 있는 눈을 지니게 될 테니까. 그러나 40살도 안 된 나이에 어떻게 과거에 저지른 뼈아픈 실수가 앞으로 더 밝은 미래를 이루는 데 기여하지 않으리라 단정할 수 있을까? 실패가 희망을 낳고, 희망이 승리로 이어질지 대체 그 누가 장담할 수 있을까? 사실 상승의 기쁨을 오롯이 누리려면, 그 전에 먼저 추락부터 해야 하지 않는가.

이러한 역설에 대해서는 우화작가 장 피에르 드 플로리앙Jean-Pierre Claris de Florian이 쓴 〈말과 망아지Le cheval et le poulain〉(아마도 다다이즘 예술에 심취한 컬렉터들을 황홀하게 할 제목이리라)[04]에 잘 나타나 있다. "너무 즐기면 누구나 금세 물리기 마련이다." (지극히 상식적인 이 주장은 평소 충분히 '즐길 줄' 모르는 해피니스트들의 태도와는 완전히 상반된다.) 그러면서 작가는 다음과 같이 '전원적'이라고도 할 수 있을 만한 이야기를 한 편 들려준다.

> 매일 망아지는 실컷 잠두를 먹고
> 꽃이 만발한 잔디밭을 뒹굴었다.
> 아무런 목적도 없이 뛰어다니고, 아무런 갈망도 없이 목욕을 하고,

---

04 다다이즘의 '다다dada'는 어린이들이 타고 노는 '목마'에서 유래했다.

아무런 욕구도 없이 휴식을 취했다.

한가로이 무위도식하며 뚱뚱보가 된 외로운 망아지는

어느새 부족함이 없는 삶이 진절머리 나고 지겨워졌다.

금세 삶이 물리고 만 것이다.

결국 망아지는 아빠와 함께 더 척박하고 견디기 힘든 환경을 찾아 길을 떠난다. 그러나 에덴이 사라지자 생지옥이 열린다. 한 동안 맛있는 음식을 구경도 할 수 없게 된 망아지는 서서히 절박 함을 느끼기 시작한다. 망아지는 다시 집으로 되돌아간다. 그리 고 마침내 푸르른 초원과 마주한다. 예전에는 그토록 외면했던 기쁨을 이제는 걸신들린 듯이 만끽한다. "오, 이런! 정말 산해진미 가 따로 없군! 세상에 이렇게 맛있는 목초가 다 있다니!" 망아지 는 감탄한다. 이 우화로부터 우리가 얻을 수 있는 교훈은 무엇일 까? 바로 "행복에도 다이어트가 필요하다"는 것이다. 그렇다면 행복을 위해서는 억지로 즐거움을 제한해야 한다는 말일까? 탈성 장의 선봉에라도 서라는 것일까? 철저히 스스로를 절제하라는 말 일까?

드루피의 역설

"라트감 드 오리 크로슈생플르 웨르 오리 크로슈두블르 외르 오리 오부클르……." 제옹은 배운 내용을 까먹지 않으려는 듯 고개를 푹 숙이고 눈썹까지 파르르 떨면서 천년에 걸친 과학의 역사를 줄줄이 읊기 시작했다. 그 사이 지니랜드는 시시각각 눈앞으로 다가왔다. 아마도 지니랜드의 효과는 '달콤한 나의 집'을 더 절실히 꿈꾸게 만드는 것이 아닐는지.

온 정신을 집중한 제옹과 달리 내 머릿속 생각들은 여기저기 정신없이 방랑하고 있었다. 좀 전까지만 해도 우화 속에 나오는 망아지 생각을 했는데, 지금은 또 뜬금없이 만화에 등장하는 한 개에 대한 생각으로 옮겨 갔다. 바로 드루피 말이다. 그리고 그가 항상 우울한 거북이처럼 느릿느릿한 목소리로 웅얼거리는 말. "그거 알아요? 저는 행복하답니다(You know what? I am happy)." 전혀 기쁜 내색도 없이 무뚝뚝하게 툭 내뱉는 나는 행복하다는 말. 어쩌면 그것은 매순간 우리의 행복을 감시하는 저 해피니스트들이나 혹은 우리의 머릿속을 뒤죽박죽 어지럽게 만드는 저 요정들에게 해 줄 수 있는 유일한 답변인지 모른다. 행복한 사람에게 강요되는 올바른 행동과 과장된 표현법으로부터 자유로운 행복.

드루피의 매력은 상대와 달리 항상 천하태평한 모습을 보여 주는 데 있다. 반면 상대인 늑대는 예쁜 여자만 보면 휘파람을 날리며 어쩔 줄을 몰라 하고, 가는 곳마다 공포 분위기를 조성하고 다닌다. 늑대는 조금만 일이 잘 풀려도 깔깔깔 배꼽을 쥐어짜지만, 이 개는 성공적으로 임무를 완수한 다음에도 당황스러울 정도로 침착하고 태연하다.

드루피의 밋밋한 행복이 코믹하게 느껴지는 것은, 그가 겉으로는 불행하게 보여서가 절대 아니다. 오히려 그가 행복을 과시하는 데 전혀 관심이 없다는 데 웃음 포인트가 있다. 그는 결코 눈덩이처럼 행복을 부풀리는 법도 없고, 쉴 새 없이 타인을 행복하게 해 주기 위해 애쓰지도 않는다. 그는 그저 내면에서 우러나오는 감정을 내면 안에 간직할 뿐이다. 결코 내면의 감정을 얼굴에 표출하거나 목소리의 미동으로 표현하지 않는다. 그는 자신이 행복하다는 사실을 그저 뉴스를 보도하듯 우리에게 담담히 '알려' 줄뿐이다. 사실 관객의 눈에는 딱히 드루피가 행복해 보이지도 않고 정말로 그가 행복한지도 확신하기가 힘들 뿐더러, 심지어 그가 어쩌면 행복하지 않을 수도 있다고 여겨지기까지 한다. 그도 그럴 것이 흔히 관객들은 주인공이 씩씩한 구호를 외치며 통쾌한 해피엔딩으로 영화를 장식할 것이라 기대하기 때문이다. 그러나 드루피는 그저 "그거 알아요? 전 영웅이랍니다." 이 한마디만 하고 그것으로 끝이다. 일기 예보를 전하는 아나운서만큼이나 감정이 없는 딱딱한 말투로 각본에 나오는 정보를 관객에게 전달하는 것이다.

드루피는 '무표정'한 얼굴로 승리의 순간을 맞이한다. 늑대가 말을 타고 달리면, 그는 당나귀를 타고 달린다. 매복한 상대가 언제 공격할지 모르는 상황에서도 그는 무덤덤하고 태연하다. 〈천하태평 드루피Drag-a-long Droopy〉(1953년작)에서 그는 총알이 빗발치는 와중에도 천연덕스럽게 신문을 읽는다. 그러면 그의 권총이 혼자 알아서 총알을 난사하고, 빗발치는 총알은 바윗덩어리 위에 로댕의 〈생각하는 사람〉을 새긴다. 〈서북 지역의 경찰견Northwest Hounded Police〉(1946년작)에서도 늑대가 감옥을 탈옥하자 만사 무기력한 경찰 드루피가 당황스러울 정도로 태평하게 탈옥수를 뒤쫓는다. 그리고 늑대가 교차로를 지나려고 할 때나 문을 열고 나가려고 할 때, 물속에 있을 때나 눈밭에 있을 때, 영화관이나 사자의 뱃속이나 산 정상에 있을 때에도 언제 어디서나 불쑥 불쑥 나타나 왝! 하고 늑대를 깜짝 놀래 준다. 결국 탈옥수는 더 이상 견디지 못하고 차라리 감옥으로 돌아가는 편이 낫겠다고 결심한다. 하지만 그곳에 가면 또 어떤 일이 그를 기다리고 있을지 그는 상상조차 하지 못한다. 감옥에는 무려 500명의 드루피 교도관이 그를 기다리고 있다!

〈세뇨르 드루피Señor Droopy〉(1949년작)에서는 드루피가 투우 경기장으로 입장한다. 검은 황소 앞에 선 드루피는 볼품없고 초라하기 짝이 없지만 비장한 표정으로 황소를 도발한다. "안녕하슈, 황소 양반. 우리 한 판 겨뤄 볼까(Hello Mr.Bull, let's you and me fight)!" 그러나 상대는 폭소를 터뜨린다. 그리고 한 발로 조심스럽게 그를 옆으로 비켜 세우고는 진짜 투우사의 자태를 뽐내는 늑대를 향해 돌진한다. 드루피는 황소와 겨루기에 신체적 능력도 정신적 자세도 턱없이 딸린다. 일찌감치 남성성 면에서는 이미 패배자나 다름없다. 그런데도 그는 항상 경쟁에서 승리한다. 왜냐하면 그는 '주인공'이라는 지위를 지니기 때문이다. 비록 겉으로는 패배자looser처럼 보이더라도 말이다. 주인공이란 그가 무엇을 하는지, 어떤 자인지에 상관없이 언제나 마지막에 승리자가 되기 마련이다. 드루피도 자신이 각본상 유리한 고지에 있다는 걸 잘 안다. 그는 어떤 위험도 감수하지 않지만, 그래도 결국에는 어떤 식으로든 승리를 거머쥘 것이고, '행복'한 자가 되어 있을 것이다. 그것이 바로 그가 무덤덤하면서도 끈질긴 이유다. 그는 주인공으로서 해야 할 역할을 묵묵히 해낸다. 그리고 주인공이라는 직업에 걸맞게 아름다운 여인과 승리의 월계수를 거머쥔다. 사실 각본에서 주인공이 이런 면책특권을 의식적으로 인식하고 제 역할을 충실히 연기하지 않았다면, 매번 승리자로 끝나는 이 반복적인 패턴은 금세 싫증을 유발할 수도 있었을 것이다. 그러나 다행히도 드루피는 자신이 누릴 수 있는 특권을 아주 잘 인식한다. 그는 자신이 언제나 승리할 것이라는 사실을 잘 알고 있기에 이 특권에 기대어, 상대가 잔뜩 화가 나서 전전긍긍할 때에도 그와는 대조적으로 상대의 약이 바짝 오를 정도로 무사태평하고도 천진난만한 모습을 보인다. 세상에 드루피라는 목표물을 명중시킬 수 있는 것은 아무것도 없다. 그러나 드루피는 언제나 모든 목표물을 명중시킨다. 세상에 드루피의 앞길을 봉쇄할 수 있는 것은 아무것도 없다. 그러나 그는 언제나 모든 비열한 계략, 도주, 포획의 술책을 사사건건 봉쇄한다. 그리고 그는 예쁜 여자 친구의 사진에 수염을 그려 넣은 황소를 흠씬 패 줄 때 조차 축 처진 눈과 천하태평한 표정을 유지한 채 황소에게 따귀와 주먹을 날린다.

딱따구리 우디 우드페커가 요란한 웃음소리로 유명하다면, 무덤덤한 표정은 드루피의 트레이드마크다. 이 무표정 때문에 드루피는 해피니즘과는 완전한 대척점을 이룬다. 드루피의 무표정은 행복이 갖추어야 할 '올바른 관습'을 무시한다. 바로 그러한 점에서 그의 무표정은 우리 내면에 어떤 행복의 문법이 내재되어 있음을 은연중에 드러낸다. 정형화된 우리의 삶이 얼마나 우스꽝스러운지를 불현듯 깨닫게 해 주는 것이다. 그는 우리에게 자신의 감정을 뉴스 보도하듯 알리거나("그거 알아요? 저는 행복하답니다"), 때로는 조소를 날리며("안녕하세요, 행복한 납세자 여러분!"), 허위로 꾸미는 행복의 제스처가 얼마나 우스꽝스러운지를 은연중에 드러낸다. 그의 무기력은 과다할 정도로 비타민이 첨가된 우리의 부조리한 해피니즘에 정면으로 반기를 든다.

그럼에도 누구든 그를 만화 주인공이 아니라 현실의 인물로 인식하는 순간 이렇게 말하고 싶어질 것이다. "저 똥개 녀석 완전 머리가 돌았군." 본래 만화는 코믹한 효과를 주기 위해 시시때때로

물리법칙을 뒤튼다. 가령 트위티가 나뭇가지에 앉아 재잘거리는 동안 실베스터는 나무 위에 올라가 트위티가 앉은 나뭇가지를 톱으로 잘라 낸다. 그러나 정작 쓰러지는 것은 나무 기둥뿐이다. 또 로드러너는 바위에 쾅하고 부딪히지만, 코요테가 바위 위에 가짜 터널을 그리면 그곳에서 곧바로 기차 한 대가 튀어나와 로드러너를 깔아 뭉갠다. 반면 드루피가 등장하는 만화는 이런 기묘함을 한 차원 더 멀리까지 밀고 나간다. 이제는 물리법칙만이 아니라 행복법칙까지 우롱하는 것이다. 밝은 햇살도 감정의 기류도 전혀 드러내지 않고 나는 행복하다고 당당하게 선언하는 드루피의 모습을 보면서 우리는 역설을 느낀다. 드루피의 덤덤한 태도를 보며 나도 모르게 키득키득 웃음이 새어나오는 것은 우리에게 행복이란 이런 것이라는 어떤 기대가 존재함을 우회적으로 보여 준다. 요컨대 우리는 행복을 (내부 파괴적인) 구심력에 상응하는 어떤 (외부 파괴적인) 원심력이라고 생각하는 것이다. 행복을 느끼는 순간, 나는 알 수 없는 신비한 힘이 나를 충만하게 채우는 듯한 기분에 사로잡힌다. 마치 나의 육신이 땀구멍 하나하나를 통해 세계를 흡입하며, 그 과즙을 빨아먹고 있는 듯한 기분에 휩싸인다. 그러나 동시에 흡입은 다시 외적 표현과 표출을 동반한다. 가령 나는 콧노래를 부르거나, 휘파람을 불거나, 깡충깡충 뛰거나, 장난을 치거나, 감탄사를 내뱉거나, 미소를 짓는다. 한마디로 내가 느끼는 감정을 외부로 표출하는 것이다. 행복은 이중의 주사기처럼 작동한다. 감정과 사건을 흡수하기도 하고 또 배출하기도 한다. 나는 세계의 에너지를 섭취하고 소화한다. 그리고 (세계의 에너지에 힘입어 더욱 거대해진) 나의 에너지를 다시 세계에 내놓는다. '긍정적인 감정의 전율'이 좋은 것은 그것이 단순히 내 안으로 들어와서가 아니다. 나를 '통과'하기 때문이다. 이렇게 나를 통과한 긍정적인 감정의 전율은 양방향(세계 → 나/ 나 → 세계)으로 흐르는 거대한 흐름을 형성한다. 그것은 나에게 훌륭한 자양분을 제공한다. 나는 그것을 섭취하고, 배출하고, 나를 한껏 확장시킨다.

"비애는 존재를 침투하고, 슬픔은 존재를 해체하며, 고통은 존재를 파괴하고, 기쁨은 존재를 팽창시켜 완전히 장악한다." 내면의 왈츠에 정통한 앙리 드 레니에Henri de Régnier는 이렇게 말했다. 그의 말이 맞다. 행복은 존재를 팽창시키고 존재를 완전히 장악한다. 우리는 행복이 우리 존재의 말단까지 공급되는 것을, 혈액이 가 닿을 수 있는 한계가 계속해서 확장되는 것을 육체적으로 느낀다. 따라서 드루피의 사례가 만화적이라고밖에 느껴지지 않는 것은 그가 행복이 지닌 이런 외부 파괴적 성격과는 너무나도 동떨어진 모습을 보이기 때문이다. 이 만화가 코믹한 것은 드루피가 너무도 무덤덤한 태도로 자신의 행복을 선언하는 데서 비롯된다. 우리는 그에게서 좀처럼 행복의 기운을 찾아볼 수가 없다. 우리는 흔히 행복한 사람에게서는 교향악의 웅장한 선율이 마구 뿜어져 나오고, 절정의 황홀감이 소용돌이처럼 마구 용솟음칠 것이라고 기

대한다. 그러나 드루피가 보여 주는 행복은 결코 생기발랄하지
도, 원기 왕성하지도 않은 행복이다. 거기에는 숨결도, 육신도, 활
기도 자리하고 있지 않다. 그것은 재생되지 않는 행복이다. 언제
나 너무나도 지나치게 노화된 행복이다. 그것은 모순덩어리 그 자
체다. 진짜 개라면 절대 이해 불가한 행복이다. 이 작은 사냥개는
우울한 눈빛을 하고도 능히 꼬리를 흔들 수 있다니.

라지드에서 지드까지

"이봐!" 별안간 제옹이 벌컥 화를 냈다. "나는 자네에게 우주의
신비를 모두 알려 주었네. DNA와 칼슘의 화학적 성질을 동시에
설명해 주는 과학의 성배를 건네주었다고. 중력 변화와 별들의 폭
발, 암흑에너지, '딥 컬스'[05], 공기업을 상대로 한 특별연금제도, 갱
스터랩, 은하계의 기원 등 이 세계에 대한 모든 열쇠를 손에 쥐어
주었다고. 지금까지 규명하지 못한 진실을 패키지로 몽땅 가르쳐
줬다고. 그런데 자네는 이게 뭔가? 텍스 에이버리[06]의 그 웃기지도
않은 개 이야기나 한가하게 늘어놓고 있다니……."

---

05 Deep Curse: 저자는 미래에 인간의 감정과 관계가 로봇화되는 시대가 도래할
   것을 우려하며 이를 '극한의 저주'라고 이름 붙였다.
06 Tex Avery: 드루피 등을 창조한 할리우드의 유명한 만화영화 제작자.

"이해해 주게, 제옹. 아무래도 좋은 생각이 떠오르지 않아서 그래!"

"그래, 자네가 '철학자'라 그거지? 어이구! 히이잉~ 두 번이다!"

"그러지 말고, 다른 고객들이 빌었던 소원은 뭐였는지 좀 알려 주지 않을래? 그럼 좋은 생각이 떠오를 듯도 한데."

토끼 굴의 벽면이 차츰 푸르스름한 이끼로 덮여 간다. 이끼 사이로 드문드문 네잎클로버와 자주색 들꽃이 흩뿌려져 있다. 발밑에는 석양빛에 노랗게 물든 나무의 대양이 광활하게 펼쳐져 있다. 그러나 형체를 분명하게 구분할 수 있는 건 그저 바람결에 이리저리 정답게 휘적이는 나뭇잎들뿐이다. '지옥'은 점점 더 달콤한 모습으로 변해 간다. 심지어 조금은 마음에 들 정도다. 이 얼마나 다행스러운 일인가! 안 그래도 조금 뒤면 저 지옥이 우리를 맞아 줄 터인데.

"유명한 스타를 원해, 아니면 평범한 고객을 원해?" 나의 쾌가 얼룩말이 밑으로 하강하는 동안 벽에 붙은 네잎클로버를 핥으며 물었다. "이봐, 자네도 좀 뜯어먹으라고. 행운을 가져다준다는데……." 제옹은 자신에게 큰 은혜를 입은 적이 있는 4명의 이름을 열거했다. 클레오파트라 7세와 블레즈 파스칼[07], 소저너 트루스[08], 그리고 앙드레 지드.

---

07 Blaise Pascal: 프랑스의 수학자 · 물리학자 · 철학자 · 종교사상가.
08 Sojourner Truth: 19세기 미국의 흑인 인권 운동가.

"아! 라지드 왕조의 후손 클레오파트라의 그 날카롭고 허스키한 목소리가 귓가에 생생히 들리는 것만 같아! '제웅, 나는 줄리어스 시저와 단둘이 이야기를 나누고 싶어!' 벌써 수준이 다르잖아? '그의 마음을 바꾸고 싶어', '그를 설득하고 싶어', '그의 목을 비틀어 버리고 싶어'가 아니라, 그냥 '이야기를 나누고 싶어'라니. 자네도 알겠지만, 그 로마 장군은 당시 이집트를 막 병합하려던 참이었어. 나는 당장 그 매부리코의 미녀를 양탄자에 돌돌 말았지. 그리고 그 길로 한걸음에 달려가 생일 케이크 속에서 치어리더들이 확 튀어나오는 것처럼 양탄자를 확 벗겨 시저 앞에 대령했네. 분명 그 사람 미치도록 환장했을 거야. 이봐, 친구. 내 자네는 어떤 왕비 앞에 대령해 줄까? 누구한테 데려다 줘야 자네가 행복할까?"

"사랑은 행복을 가져다주지 않아. 행복이 사랑을 가져다주는 것이지."

"잘났어, 정말! 1654년 11월 나는 이 이야기를 자네의 동포인 철학자 블레즈 파스칼에게도 들려줬지. 그가 뭐라고 대답했는지 알아?"

"클레오파트라의 코가 조금만 낮았어도 세상은 180도 달라졌을 것이다?"

"땡! 틀렸어. 인간을 슬프게 하는 모든 불행의 원인은 단 하나, 바로 침실에서 편안히 휴식하는 법을 모르는 것이다."

"그래서, 그자의 소원은 무엇이었는데?"

"그건 내 요정 인생을 통틀어 가장 해괴한 소원이었지. '주님(내 고객 중 3분의 1은 나를 '하느님 아버지'로 착각한다네), 제발 침실에서 편안히 휴식하는 법을 알려 주소서!'"

"그래서 어떻게 됐는데?"

"어떻게 되긴? 그 인간 편안히 휴식하는 법을 터득했지. 신부전에, 혈전증, 장까지 다 망가진 몸으로도 편안하게 휴식하는 법을 익혔다고."

"그게 끝인가?"

"물론 그렇다고 그가 행복까지 얻은 것은 아니지만 말일세! (이따금 철학자라는 자들도 얼마나 수준이 떨어지는지.)"

저런, 그렇게 한심한 소원으로 하늘이 준 기회를 날려 버리다니! 나는 생각할수록 몸서리가 쳐졌다. 아니다. 나는, 나만은, 내 삶을 좀 더 강렬하고, 아름답고, 매혹적으로 만들 수 있는 소원을 빌 거다. 절대 후회할 일은 하지 않을 거라고.

"이보게. 자네에게 도움이 될 만한 소원을 한 가지 알려 줄게. '세상을 구하고 싶어요' 식의 사회참여 및 비슷한 류의 사상에 관한 소원이야. 그 고객의 약력을 간단히 소개하면, 1843년 매사추세츠 주, 노샘프턴. 이사벨라, 46살, 노예들의 딸. 굉장히 야무지고, 에너지가 철철 넘치는 참한 여자였지. 머리에는 부인용 모자를 쓰고 다녔어. 자초지종을 간단히 기술하면, 어느 날 내가 그녀를 방문했어. 그런데 그녀는 나를 성령으로 오인하고는 이런 소원을 빌더군. 잘 듣게, 아주 중요한 대목이니까. '나는 대의를 위해 살다 천국에 갈 수 있으면 좋겠어요.' 엄밀히 말하자면 그건 두 가지 소원이었어. 하지만 분명하게 경계선을 긋기 어려운 모호한 소원이었지. 그래서 나는 그냥 이번 딱 한 번만 모른 척 넘어가 주자고 마음먹었어. 이날의 만남은 그녀의 강인한 정신에 더욱 뜨거운 불을 지폈다네. 그녀는 '소저너 트루스'[09]로 이름을 개명하고, 이후 여성 인권과 노예제 폐지를 위해 열렬히 투쟁했지. 그녀는 유토피아를 꿈꾸는 공상가들이 만든 공동체에서 생활했어. 백인을 대상으로 강연하기도 하고. 에이브러햄 링컨을 직접 알현하기도 했지. 남북전쟁이 끝난 뒤에는 해방된 노예들을 돕기 위해 헌신했고. 소저너는 마지막 숨을 거두는 순간까지도 행복을 만끽하며 살았다네. 단순히 개인적 욕구를 충족하는 데만 그치지 않고, 좀 더 초월적인 사명을 위해 삶을 헌신한 덕분이었지. 내가 비록 소원을 들어주는 요정이기는 하지만, 그녀를 위해 딱히 한 것은 사실 아무것도 없다네. 그저 15분 간 그녀와 이야기를 나누면서 그녀의 신심을 더욱 뜨겁게 달궈 준 것이 전부지. 그녀가 본래 지니고 있던 신앙을 더욱 굳건히 해 주는 역할밖에는 하지 않았다고. 사실 그녀는 나를 만나기 전부터 이미 태산을 옮기거나, 작은 생명의 씨앗으로도 풍요로운 땅을 일굴 수 있을 만큼 몹시도 신앙심이 깊은

---

09 Sojourner Truth: '진리를 전하고 다니는 사람'이라는 뜻이다.

사람이었다네. 이봐, 친구. 내가 자네에게도 메가톤급의 대의를 품도록 영감을 불어넣어 주길 바라는가? 신의 계시를 원하는가?"

"투지에 불타오르기 위한 거라면, 굳이 종교까지 동원할 필요는 없을 것 같은데."

"괜히 심통 부리긴!"

"나는 소저너 트루스와는 다르다고. 고작 천상의 세계에 오르는 것을 최고의 야망으로 삼고 사는 사람이 아니라고."

"사실 그녀는 정말 천상의 세계에 발을 들여놓긴 했네. 오! 정말이라니까! 1997년 미항공우주국NASA이 발사한 화성 탐사선 마스 패스파인더Mars Pathfinder에 탑재된 로봇 이름이 바로 '소저너'였거든. 그녀를 기리기 위해 붙여진 이름이지."

"이런 순 사기꾼!"

"그것으로 나는 미션 종료!"

사기라는 말이 나오자 갑자기 생각났다는 듯 제웅은 히이잉~ 웃으며 요정 인생 최고의 사기 사건을 들려주었다. 그는 19세기 말 프랑스의 대문호 앙드레 지드를 방문했다. 가련한 사내는 나처럼 요정이 아무 소원이나 빌라고 하자 도대체 어떤 소원을 빌어야 할지 너무도 당황해서는 그냥 얼렁뚱땅 장난스러운 대답으로 사태를 벗어나려 했다. "나는 행복 씨를 한 번 만나 보고 싶군!" 그리고 그는 정말로 행복 씨를 만났다. 바로 행복bonheur을 의미하는 프랑스어, 보뇌르Bonheur의 성씨를 지닌 직업 화가 레이몽 보뇌르를 만나게 된 것이다. "그것 참 기발한 장난 아닌가, 히이잉! 히이잉!" 제옹은 배꼽을 쥐고 쓰러졌다.

사실 나도 지드-보뇌르(행복)의 조합이라면 익히 잘 알고 있었다. 그러나 거기에도 요정의 힘이 개입되었을 줄은 상상도 하지 못했다. 정말 우스운 건 그것이 한낱 장난이었음에도 불구하고, 그들이 일도 함께하고 서한도 주고받는 절친한 친구가 되었다는 사실이다. 그들이 편지를 주고받는 절친한 사이였음은 지드가 쓴 서간문에서도 잘 드러난다. "친애하는 보뇌르(행복) 씨, 저는 번번이 당신에게 바람만 맞히며 속절없이 세월을 보내고 있습니다. 이제는 당신을 만날 명분마저 모두 잃어버렸군요." 또 지드는 이런 편지를 쓰기도 했다. "친애하는 보뇌르(행복) 씨, 정말이지 저는 당신을 뵙고 싶은 마음이 간절합니다. 제가 평소 조심성이 많은 성품인데, 당신을 만나고 싶은 이 마음 앞에서는 제 조심성도 속절없이 무너지는군요. 허락해 주신다면 다시 한 번 간절히 부탁드려도 될까요? 저를 만나러 와 주시겠습니까?" 사실 이 글들을 읽다 보면 문득 지드가 언제나 '친애하는 보뇌르(행복) 씨'라는 표현으로 말문 떼기를 좋아했다는 사실을 깨닫게 된다. 그는 일부러 이 단어를 선택함으로써 똑같은 음을 가진 '행복'이란 단어가 함께 연상되기를 의도한 것처럼 느껴진다.

종종 우리는 우리가 주장하는 것에 대립되는 것이 없을 때, 우리가 주장하는 것의 가치를 의심하게 됩니다. 상대가 없이 어떻게 내 입장이란 것이 존재할 수 있겠습니까? 그러니 나와 당신의 머리가 맞부딪히는 지점은 매우 중요한 의미를 지닌다고 볼 수 있을 거예요. 보뇌르(행복) 씨, 우리 함께 머리를 맞부딪혀 봅시다. 부싯돌처럼 거기서 불빛이 튀길 수 있도록 말이에요. 아! 세상에 당신만큼 내게 훌륭한 적이자 동시에 친구인 사람이 대체 누가 있을까요?

지드는 "내가 당신의 친구라는 것을 잘 알지요?"라는 말을 지겹도록 반복하며, 자신이 보뇌르(행복)의 친구임을 끈질기게 강조한다. 어찌 여기서 부두교도들의 주문을 떠올리지 않을 수 있을까? 1898년부터 1938년 사이, 지드가 그토록 강렬한 행복을 느꼈던 것은 오로지 행복에 중점을 둔 이 편지, 에밀 쿠에의 자기암시요법과도 같은 이 보뇌르(행복) 씨에게 보내는 편지들 덕분이 아니었을까? "오! 보뇌르(행복) 씨! 당신 편지는 얼마나 제 심금을 울리는지요!" 이 감탄사들은 일부러 보뇌르의 의미를 모호하게 하고, 수신자를 혼동하게 만드는 것이 아닐까? 설령 그것이 사람의 이름일지라도, '보뇌르(행복)'라는 말을 썼을 때는 그 나름의 의미가 있을 터. 명사란 그것이 지칭하는 모든 사물을 육화하기 마련이므로. 그러니 같은 소리가 나는 단어일지라도 그 단어가 두 가지 뜻을 지닌다면 그 단어를 발음하는 순간 두 가지 현실이 환기될 것이다. 두 가지를 완전히 분리하는 것은 불가능하다. 두 가지 현실이 동시에 요란하게 자신을 현시하기 때문이다.

지드는 어떤 커다란 두려움에 이끌려 편지를 쓴다. 그가 펜을 잡도록 이끈 그 두려움이란 바로 자신이 약속을 어기고 침묵을 지키는 것을 혹 보뇌르(행복)가 잘못 해석할 수도 있을 가능성이다. 가령 나는 네게 편지를 쓰지 않은 것을 변명하기 위해 비로소 편지를 쓴다. 네게 걱정하지 말라는 몇 줄의 글을 남기기 위해 비로소 침묵을 깬다. 그렇다면 여기서 지드가 갈망하는 것은 우정이 아니라, 혹 마법의 주문, 즉 행운을 비는 만트라가 아니었을까? 아마도 지드는 친구 보뇌르에게 말을 걸면서 행복을 친구로 삼으려던 것이리라. 태양을 손아귀에 넣어 길들이려던 것이리라. 자기 안에 아직 길들여지지 않은 부분, '나(혹은 놀이)$^{Je(u)}$'를 마음껏 향유하려던 것이리라. "친애하는 보뇌르(행복) 씨. 우리 둘의 바이올린이 자연스럽게 음을 맞추도록 본능에 맡겨 봅시다. 우리가 수많은 이론에 기대어 직접 화음을 맞추려다 보면, 오히려 불협화음만 일어날 테니까요." 지드의 말에 따르면 레이몽 보뇌르는 경탄스러울 정도로 유연하게 본능에 몸을 내맡기고 물 흐르듯 살아가는 성향을 지녔다. "조금만 애쓰고 집중하려는 기색을 보아도 보뇌르(행복)는 금세 위축되곤 했다. 그는 오로지 욕심을 내려놓고 본능에 충실하기만을 고집했다. 심지어 진실함도, 억지로 꾸며낸 것은 별로 좋아하지 않았다."

다른 이들이 손으로 운명을 쥐려하듯, 지드는 글로 보뇌르(행복)를 부여잡으려 했다. "저는 당신과 제대로 된 만남도 제대로 된 이별도 하지 못했군요." 그럴 수밖에 없는 것이 레이몽은 행복을 현시하지만 동시에 행복을 손에 쥘 수 없게 만드는(외적 존재의 모습으로 구현되어 있기에) 육신의 가면이었던 것이다. 지드에게 타깃으로서의 인간(보뇌르 씨)은 그저 타깃으로서의 관념(행복)과 단순한 우정 관계를 뛰어넘어 좀 더 신성한 관계를 맺기 위한 구실에 지나지 않는 것이다. 현실 속의 친구를 목표로 겨냥하는 것(혹은 사랑하는 것?)은 오로지 더 위대한 관념적 존재의 은총을 받고 싶어서일 뿐이다. 이 같은 다분히 아프리카적인 사고법은 특히 지드가 콩고 여행을 떠날 때 더욱 분명하게 드러난다. "친애하는 보뇌르(행복) 씨, 저는 당신이 찾았다던 그 행복의 균형 상태가 몹시도 부럽습니다. 저도 그것을 찾아 아프리카로 떠날 작정입니다. 이곳에서는 끝내 찾을 수가 없으니까요." 그렇다면 지드는 자신의 실패를 스스로 시인한 것일까? 그렇다면 그 실패의 원인은 대체 무엇일까? 그것은 바로 우정이라는 허울을 뒤집어쓴 어떤 악습, 다시 말해 잠재적 해피니즘이다. 이를테면 우정이라는 미명하에, 끊임없이 타인의 입술이 '양의 곡률'[10]을 띠는지 시시콜콜 관여하며, 그들이 독립적인 존재로서 진정한 기쁨을 누리며 사는 것을 방해하는 나쁜 습관 말이다. "다른 이들이 여러분의 행복에 조금만 덜 관

---

10 양의 곡률이란 아래로 볼록한 곡선의 모양을 의미한다. 즉 여기서는 미소를 띤 입술을 상징한다.

심을 갖는다면, 인생이 얼마나 더 아름다울까요!" 그나마 다행스러운 사실은, 지드에게 있어 보뇌르(행복)는 그가 행복한지 사사건건 참견하기에는 너무도 추상적인 존재였다는 것이다.

전적인 확신을 가지고

"그래, 예상대로야. 아주 횡설수설이 따로 없군. 지니랜드의 대기권을 지날 때 인간들이 보이는 아주 흔한 현상이지. 이게 다 N_2O를 너무 많이 흡입해서 그런 거라고."

"??"

"아산화질소 말이야. '웃음가스'라고도 부르는 물질. 이제 곧 웃음 폭풍이 몰아닥칠 테니 마음의 준비 단단히 하라고, 친구. N_2O는 행복의 공기거든!"

"행복이 그리 쉽게 얻을 수 있는 것이라면야!"

"그저 행복이란 편안한 마음으로 짜릿함을 즐기며 억압된 나에게서 벗어나 하늘을 둥둥 떠다니는 기분이라고 생각하게."

"아니야, 제옹. 행복은 결코 그런 환각제가 아니야."

"환각제가 아니면 대체 뭔데? 대답해 보시게, 철학자 양반! 그리고 얼른 소원이나 빌라고. 그렇지 않으면 영원히 멈추지 않는 웃음과 함께 저 지니랜드에 좌초하고 말테니!"

콰가얼룩말이 옳았다. 황홀한 도취감은 진짜였다. 절정의 순간처럼 몸이 바르르 떨리고 아득한 현기증이 느껴진다. 목에서는 '아…… 아…… 아……' 하는 탄성이 뚝뚝 끊어져 나온다. 우리는 여전히 공중에 붕 뜬 상태로 형형색색의 이파리들이 달린 거대한 나무 꼭대기 위에 서서히 내려앉고 있다. 거대한 나무의 이파리들은 흡사 나비의 날개들로 이뤄진 바다 같다. 저 멀리서 야행성 조류의 노랫소리와 원숭이의 울음소리, 리드미컬한 빗소리가 들려온다. 풍력발전기의 날개가 구름 위로 높이 솟아 있다. 저 멀리 도시의 불빛이 반짝인다. 산 중턱에 중세식의 신비로운 건축물들이 우뚝 솟아 있다. 주변으로는 울창한 정글과 꽃잎을 분출하는 간헐천, 승강 장치와 나선형의 성벽들이 복잡하게 얽혀 있다. 지니랜드는 앨리스의 이상한 나라와 비슷한 듯 보이지만, 그보다는 훨씬 더 음산한 세계다.

내가 자지러지게 웃는 동안에도 제웅은 이야기를 멈추지 않았다. "적어도 자네가 N$_2$O를 흡입한 상태에서 해석한 바에 따르면, 소저너 트루스나 앙드레 지드는 자네에게 한 가지 교훈을 줄 수 있네. 바로 행복에 대한 믿음을 가진다면 충분히 행복해질 수 있다는 사실 말이야. 물론 그렇다고 가고일과 같은 식으로 행복을 믿으라는 말은 아닐세. 사회생활을 잘하기 위해 위선적으로 행복한 척 하라는 소리가 아니라고. 전적인 확신을 갖고, 뼛속 깊이 행복을 믿으라는 말이야. 자네가 만일 자신을 올바른 길로 인도해 주는 행운의 별이 있다고 철석같이 믿는다면, 행운을 자기편으로 만들 수 있어. 또 자네가 어떤 대의를 수호하거나, 누군가와 우정을 나누는 것이 행복이라고 철석같이 믿는다면, 행복을 자기편으로 만들고 충만한 행복을 만끽할 수 있겠지. 사실 자네가 수호하는 대의가 무엇인지, 자네가 사랑하는 사람이 누구인지는 별로 중요하지 않다네. 중요한 것은 그저 자네가 믿는다는 그 사실뿐이야. 환상 말이네. 너무도 생생해서 결국 현실이 되고 마는 환상.

행복의 믿음과 관련한 주제가 나왔으니 말인데, 예전에 만났던 한 여성 고객의 이야기를 빼놓을 수가 없군. 그녀도 자네처럼 무슨 소원을 빌어야 할지 몰라 막막해 했었지. 그녀의 이름이 바로 오은선[11]이야. 십대 한국인 소녀였지. 그녀는 내게 간절하게 묻더군. '행복이 뭐죠? 말해 주세요, 행복이란 무엇인가요?' 나는 어떻게든 그녀가 지니랜드에 가는 것만은 막아 주고 싶었기에, 행복에 대해 잘 아는 위대한 샤먼의 존재를 귀띔해 줬어. 이름은 얏센 초긴고 드루프니에Yatsen Choggingö Drupnyé였지. 그 은자는 히말라야 산맥 8000m 고도에 위치한 어느 동굴 속에서 살았어. 나는 다른 이야기는 자세히 하지 않고, 그냥 그 어린 고객에게 보너스를 하나 선사했지. '은선아, 시간을 갖고 천천히 결정하도록 하렴. 네가 더 자라서 성숙한 어른이 되고, 여기저기 여행도 다니고, 클럽에 가서

---

11 여성 최초로 히말라야 8000m급 14좌 완등에 성공한 한국의 산악인.

신나게 놀기도 한 다음에, 그다음에 소원을 결정하렴. 그리고 나를 다시 불러!'

　그리고 5년이 흘렀지. 그 십대 소녀는 책을 통해 히말라야에 대해 알게 됐어. 그리고 또 15년이 흘렀지. 이제는 어엿한 산악인이 되었어. 그리고 내가 그녀를 방문한 지 30년이 지난 뒤, 오은선은 세상에서 가장 높은 산봉우리를 정복했단다. 산소마스크도 없이, 오로지 피켈과 믿음에만 의지해서 말이야. 눈 표범과 푸른색 야생 양을 지나치고, 탑상빙괴¹² 지대와 크레바스¹³, 현수빙하¹⁴ 등을 지나 마침내 오은선은 인도에서 가장 높은 산봉우리인 칸첸중가 정상에 올랐던 거야. 그리고 그곳에서 예전에 내가 말해 주었던 성인이 산다는 동굴 입구를 찾아냈지! 손전등을 손에 쥐고 설레는 마음으로 석순 사이를 헤매던 그녀는 드디어 샤먼과 맞닥뜨렸어. 때마침 노인은 가부좌를 틀고 앉아 깊은 명상에 빠져 있었지. '아! 위대한 구루¹⁵ 얏센 초긴고 드루프니에 님!' 그녀는 북받치는 감정을 애써 참으며 노인의 귀에 대고 속삭였어. '참선을 방해해서 정말 죄송합니다만, 30년 전 한 요정이 제게 드루프니에 님께서는 행복에 대해 잘 아는 분이라고 일러 주었습니다.' 현인은 금세 초롱초롱 빛나는 두 눈을 뜨고, 긴 수염을 쓰다듬며, 생면부지의 여

---

12 serac: 빙하의 흐름에 의해 생기는 탑 모양의 얼음 덩어리.
13 crevasse: 빙하나 눈 골짜기에 형성된 좁고 깊은 틈.
14 hangin glacier: 벼랑이나 급경사에 돌출되어 있는 커다란 빙하 면.
15 영적 지도자.

인에게 생의 에너지와 의지로 넘쳐흐르는 환한 미소를 지어 보였지. '그래, 맞다. 나는 행복에 대해 잘 알고 있단다!' 정말 그는 행복에 대해 잘 아는 사람처럼 보였어. 의심할 여지는 조금도 없어 보였지. '오! 위대한 구루 님!' 산악인 오은선이 이야기를 계속했어. '부탁드립니다. 제게 행복이 무엇인지 좀 알려 주세요! 저는 그 진실을 알아내기 위해 수많은 절벽을 타넘고, 수많은 위험을 감수하면서 이곳을 찾아왔답니다!' 그러자 드루프니에는 살포시 눈을 감더니, 1분 동안 깊은 숨을 들여 마시고는 잠시 호흡을 멈추었지. 이윽고 그가 대답했어. '행복은 바로 눈이다!' 오은선은 자기 귀를 의심했어. '눈이라고요?!' 스승은 그녀에게 삶의 진리에 대해 알려 주는 것이 자랑스러운 듯 이렇게 말했지. '눈과 그 5개의 보물 즉, 물, 순수함, 빛, 부드러움, 그리고 차가움…… 그것이 바로 행복이니라!' 여자는 당황해서 어쩔 줄을 몰랐어. '행복이 눈이라고요?!' '그래, 눈이라고 했다!' 노인이 말했어. 그녀는 대꾸했지. '세상에 그런 황당한 소리가 어디 있나요!' 이 말을 들은 위대한 구루는 별안간 울음을 터뜨렸어. 그리고 아기처럼 울부짖었지. '정말? 정말이야? 정말 눈이 행복이 아닌 거야?'"

정신은 말짱했지만, 아산화질소 때문에 터져 나오는 웃음으로 몸이 들썩거리는 바람에 요정이 이 이야기의 교훈에 대해 말하는 것까지는 제대로 들을 수가 없었다. 아마 제옹은 이 이야기로부터 비합리적 믿음에 대한 또 다른 옹호론을 펼치려던 게 아니었을까. 비합리적인 믿음, 즉 환상은 지극히 상식적인 사람마저도 행복하다는 믿음을 갖게 만든다. 심지어 히말라야 산속 깊은 동굴에서 홀로 살아가는, 나이를 먹을 대로 먹은 노인까지도 말이다. 그렇다. 인간의 믿음은 N_2O를 제조하는 공장과도 같다. 그러나 인위적으로 생성된 도취감은 바람보다도 더 빠르게 흩어진다. 역풍이 조금만 불어도, 별안간 누군가 반기를 들어도, 혹은 한 한국 산악인이 따끔한 말 한마디만 던져도, 그 믿음을 떠받치던 기둥들은 우르르 무너져 내리고, 확신은 산산조각 난 얼음덩어리들처럼 사정없이 부서진다. 행복을 위해 환상을 꼭 부여잡고 사는 이들은 환상을 진실로 오인하는 광신도로 돌변해 오로지 그 환상에만 의지해서 살아간다. 실망에 대한 근심은 그들에게 고통을 줄 뿐이지만, 진짜 환상에서 깨어나는 것은 그들을 완전히 파멸시킨다.

무관심과 믿음

드루피와 드루프니에의 상반된 모습은 해피니즘에 대립하는 두 가지 극단적 삶의 태도를 간명하게 보여 준다. 그것은 바로 무관심과 믿음이다.

드루피는 모든 환상을 잃어버린 자다. 심지어 행복에 대해서도 아무런 환상을 갖고 있지 않다. 따라서 그는 환상에서 깨어날 위험도 없지만, 동시에 환상에서 깨어나는 불안감도 느끼지 않는다. 그저 텍스 에이버리의 품에 안긴 채 성실한 학생이 무덤덤하게 텍스트를 암송하듯 작가가 써 내려간 시나리오를 무심하게 연기할 뿐이다. 무관심은 비활성화된 행복이다. 갑각류처럼 아무런 의욕이 없는 상태다. 사실 우리는 매일 아침 얼마나 많은 드루피들을 만나게 되는가? 웃음을 잃어버린 채 가까스로 흐리멍덩한 눈을 뜨고 '더 일하라'는 구호를 부르짖으며 자살 충동을 부채질하는 사무실 안을, 에밀 시오랑의 맥 빠지는 책들 사이를, 지하철 안 음울한 익명의 군중들 사이를 헤매고 다니는 그들을.

저 눈 덮인 산 정상의 구루는 절대적 원칙('행복은 눈이다')에 순응한 삶을 살아감으로써, 겉으로는 결코 산화할 것 같지 않아 보이는 행복을 향유하고 있다. 설령 그것이 아무리 어리석은 믿음일지라도, 그 같은 믿음 덕분에 그는 굳이 힘겹게 행복을 쫓다 지쳐 우울증에 빠질 염려가 없다. 그의 믿음은 단지 미끌미끌한 빙하 위에 기초하고 있을 뿐이다. 속세와 괴리된 그의 믿음은 너무도 자명하고, 아름다우며, 슈퍼맨처럼 크게 부풀어 오른 모습을 우리의 거울에 비춰 준다. 그러나 그러한 믿음도 일단 새로운 관점에 직면하면, 회의와 모순에 휩싸이면, 데굴데굴 굴러 떨어져 이빨이 몽땅 다 나가 버린다. 모든 믿음에 합리적 근거가 부재한다는 사실은 때로는 강점이 되기도 하지만 또 때로는 약점이 되기도 한다. 상반된 믿음이 사사건건 시비를 걸어오지 않을 때에는, 합리적 근거의 부재도 충분히 강점이 된다. (같은 종류의 믿음을 지닌 자들끼리는 '이성'을 모욕하는 것이 훌륭한 단체 스포츠이다.) 반면 과학이든, 비의든, 산악에 관한 지식이든, 종교든 간에, 다른 새로운 믿음이 경기에 끼어드는 순간, 합리적 근거의 부재는 금세 약점으로 돌변한다. 믿음은 단 한 칸에 모두 몰아 정리한 행복이자, 일신교의 교의를 숭배하는 것과도 흡사한 맹목적인 정신적 숭배. 우리는 매일 저녁 얼마나 많은 드루프니에들을 만나게 되는가? 스포츠 관람석에서, 군사학교에서, 교회에서, 카지노에서, 할인 행사장 진열대 앞에서, 자선 모금 TV 방송 화면 앞에서, 눈 먼 장님이 되어 초롱초롱 동그란 두 눈을 반짝이고 있는 그들을.

드루퍼들은 새로운 신도를 모으는 데 관심이 없다. 그들의 무관심은 또 다른 무관심만 낳을 뿐이다. 바로 그 때문에 그들의 행복은 너무도 시시하고 재미없게 느껴진다. 그들은 자신의 행복을 증명해 보이든 아니든 간에, 자신이 믿는 행복을 굳이 남에게까지 강요하지는 않는다. 반면 드루프니에들은 자신만이 모든 것을 알고 있다고 굳게 믿으며, 신실한 추종자들을 만들고 싶어 한다. 더 많은 이들이 나의 믿음을 공유할수록, 나의 믿음도 더 굳건해지기 때문이다. 바로 그 때문에 그들의 행복은 언제든 독재적인 성격을 띨 우려가 있다. 그들이 제아무리 따뜻한 친절을 베풀며 그들의 믿음을 우리에게 팔아먹으려고 할지라도 말이다. 우리는 그들의 수법을 잘 알고 있다. 그들은 우리에게 좀 더 책임감을 가지라고 종용하고, 모든 게 정신 상태가 글러 먹은 탓이라며 죄의식을 심어 줄 것이다. 그러면서 그들 교리의 이식을 '통해' 우리의 정신 상태를 개선하겠다고 나올 것이다. "행복과 고통의 제1원인은 바로 우리 안에 있다!" 환생 승려로 공인 받은 닥포 림포체 로상 잠펠 잠파 잠쇼Dagpo Rimpotché Losang Jamphel Jhampa Gyamshog도 우리에게 그러한 사실을 누누이 강조한다. "모든 문제는 생각하는 방식에 달려 있다. 좋은 생각을 하면 우리는 행복해질 수 있다." 여기서 말하는 '좋은' 이라는 형용사 뒤에는, 어딘가 미심쩍을 만큼 지나치게 이원론적인 이 긍정어 뒤에는, '도덕화'된 행복, 즉 성직자와 구루, 채점관과 영양사 등이 우리에게 일반적으로 규격화하여 제시한 행복이 감춰져 있다. 모든 믿음은 광신도들을 만들어 낸다. 기본적으로 "나만 옳고 너는 그르다!" 식의 인식을 양산해 낸다. 우리의 라마 닥포 림포체 님도 다른 승려들처럼 다음과 같이 금욕의 교리를 설파한다. "우리는 마음속의 욕망을 줄이기 위해서 우리가 할 수 있는 모든 노력을 다해야 합니다." 이것은 그동안 불감증 환자, 스토아주의자, 잔뜩 흥분한 금욕주의자들이 틈만 나면 읊어 대던 유행가 가사와도 흡사하다. 그들은 오로지 자신들이 주장하는 삶의 방식(그들의 의상, 수염, 장수 식사 요법 등)만이 철저히 옳다고 믿으며, 우리가 드루프니에의 품에 안기는 꼴을 보고 싶어 안달한다.

나는 아직도 행복의 개념을 명쾌하게 다 알지는 못한다. 그러나 적어도 행복의 햇살을 불법으로 몰래 팔아치워 잘못된 길로 호도하는 세 가지가 무엇인지에 대해서는 이제 조금 알 것 같다. 그것은 바로 해피니즘과 무관심, 그리고 믿음이다. 진실함을 표현할 수 없는 덱스터. 그는 마이애미의 친구들과 가족들로부터 행복해야 한다는 중압감에 시달리지 않기 위해 열심히 미소를 짓는다. 그러나 행복이란 본디 자연 발생적인 것이다. 물론 그렇지 않은 행복도 있겠지만. 한편 드루피는 내면에서 끓어오르는 뜨거운 용암을 차단하고, 시체처럼 싸늘한 표정으로, 끝내 모든 감정의 분출을 차갑게 식어 버린 객관적 정보들로 바꾸어 놓는다. 그러나 행복이란 본디 화산과도 같은 것이다. 물론 그렇지 않은 행복도 있겠지만. 드루프니에는 눈이 행복이라는 거짓을 너무도 철석같이 믿은 나머지, 즐거움을 누리기 위해 속세를 떠나고, 타인과의 따뜻한 교류를 통해 존재를 확장해 나가는 것을 포기한다. 그러나 행복이란 본디 원활한 소통에 근거하기 마련이다. 물론 그렇지 않은 행복도 있겠지만. 어쨌든 이 세 명의 D는 각자 나름의 방식을 통해, '존재를 완전히 점령하고 팽창시키는 그것', 내적 폭발-외적 폭발, 변신을 그대로 빗겨 가고 있다. 기만하지도 기만 당하지도 않는 행복. 그 모든 관대함이 넘치는 행복을 그냥 무심코 스쳐 지나가는 것이다.

빙고와 아브라카다브라

꽃과 나뭇가지와 새들의 폭발. 제웅과 나는 마침내 뤄샤이르[16]
라고 불리는 거대한 나무의 무지갯빛으로 영롱하게 빛나는 무성
한 잎사귀 위에 내려앉았다. 한 줄기 구릿빛 햇살이 새어 들어오
는 무성한 나뭇잎 아치 아래로 굵은 나뭇가지들이 마치 여기저기
지그재그로 운항하는 보잉 항공기처럼 사방으로 줄기를 뻗고 있
다. 더 이상 나무줄기의 형태를 확인할 수가 없다. 시야에 다 잡히
지 않을 정도로 너무도 거대한 탓이다. 끝도 확인할 수 없다. 나
무 아래쪽이 온통 칠흑 같은 캄캄한 어둠 속에 잠겨 있는 탓이다.
나무줄기에 손이나 발, 혹은 말굽만 살짝 대어도 공중에 두둥실
떠 있던 인간과 콰가얼룩말의 몸은 그대로 밖으로 튕겨져 나간
다. 민들레 모양의 당구공처럼 천천히 떨어지는 빗방울이 어느새
눈송이로 변한다. "정말이야. 일단 지니랜드에 한번 발을 디디면
영영 헤어날 수가 없다네!" 히이잉~ 소리를 내며 제웅이 나를 압박
한다. "이제 얼마 남지 않았어. 9㎞만 더 내려가면 끝이야. 그 사
이에 얼른 소원을 빌어야 다시 세상 밖으로 나갈 수 있다고. 만일
그렇게 하지 않으면……." 스머프처럼 푸르스름한 머리가 둘 달
린 거대한 개미들을 본 순간 제웅의 협박이 더욱 생생하게 다가온

---

16 wroshyr: 스타워즈에서 우키 종족의 고향인 카쉬크 행성에 서식하는 거대한
나무 종.

다. "제옹! 소원을 들어준다는 자네의 제안이 이제는 꼭 최후통첩
같이 느껴지는군!"

"자네는 정말 상상력이 제로야! 그냥 본능에 몸을 내맡겨 보게
나. 자네가 최고의 충동을 느끼는 대상이 무엇인지 아무거나 말해
보라고. 최근 다른 15명의 고객들처럼 말일세. 그들도 모두 그런
식으로 해서 어느 정도 효과를 봤다고. 단 류드밀라[17]만은 예외였
지만 말일세. 그래, 자네가 가장 유혹을 느끼는 대상은 대체 무엇
이지? 예술을 통한 구원? 므바 수산토. 그는 인도네시아 중부 자
바 테망궁 지역 베지라는 마을에서 살았다네. 8월에서 10월이 되
면 담배 농장에서 일용직으로 일했지. 그는 내게 이렇게 부탁했어.
'제옹, 제발 나를 이 비참한 생활에서 벗어나게 해 줘!' 빙고! 수산
토는 오늘날 인도네시아 최고의 현대 미술 전문 컬렉터가 되었네.
성공적인 직업 재배치가 가져다주는 행복이지.

그게 아니라면 아빠의 바람기를 잠재워 달라는 부탁은 어때?
엘레니 프로도무. 키프로스 라르나카에 사는 피자욜로[18]의 딸이
었다네. '제옹, 제발 아빠가 엄마를 다시 집으로 데리고 돌아오게
해 줘!' 아브라카다브라! 엘리니의 부모님은 다시 20년이란 기한
동안 사랑에 빠지게 되지! 사랑의 불꽃이 다시 활활 타오른 덕분
에 누릴 수 있는 행복이라네. 덕분에 엘레니는 계모의 학대에서 벗

---

17 Lioudmila Poutina: 러시아 대통령 블라디미르 푸틴의 전 부인.
18 피자 요리사.

어날 수 있었어.

아니면 신의 계시는 어때? 얀 쇼파 콜카우스키. 폴란드 브로츠와프대학 분자생물학 연구소 교수였지. 그는 내게 이런 소원을 빌더군. '제옹, 제발 내 평생 최고의 과학적 발견을 이룩하게 도와줘.' 아브라카다브라! 그 폴란드인은 악몽에 시달리던 중 불현듯 신의 계시를 받게 되지. 그리고 없애기 힘든 만성 상처를 치료할 수 있는 유전자 변형 아마를 원료로 한 붕대를 개발해 냈다네. 유망 분야의 선구자가 되는 행복이지.

혹은 불가능한 환상을 실현하는 건 어떤가? 이스라엘계 아르헨티나인 노암 바렌보임. 수석 요리사였는데, 파인애플을 재료로 한 바바루아즈[19]를 만들어 보는 게 소원이었다네. 화학적인 측면에서 볼 때 만들기가 아주 힘든 요리였지. 아브라카다브라! 불가능을 맛보는 행복이라네.

아니면 내 집 마련은 어때? 카테리나 비시쵸. 프라하 시의 한 빈 집에 무단으로 거주하고 있었지. 그 여자는 내게 이렇게 빌더군. '제옹, 제발 내 이름에 어울릴 법한 집에서 살게 해 줘.' 자네에게 고백하네만, 그 소원을 듣는 순간 아주 온몸에 기운이 쭉 빠지더군. 100개 중 1개꼴로 사람들은 도무지 말이 안 되거나 너무 두루뭉술하거나, 부정확하거나, 혹은 귀신 씻나락 까먹는 것 같은

---

19 냉과류에 속하는 푸딩의 일종.

소원을 빌곤 하거든. '핑크 팬더의 사지를 잘라 놓아 줘!', '제옹! 2 더하기 2가 5가 되게 해 줘!', '신께서 미국에 축복을 내리게 해 줘!', '전 세계 기아를 사라지게 해 줘!', '세상의 모든 TV를 다 꺼 줘!', '내게 일어날 수 있는 가장 멋진 일을 네가 하나만 골라 줘!' 등등. 그 외에도 도저히 응답하기 힘든 대단한 소원들이 많다네. 그러나 빙고! 어쨌거나 나는 카테리나의 소원을 들어줬지. 아무 집 현관 앞에 '카테리나'라는 문패를 달아 그녀에게 안겨 준 거야. 지금까지 내 집 마련의 행복이었네.

그것도 싫다면 혹 성별을 바꿔 날라는 소원은 어떤가? 마누엘 마갈량이스. 포르투갈 젊은이였는데, 프라이아 다루즈의 쇼핑센터에서 점원으로 일했지. 그는 내게 이렇게 빌었어. '제옹, 나는 제발 여자로 살고 싶어.' 아브라카다브라! 마누엘은 눈 깜짝할 사이에 마누엘라가 됐지. 뾰족 구두와 클리토리스, 그리고 마스카라가 안겨 주는 행복이라네.

아니면 어린아이의 심술 같은 소원은 어때? 왕화라는 8살짜리 소녀. 그녀는 헤이룽장성 테리에 사는 할머니 무릎 위에서 곤히 잠자고 있었어. 내가 처음 찾아갔을 때 그녀는 외국인과는 말을 섞지 않겠다며 입을 굳게 다물었지. 하지만 내 말이 썩 믿기지 않지만 호기심을 참을 수 없었는지 계곡에 걸린 다리를 손가락으로 가리키며 다리를 무너뜨려 달라고 졸랐지. 아브라카다브라! '쳇, 어디 해 볼 테면 해 보라지'가 진짜 현실로 실현되는 행복이라네!

그것도 싫다면 모르는 사람의 어두운 밤을 환히 밝혀 주는 소원은 어떠한가? 올리 쇼이에르만. 경제공학자를 꿈꾸는 청년이었지. 그는 상그리아를 마시고 정신이 나간 채 길거리에서 해롱거리며 말하더군. '저저저…… 정말…… 나나나…… 나는 행복한 걸까?' 이 독일인 청년은 스페인의 코스타브라바 해안에 위치한 롤렛 데 마르라는 곳에서 대학입학자격시험 통과를 자축하던 참이었네. 그는 나를 보고는 데릴리움트레멘스[20]로 인해 헛것을 보고 있다고 착각하더군. 내가 마법의 광풍을 일으켜 그의 눈을 뜨게 했지만, 그는 나를 매정하게 쫓아 버렸지. 그러면서 하는 말이, '저기 저 양반이나 부자로 만들어 주라고!' 빙고! 그가 가리킨 남자는 시 소속 환경 미화원이었지. 남자는 쓰레기통 안에서 30만 유로를 줍는 횡재를 했어. 젊은 청년은 그 모습을 얼빠진 표정으로 멍하니 바라보기만 하더군. 올리의 행복은 어떻게 됐냐고? 뭐, 이미 물 건너 간 거지, 별 수 있나!

악의 없는 짓궂은 장난은 어때? 셰르코 딜란. 그는 이라크 령 쿠르디스탄 지역의 술레이마니에서 택시 운전기사로 일했어. '제옹! 교황 베네딕토 16세가 변을 볼 때마다 나를 머릿속에 떠올리게 해 줘.' 할렐루야!

낯선 땅에서 만난 이와 불꽃같은 사랑에 빠지는 건 어떠한가?

---

20 알코올 의존증의 일종으로 알코올금단섬망이라고도 한다.

솔랑주 펠라랭, 리오 바히아의 BR116번 국도에서 몸을 파는 산토에스테바오 출신의 젊은 창녀였지. 그녀가 내게 빌더군. '제옹, 나는 파리에 가서 살고 싶어' 빙고! 그녀는 빛의 도시에 발을 내딛었어. 그리고 거기에서 에밀이란 남자와 사랑에 빠졌지. 에밀은 레바논 계 프랑스인이었는데, 한 토호국의 유명 일간지에서 법률 담당자로 일했다네. 내친김에 그들은 노트르담 성당에서 혼인식도 올렸지. 돌아오는 티켓이 없는 편도 신혼여행이 주는 달콤한 행복이라네.

그것도 싫다면 법률 개정은 어때? 바룬 카티알. 방갈로르 출신의 게이 사진사였지. 그는 이런 소원을 빌었어. '더 이상 동성애가 인도에서 범죄로 취급되지 않았으면 좋겠어, 제옹!' 아브라카다브라! 델리 고등법원이 동성 성인 간의 합의된 성관계를 처벌하지 않기로 결정했지. 150년에 걸친 차별의 역사에 종지부를 찍는 행복이라네.

아니면 교외에 별장 한 채를 소유하는 건 어떠한가? 세실 이스켄데르. 불가리아 부르사의 교외 지역에 거주하는 터키 출신의 초등학교 선생님이었지. '제옹, 더도 말고 덜도 말고 딱 월말이 되기 전에 내 집이 완공되게 해 줘. 일층을 더 올리고, 외관은 보석과 유리 조각으로 장식해 주고!' 빙고! 2월 말 마침내 세실은 집들이를 할 수 있었지. 반짝이는 보석과 유리 조각으로 장식된 2층 주택 완공이 가져다주는 행복이라네.

그것도 아니라면 무장 세력에 항거하는 건 어때? 다디스 티에 그보로. 프리아의 라디오 수리공이었지. '제옹, 군부가 상인들에게 현행범으로 잡힌 절도범들을 모두 불태워 죽이라고 요구하고 있어. 제발 그 어떤 기니인도 이 야만적인 정글의 법칙을 지키지 않도록 해 줘!' 아브라카다브라! 기니인은 모두 복수의 심판을 거부했어. 무장 폭도의 야만성에 반기를 들고 인간의 존엄성을 지켜내는 데서 비롯되는 행복이라네.

아니면 잠시 노스탤지어의 향기에 취해 보는 건 어떤가? 케이트 노블. 50살 먹은 스코틀랜드인 말기 암 환자였지. 그녀는 자신의 병을 치료받을 수도 있었지만 다른 소원을 택했네. '제옹! 나는 엄마가 젊은 간호사이던 시절 아빠가 새 차를 몰고 그루트 슈어 병원으로 찾아왔던 그 순간 엄마가 얼마나 행복했었는지 보고 싶어.' 아브라카다브라! 케이트는 1967년산 이스즈 베레트의 뒷좌석에 앉아 부모님이 사랑을 나누던 모습을 지켜보며 남아프리카의 후끈한 바람 속에서 영면에 들었다네. 모든 어린아이들이 꿈꾸는 달콤한 행복이지.

그것도 아니면 외국인 혐오주의 색채가 배인 소원은 어떨까? 류드밀라 바실리바. 모스크바 토박이인 그녀는 실을 만들어 팔았어. '제옹! 요즘은 어딜 가나 중국인들 판이야. 대량으로 상품을 쏟아 내고, 해외 거주 동포들에게 쉽게 자금을 유치하고. 이제 중국인이라면 꼴도 보고 싶지 않아.' 아브라카다브라! 나는 그 길로 체르키조보 섬유 시장이 아예 문을 닫게 만들었지. 언제 파산할지 모를 위기에 처한 류드밀라를 비롯한 수십만 명의 상인들은 이제 더 이상 중국인 따위는 신경 쓸 겨를이 없어졌어. 증오에 의한 선택이 초래한 불행이라네!"

15가지나 되는 소원의 예를 들어 봤지만, 정작 나를 위한 건 단 하나도 없군. 이제 지니랜드까지는 8㎞밖에 남지 않았는데 말이야…….

그때 제웅이 간단하게 요정들의 요술 체계에 대해 설명해 주었나. 그에 따르면 그를 비롯한 요정들은 소원의 유형을 '빙고'와 '아브라카다브라'로 분류한다. '빙고'는 돈만 많으면 인간적인 수준에서 충분히 실현 가능한 소원들을 말한다. 반면 '아브라카다브라'는 돈으로 환산할 수 없는 어떤 비물질적인 도움을 주거나, 인간의 법칙은 물론 자연의 법칙까지도 거슬러야만 실현할 수 있는 종류의 소원을 뜻한다. 18세기 이후 집계한 통계 자료에 따르면, 전 세계적으로 아브라카다브라 타입과 빙고 타입의 소원은 각기 2대 1의 비율로 나타난다.

요정들에 따르면, 빙고식의 소원을 딱 하나만 비는 것은 참으로 바보 같은 짓이다. 가령 영원토록 채워지는 은행 계좌를 갖고 싶다는 소원을 빌면 기분에 따라 마음대로 모든 종류의 빙고 소원을 전부 실현할 수 있다. 이를테면 돈만 있으면 누구든 수잔토(예술품 수집), 카테리나(내집 마련), 올리(모르는 사람에게 일확천금을 안겨 주기), 솔랑주(파리에서 살기), 세실(주택 완공)이 빌었던 빙고식의 소원을 전부 이룰 수 있다. 그것이 바로 돈 가방의 힘이다. 돈 가방은 무한한 가능성을 제공하고, 언제나 또 다른 것을 욕망하거나 새로운 종류의 기쁨을 느끼도록 해 준다. 이를테면 "한 번 빙고로 수많은 로또 당첨의 행운을 누리는 것과 같은 이치라네"라고 콰가얼룩말이 한마디로 정리했다. "한 번 빙고로 자네가 상상할 수 있는 모든 종류의 빙고 소원들을 실현할 수 있고, 원하는 건 무엇이든 이룰 수 있다고. 오만 가지 욕망을 모두 해결할 수 있다는 말이야. 가령 1961년산 로마네 콩티[21]를 맛볼 수도 있고, 원한다면 책을 편찬하거나 영화를 제작할 수도 있지. 아니면 내친 김에 직접 스타가 될 수도 있어. 섬 하나를 통째로 사들일 수도 있고, 세계 일주에 나설 수도 있지! 일단 돈방석에 앉으면 자네는 자신이나 혹은 가족의 소원을 모두 이뤄 주는 빙고의 요정이 될 수 있을 거라네!" 그러나 고객의 3분의 1은 정작 빙고 소원을 빌면서도 이런 돈의 마술적인 힘에 대해 잘 생각해 내지 못한다. 그들은 억만장자를 능가하는 거부가 되게 해 달라고 비는 대신 득달같이 어떤 구체적인 재화를 갖고 싶어 안달한다. 정작 거부가 되면 인간 세계에 존재하는 것 가운데 돈으로 사지 못할 것은 아무것도 없는데도 말이다. 수백억 달러는 수많은 제2의 빌 게이츠와 워렌 버핏,

---

21 최고급 와인의 종류.

무케시 암바니[22], 카를로스 슬림 엘루[23]들을 인류 최고의 요정, 전세계에 편재하는 신적인 메세나로 만들어 줄 수도 있다. 수많은 자선 재단을 설립해 문맹 및 빈곤 퇴치를 위해 앞장서고, 학교와 강당을 지어 주고, 장학금을 지원하고, 예술을 장려하고, 의료 연구 지원을 통해 수많은 목숨을 살리는 데 기여하거나, 정당을 지원할 자금을 모집하거나, 거대한 망원경을 개발하는 데 재정적인 지원을 할 수도 있을 것이다. 그렇다. 돈은 온갖 종류의 기부 활동을 가능하게 해 준다.

그러나 빙고식의 기부나 은행에서 은행으로 돈을 이체하는 행위와 같은 이런 실질적 교환은 일단 교환이 실행되고 나면 그것으로 모든 게 끝난다. 그러나 시간과 온정, 사랑, 에너지, 지적 능력, 생명 등은 다르다. 서로 간에 공유가 가능하다. 아브라카다브라, 감정적인 교환이 가능한 것이다. 사실 소원의 3분의 2는 어느 정도 아브라카다브라에 해당한다. 이런 종류의 소원은 돈으로 환산할 수가 없다. 그래서 다른 소원을 함께 이룰 수 있는 능력이 없다. 아브라카다브라식 소원은 안락보다는 감정의 영역에, 조금 더 소유하는 해피니즘보다는 조금 더 나은 존재가 되는 행복의 영역에 속한다. 제웅은 이 소원을 빌었던 대표적인 인물로 모리 마사히로Mori Masahiro를 거론했다. 그는 80살 먹은 일본의 로봇공학

---

22 Mukesh Ambani: 인도의 억만장자.
23 Carlos Slim Helú: 멕시코 통신 재벌로 세계 1위의 억만장자.

자였는데, 2007년 세계의 종말을 조금만 더, 조금만 더 뒤로 미뤄 달라고 제웅에게 부탁했다. 요컨대 박애주의 정신에 입각한 아브라카다브라식 소원이었다. 당시 지구의 종말은 2036년 4월로 예정되어 있었다. 이 시각이 되면 직경 400m의 소행성 '2004 MN4', 일명 '아포피스Apophis'가 지구에 충돌해 우리의 모든 환경 문제를 일순에 해결해 줄 것이었다. 그러나 마사히로와 제웅 콤비의 활약에 힘입어 이 고약한 돌덩어리는 현재 본궤도를 벗어났다. 이제 지구는 안전할 것이다. 다음 세계적 대재앙은 2037년 가을로 미뤄졌다. 아마도 그때가 되면 지구상에는 햄스터 독감 H3N5가 창궐할 것이다. 또 다른 헌신적인 고객이 나타나 우리를 곤경에서 벗어나게 해 주지 않는다면 말이다.

하루아침에 프로 축구선수가 되거나, 차세대 Web4.0 환경에서 인터넷 서핑을 즐기거나, 잠을 자지 않고도 살 수 있게 되거나, 돌아가신 아버지를 다시 만나 마음속에 품고 있던 말을 전하거나 하는 등의 아브라카다브라식 소원은 절대 돈으로는 살 수가 없다. 사실 아브라카다브라식 소원은 빙고식 소원보다 훨씬 더 행복의 본질을 잘 보여 준다. 그것은 소유하는 데서 비롯되는 짜릿함이 아니다. 변화를 통해 나를 확대해 가는 즐거움, 내가 세계 속에 활짝 만개하는 동시에 또한 내 속에서도 세계가 활짝 만개하는 즐거움, 바로 그것이기 때문이다. 아브라카다브라식 소원들은 빙고식 소원보다 관계적인 측면에서 더 복잡하고, 심리적인 측면에서 더 전율적인 특성을 지닌다. 왜냐하면 이 소원들은 아주 미세하고 정교한 인간 연금술을 필요로 하기 때문이다. 빙고식의 소원 같은 경우에는 '얼마만큼?'이라는 질문에 대한 해답만 있으면 된다. 그리고 그 답은 삽시간에 일련의 숫자열로 정리된다. 반면 아브라카다브라식 소원의 경우 '왜?'라는 의문에 대한 답을 찾아내야 한다. 그리고 그 해답은 오로지 소원을 빈 사람의 내면의 신화를 파고들어야만 찾아낼 수 있다. 가령 케이트(돌아가신 부모님을 만나는 것), 얀(과학적 발견을 이뤄 내는 것), 노암(불가능한 디저트를 만들어 내는 것), 마누엘(생물학적 성별을 바꾸는 것), 셰르코(교황을 짜증나게 하는 것), 어린 왕화(다리를 무너뜨리는 것), 바룬(자국의 동성애 혐오적 법률을 개혁하는 것), 엘레니(엄마와 아빠가 다시 사랑하게 만드는 것), 다디스(가혹한 린치를 가해 도둑을 살해하는 행위를 근절하는 것) 등의 내면을 일일이 들여다보아야만 알 수 있는 것들이다. 이런 소원들은 겉보기에는 아둔하고 진부한 것처럼 느껴질지라도 깊이 들여다보면 그들 영혼의 아주 미세한 감정이나, 혹은 과거의 상처를 치유하고 경탄의 기쁨을 오래도록 간직하고 싶은 갈망 따위와 복잡하게 뒤얽혀 있는 것을 알 수 있다. 그리고 바로 그런 내면의 풍경이 그들의 행복을 좌우하고 있다.

사실 그들이 행복한 건 그 소원들이 이루어져서가 아니다. 그 소원들이 그들로 하여금 미칠 듯한 열정이나 현기증, 달콤함을 '경험'하게 해 주기 때문이다. 그들의 소원은 어떤 상황이나 관계의 추이에 영향을 미친다. 난생 처음으로 과거의 원인과는 무관하게 오로지 나만의 바람에 의해 어떤 사건의 결말을 완전히 결정지을 수 있는 것이다. 아브라카다브라식 소원을 비는 순간 태양처럼 당당한 자신감과 절대적 지배력을 누리는 듯한 느낌, 바로 그것이 행복이다. 소원 그 자체의 성취보다 오히려 소원을 빌기 바로 직전에 온몸을 적셔 오는 바로 그 기분 말이다. 요컨대 '내가 바라는 것은⋯⋯'이라는 단 한마디 말로, 외부 세계의 낯설음과 나의 내면의 상징체계가 서로 침투하고, 사회와 내 욕망이 조화를 이루며, 아름다운 화음을 이루어 내도록 만들 수 있는 능력. 그런 능력을 지녔다는 기분. 소원을 비는 동안 그 누구도, 그 무엇도 나를 방해할 수 없다는 사실을 오롯이 인식하며, 삶에 내 생명을 접속하는 바로 그 찰나의 순간을 온전히 즐기는 것. 그러니 행복이란 마치 내 삶이 수많은 아브라카다브라식 소원들의 연속이라고 느끼며 살아가는 것이 아닐는지.

거래

"그래, 자네 생각은 잘 알았어!" 얼룩말이 비웃었다. "정말 훌륭한 직관력에서 나온 해설이었네. 하지만 기존의 생각만 더 모호해졌을 뿐이야. 그래서 자네의 소원은 대관절 어떤 종류에 속하는 건데? 로또 당첨 같은 빙고식의 소원이야, 아니면 아브라카다브라식 소원이야? 자네는 행복에 대해 아주 멋진 '썰'을 풀었지만, 결국 그런 간단한 물음에조차 대답을 내놓지 못하는군! 그냥 내가 이 마법의 모자를 챙겨서 집으로 돌아가길 바라는 거야?"

"아니, 그럴 리가! 그런 낭패를 어찌 내가 바라겠나!"

"내 말이! 완전 망하는 거라고! 우리는 지금 뜨거운 뙤약볕에 있는데, 서늘한 응달로 들어갈 길의 초입도 찾아내지 못해 헤매고 있는 형국이라고. 하지만 자네의 도깨비 자루 안에 그 고리타분한 머리가 핑핑 돌아가게 만들어 줄 마법의 강낭콩이 숨겨져 있다면 어떨까? 얼른 그 콩을 꺼내 심지 않고 꾸물댈 이유가 무엇일까?"

별안간 요정은 나를 데리고 무성한 나뭇잎과 복잡하게 얽힌 잔가지들 위에서 깡충깡충 뜀을 뛰기 시작했다. 그 바람에 누더기 같은 옷이 아까보다 더 너덜너덜해졌다. "이봐, 친구! 내가 만든 바벨탑에 오신 걸 환영하네!" 제옹이 먼저 착지하며 말했다. 다행히도 그의 발이 닿은 곳은 땅이 아니었다. 그는 말갈기를 부르르 털며, 나를 등에 올려 태웠다. "자, 이제 8㎞에 달하는 산책길에 나서 볼까. 콰가얼룩말을 타고 칸첸중가를 등반해 보는 거야!" 나는 짐짝처럼 털썩 얼룩말 등에 아무렇게나 부려졌다. 사방의 무성한 나뭇잎이 밝은 에메랄드 빛을 뿜으며 흘러내렸다. "조금 있으면 완만한 내리막길에 접어들 걸세. 그 길은 두 개의 종착점으로

향하지. 하나는 자네의 소원, 하나는 지니랜드에서 맞이하는 제2
의 인생. 그리고 내가 말이야, 자네가 영 마음을 못 정하는 것 같
아 도움이 될 만한 선물을 하나 준비했네."

"무슨 기념일이라도 축하해 주려는 건가?"

"난 단지 자네가 드라이어드[24], 갈라드림[25], 난쟁이 우키족[26] 등
의 족속들이 거주하는 저 지니랜드에서 인생을 마감하지 않기를
바라는 마음일 뿐이라네! 내 약속할게. 자네가 지니랜드 1층에
도착할 때까지 아무도 자네를 방해하지 못하도록 해 주겠네. 오
로지 자네와 나, 그리고 내 선물만 함께하게 해 주지. 내 선물이란
바로 자네가 가장 최근에 저술한 행복에 관한 책이라네!"

"《우리 함께 융화되어 봐요》?"

"아니, 그보다 더 뒤에 나온 책."

"아, 《68년 5월 혁명》?"

"아니, 그보다 훨씬 훨씬 더 뒤에 나온 책! 〈샴페인 같은 기분〉.
자네가 훗날 쓰게 될 소논문집이라네. 2046년, 72살이 되는 해
에!"

"헉…… 생각만 해도 정말 끔찍하군!"

"걱정하지 말게. 그렇게 나쁘지는 않으니까! 호호 할아버지가

---

24 그리스 신화에 나오는 나무의 님프.
25 톨킨의 작품에 나오는 요정.
26 스타워즈에 나오는 외계 종족.

쓴 산문. 자네가 지니랜드로 내려가는 동안 나무껍질에 그 글들을 새겨 자네에게 보여 주겠네. 자네의 눈앞에서 아라베스크 같은 문자들이 춤을 추며 나뭇가지와 나뭇가지를 옮겨 갈 걸세. 그럼 자네는 정신 바짝 차리고 그 글들을 열심히 읽는 거야. 하지만 명심하게. 마지막 낱말이 나타나는 순간, 자네는 곧장 저 아래로 착지하게 되는 거야. 그 순간 얼른 소원을 외치지 않으면, 영원히 저곳에 갇히게 될 거라고!"

"거래를 하자는 이야기로군."

"그저 일전에 자네가 징징거리던 소리가 마음에 걸려서 말일세. '그것은 인생의 황혼기에나 의미를 지닐 수 있는 질문이다. 그때가 되면 인생의 모든 성공과 실수를 한 번에 관조할 수 있는 눈이 생길 테니까 말이다.' 그래서 내가 자네를 미래의 생각 속으로 여행 보내 주기로 했네. 행복에 관한 자네의 모든 성찰이 끝나는 종착지를 잠시 쭉 훑어보고 오라고! 지금 자네가 하는 말들은 아직 설익은 사상에 불과해, 그저 모호한 착상뿐이지. 하지만 내가 자네를 위해 보너스를 준비했어. 자네에게 잠시 시간 여행을 다녀올 수 있게 해 주겠네. 가서 자네 사상의 완결판을 보고 오게!"

"노망난 노인네의 머릿속을 읽고 오란 얘기지. 그거 신나는데!"

"모든 사상은 이미 자네 머릿속에 씨앗처럼 잠재되어 있네. '행복은 이중의 주사기처럼 작동한다. 감정과 사건을 흡수하기도 하고 배출하기도 한다. 나는 세계의 에너지를 섭취하고 소화한다.

그리고 (세계의 에너지에 힘입어 더욱 거대해진) 나의 에너지를 다시 세계에 내놓는다.' 아주 멋진 생각이야. 하지만 그래서 그 '이중의 주사기'가 대체 어떻게 작동한다는 건데? 게다가 행복의 정의는 또 어떠하고? '여기, 지금 우리를 앞으로 나아가게 만드는 추동력이 바로 내 뱃속에서 일어나고 있는 내적 폭발'이라고 했나? '내적 폭발-외적 폭발, 그리고 변신'이라고 했는가? '태양처럼 당당한 자신감과 절대적 지배력'이라고? '순수한 분출의 힘'이라고? 이봐, 이보다 더 모호한 정의가 세상에 어디 있어? 자네도 그렇게 생각하지 않는가? 이제 스스로를 그만 괴롭히게! 내 자네에게 자네 철학의 궁극적 진실을 보여 주겠네! 싹이 트고 꽃이 피는 단계를 훌쩍 건너뛰고 지금 당장 과실을 따먹는 즐거움을 맛보게 해 주겠고!"

"그래, 좋아. 어서 출발하지!"

나무가 우윳빛 잉크를 빨아들이더니, 이윽고 나무줄기 위에 금세 큼지막한 문장 하나가 나타난다. "부모님과 주변인들이 보여 주는 무조건적인 열렬한 사랑은 어떤 아이에게나 행복을 가르쳐 주는 행복의 학교이다." 내가 지금보다 곱절의 나이가 되는 때에 쓰게 될 책의 첫 문장이다. 그때가 되면 몸이 뻣뻣해지고, 얼굴에는 주름이 자글자글하고, 손주들도 보게 되겠지. 생각만 해도 온몸에 소름이 끼치는군.

아주 새롭지만 그래도 어디선가 본 듯한 글들이, 만발한 꽃 사이로 뱀처럼 스멀스멀 기어가다가 갈색 나뭇가지를 타고 내 눈앞으로 달려든다. 나는 이내 그것이 내가 쓴 것인지 아닌지 머릿속이 혼란스러워진다. "'너는 세상에서 가장 예쁜 소녀구나', '우리 사랑하는 아들', '우리 공주님', '너를 너무 사랑해', '네가 몹시도 자랑스럽구나' 등의 말은 우리의 운명을 더욱 풍요롭게 해 주는 자양강장제와도 같은 감탄사다. 이러한 반응feedback은 우리를 유일하고 개별적인 존재로 만들어 주고, 우리의 존재를 이루는 토대가 되어 준다. 무방비로 불확실한 운명 앞에 놓여 있는 존재에게 자신감과 희망을 가득 채워 주는 매우 중요한 반응이다." 나보다 더 나은 자가 표절해서 완성한 나의 생각들. 하지만 이것은 문학적 살인, 신원 도용에 대한 갈망은 아닐까? 내 행복론을 완성해 줄 마지막 신의 한 수를 찾기 위한.

"이런 식으로 아이에게 사랑을 흠뻑 주면 단순히 그 순간만 아이를 행복하게 해 주는 것이 아니다. 평생토록 아이가 행복하게 살아가는 버팀목이 되어 준다. 아이가 온 세상을 '나(혹은 놀이) Je(u)'의 친구로 여기고, 사람들이 쇠창살을 치고 있을 때조차 미소에서 일종의 탈출구를 찾아낼 줄 아는 성향을 지닌 사람으로 자라나게 해 준다." 아니다. 이것은 분명 나의 글이다. 조금 더 성숙하고, 조금 더 풍요로워진 내가 쓴 글이다. 신경세포의 수나 테스토스테론의 양은 예전만 못하겠지만, 세월을 통해 더욱 예민해진 욕망으로 내가 쓴 나의 글이 분명 맞다. 어느새 나를 옥죄던 방어

막이 조금씩 풀리기 시작한다. 이윽고 나는 호기심에 이끌려 나도
모르게 그 글들을 읽어 내려가기 시작한다.

샴페인 같은 기분

행복하게 해 주다

내가 행복한 것도 대단한 일이다!
그러나 사랑하는 이를 행복하게 해 주는 것은
그보다 더 대단한 일이다!

_마리잔느 리코보니, 〈제르트뤼드의 사랑 이야기〉

부모님과 주변인들이 보여 주는 무조건적인 열렬한 사랑은
어떤 아이에게나 행복을 가르쳐 주는 행복의 학교이다. '너
는 세상에서 가장 예쁜 소녀구나', '우리 사랑하는 아들', '우리 공
주님', '너를 너무 사랑해', '네가 몹시도 자랑스럽구나' 등의 말은
우리의 운명을 더욱 풍요롭게 해 주는 자양강장제와도 같은 감탄
사다. 이러한 반응feedback은 우리를 유일하고 개별적인 존재로 만
들어 주고, 우리의 존재를 이루는 토대가 되어 준다. 무방비로 불
확실한 운명 앞에 놓여 있는 존재에게 자신감과 희망을 가득 채워
주는 매우 중요한 반응이다. 이런 식으로 아이에게 사랑을 흠뻑
주면 단순히 그 순간만 아이를 행복하게 해 주는 것이 아니다. 평
생토록 아이가 행복하게 살아가는 버팀목이 되어 준다. 아이가 온

세상을 '나(혹은 놀이)$^{Je(u)}$'의 친구로 여기고, 사람들이 쇠창살을 치고 있을 때조차 미소에서 일종의 탈출구를 찾아낼 줄 아는 성향을 지닌 사람으로 자라나게 해 준다. 성장에 필요한 부식토가 되어 주는 이런 힘이 없다면, 삶은 더 이상 즐길 수도 없고, 만질 수도 없고, 안전감을 줄 수도 없는 대상이 되어 버릴 것이다. 어떤 아이에게나 행복의 학교는 바로 타인을 마음껏 음미하도록 격려하고, 영원토록 갑옷으로 스스로를 무장하지 못하게 가로막는 바로 그런 사랑의 힘이다.

그러나 행복에 대해 묻기 전에 우리는 먼저 행복에 생기부터 부여할 필요가 있다. 행복이라는 화초는 지나치게 세심한 손길과 괴상한 영양식으로 인해 그만 시들시들 죽어 가고 있기 때문이다. 행복에 다시 생기를 불어넣는 방법은 아주 간단하다. 바로 '철학이 행복을 가져다줄 것'이라는 믿음부터 내다 버리는 것이다. 몇몇 예를 제외하고, 에피쿠로스[01] 이래 거의 모든 철학자들은 언제나 철학이 행복을 가져다줄 것이라는 천편일률적인 자장가를 주야장천 부르고 또 불러 왔다. 물론 각자 자기만의 영양학이나 가문 대대로 내려오는 지혜 등을 조금씩 가미해 가면서 말이다.

행복을 약속하는 것은 신의 지위에 도전하는 일과 같다. 사실 성직자나 정신의학자, 상인, 호색가들은 종종 신과 동급이 되려는

---

[01] 원자론과 쾌락주의로 유명한 고대 그리스의 철학자.

이런 애교 수준의 작은 죄악을 저지르곤 한다. 물론 철학자도 마찬가지다. 행복의 수단으로서의 철학은 논란의 여지가 없는 명백한 지적 사기다. 행복의 수단으로서의 정신분석학이나 행복의 수단으로서의 심리 치료, 행복의 수단으로서의 소비, 행복의 수단으로서의 종교, 행복의 수단으로서의 나노 수술[02]도 그와 크게 다를 바 없다. 그것이 '사기'인 이유는 만일 인간이 정녕 완벽한 행복에 이르는 방법을 이미 생각해 낸 것이라면, 우리가 그것을 절대 모를 리가 없기 때문이다. 가령 "'이것'을 하세요, 그럼 확실하게 행복이 보장됩니다!"라고 누군가 새로운 방법을 발견해 냈다고 치자. 그러면 이 희소식은 금세 전 세계로 일파만파 퍼져 나갔을 테고, 그러면 모든 사람들이 '그것'을 버리고 '이것'을 향해 구름 떼처럼 몰려들었을 것이다. 그랬더라면 아마도 지금쯤 지구에는 환희와 평화만이 가득 넘쳐흘렀겠지. 아멘!

하지만 현실은 전혀 그렇지가 않다. 여태껏 그 어떤 '이것'도 모든 이들에게 완전한 위안을 가져다준 적은 없다. 옛 선조의 지혜는 현대인의 번민을 잠재우는 데 실패했다. 과거의 지혜는 너무 모호하고 이상적인 데다, 현대인의 번잡한 삶에는 전혀 적합하지 않다. 국가에서 운영하는 복권 사업은 도리어 가난한 사람들을 더욱 가난하게 만들었다. 지식을 도구화한 실용주의도, "최대다수

---

02 nanosurgery: 전자 현미경으로 하는 세포 · 조직 등 극소부의 수술.

의 최대행복"을 추구한 공리주의도, 계급 없는 사회를 꿈꾼 공산주의도, 양극화라는 파멸을 가져 온 자본주의도, 그 어떤 기존의 이론 체계도 인간에게 영속적인 행복을 보장해 주지 못했다. '긍정적인 태도'는 오로지 웃음 강박증에 걸린 히스테리 환자만을 만들어 냈을 뿐이고, '대중의 유아화mass infantilization'는 바보 같고 창백한 빈혈 환자들만을 양산해 냈다. 그러니 철학자들이 할 수 있는 일, 그리고 또 해야만 하는 일은 이처럼 만병통치약을 들이대며 사람을 잡는 저 선무당들이 더 이상 이 땅에 발붙이지 못하도록 만드는 것이다. 그리고 무엇이 우리를 행복에 이르게 하는 것인지에 관해서보다는, 행복이 대체 우리를 어디로 이끄는지에 대해 이해하고자 노력해야 한다. 다시 말해 행복을 일종의 역학으로 이해하며, 행복의 힘이 어디로 뻗어 나가고 또 어디로 갈래를 쳐나가는지를 열심히 쫓아가 보는 것이다. 첫 번째 과제는 논쟁과 승리에 굶주린 다음 세대에게 넘기기로 한다. 대신 나는 두 번째 과제에 좀 더 집중해 보기로 하겠다.

한 가지 분명한 사실은 내면의 평온은 어린 시절 받았던 사랑의 크기에 비례한다는 것이다. 그렇다면 이제 우리가 할 일은 이 방정식의 두 항이 지니는 의미와 이 방정식 자체의 합당성을 파악하는 일일 것이다. 가령 행복의 전제 조건인 내면의 평온은 그저 잠시 스쳐 지나가는 일시적인 감정 상태인가, 아니면 개인의 성격으로 굳어진 어떤 성향인가? 어린 시절 받은 사랑은 인간에게서 어떤 식으로 발현되는가, 그리고 어찌하여 인간을 더 나은 존재로 만드는가? 사실 인간이 타인의 사랑을 수용하려면 이미 평온한 마음 상태에 도달해 있어야만 하지 않을까? 사춘기 이후로는 이미 때가 너무 늦어 버린 것일까? 그리고 만일 어린 시절 사랑을 받은 사람만이 어른이 되어 세상을 마음껏 향유할 수 있다면, 어린 시절 사랑을 받지 못한 사람들은 대체 어떻게 해야 행복해질 수가 있는 것일까? 사랑을 받지 못한 사람이 사랑을 주는 법을 몰라 되풀이 되는 악순환은 대체 어떻게 해야 끊어 낼 수 있단 말인가? 어떻게 하면 결핍된 행복의 능력을 극복할 수 있을까?

먼저 첫 번째 파트에서는 행복이라는 상태가 무엇인지에 대해서부터 집중적으로 다뤄 보도록 하겠다. 그리고 이어 두 번째 파트부터 자신이 지닌 고도의 전복적 능력을 발전시켜 나가는 두 가지 상반된 방식에 대해 분석해 볼 것이다. 하나는 시적 고양을 통해 개인적인 차원에서 전복 능력을 발휘하는 방식이고(랭보의 모험), 나머지는 공감이란 방법을 통해 그 힘을 일종의 기회나 만남의 원천으로 삼는 방식이 될 것이다(포피의 융화).

매력 파동

'엄마! 아빠! 이것 좀 보세요!' 어린아이는 무언가 새로운 시도를 하거나 혹은 어떤 자랑스런 일을 해냈다고 생각하면 이런 말로 부모의 시선을 끈다. 그러나 이때 아이는 단순히 부모가 자신을 눈으로 봐 주기를 바라는 것만은 아니다. 그렇다고 무슨 대단한 인정을 받기를 원하는 것도 아니다. 그저 아이는 부모가 마음으로 봐 주기를 바라는 것이다. 감탄해 주기를 원하는 것이다. 진짜 사랑받고 있다는 느낌은 이렇듯 자신을 바라보는 경탄 어린 시선에서 나온다. 자못 진지하면서도 열렬한 관심으로 아이가 익살스러운 표정을 짓거나, 나름대로 쉽지 않은 도전에 나서거나, 어설퍼도 무엇인가를 해낸 모습을 물끄러미 바라보다 이내 감동에 휩싸여 초롱초롱 빛나는 어른의 눈. 이때 아이가 받는 것은 단순히 미소나 달콤한 말 한마디가 아니다. 미세하게 전달되는 사랑의 물결이다. 그 순간 아이는 자신의 힘을 인식한다. 자신이 누군가를 감동시키고, 놀라게 할 수 있음을 느낀 아이는 확고한 존재감을 확인하게 되는 것이다. 왜냐하면 아이는 이제 사랑하는 이들의 감정을 빚어내는 반죽 안으로 들어갔기 때문이다. 더 이상 아이는 단순히 무엇인가를 담는 용기이거나 무엇인가를 장식하는 풍경으로만 존재하는 것이 아니다. 자신도 무엇인가를 줄 수 있고, 무엇인가를 투과할 수 있고, 또 작은 진동을 일으킬 수 있다. 아이도 역시 전파력을 지닐 수 있게 된 것이다. 말하자면 우상 숭배자가 스스로 우상이 되고, 찬양을 하던 자가 찬양을 받게 된 셈이다. 그 역시 능동적인 목소리가 된 것이다. 아이도 일종의 '사건', 요컨대 강렬함을 지닌 어떤 가벼운 동요 같은 것으로 변모한 셈이다.

그렇다면 저기 위에서, 부모들의 눈에서는 대체 어떤 일이 벌어지고 있을까? 눈가에 미세한 주름이 잡히더니, 광대뼈가 살짝 올라가고, 속눈썹이 파르르 떨리다 이내 눈동자가 촉촉해지고, 속눈썹의 각도가 변하면서 평소와 다른 눈빛이 반사된다. 이처럼 흔히 '눈으로 짓는 웃음', '초롱초롱 빛나는 눈'이라고 불리는 이런 눈을 일컬어 우리는 '매력'이라고 부른다. 이런 표정을 짓기 위해서는 전두엽을 사용해야만 한다. 다시 말해 모방하고 공감하는 능력을 발현해야만 하는 것이다. 말하자면 이런 시선은 우리 인간의 본성humanity · 인간성을 그대로 보여 준다.

반면 동물에게는 매력을 발산하는 능력이 없다. 동물은 눈길이 아닌 다른 식으로 우리를 감동시킨다. 대개 인간은 동물의 울음이나 표정, 몸짓을 인간의 관점에서 해석함으로써 동물에게서 감동을 느낀다. 동물은 인간의 사랑을 받을 줄만 알았지, 인간에게 받은 사랑을 다시 '전파'하는 능력은 없다. 아무리 이미지를 합성해 동물에게 인간적 매력을 덧입히려고 해 봐야 헛일이다. 인위적으로 조작된 동물의 따스한 눈빛을 마주하는 순간, 우리는 돌연 인간과 괴물의 혼종을 본 듯한, 무슨 천리에 어긋나는 일이라도 접한 듯한 커다란 충격에 휩싸이게 될 테니까.

가장 최근에 만들어진 안드로이드 로봇 GoLEM-11(Go Like an Emotional Man-11)은 130여명에 달하는 전 세계 과학자들이 모여 인간의 가장 미세한 표정까지 모두 재현하기 위해 공동으로 노력한 결과로 탄생했다. 이 로봇은 경계심이나 기쁨 같은 감정을 표현할 줄도 알고, 말을 할 줄도 알며, 진심에서 우러나온 듯한 동정심을 표현할 줄도 안다. 단, 매력을 표현하는 것에 있어서만큼은 오랑우탄 근처에도 못 간다. 4살 난 어린아이도 그것이 가짜임을 대번에 알아볼 정도다. 아이들은 대체 무엇을 보고 그것이 가짜라고 생각하는 것일까? 아이들은 결코 목소리나 몸짓을 보고 거짓이라고 느끼는 것이 아니다. 오히려 목소리나 몸짓은 정말이지 사람과 놀라울 정도로 흡사하다. 그러나 아이들은 이 로봇의 눈빛을 보는 순간 어떤 '괴기스러운' 공포에 휩싸이고 만다. 6살 난 샤를로트는 골렘에 대한 느낌을 이렇게 털어놓는다. "골렘은 말이죠. 본래는 아주 못됐는데 제 앞에서만 착한 척을 하고 있는 것 같아요." 사실상 샤를로트가 한 이 말은 1970년 일본의 로봇공학자 모리 마사히로가 주장한 '불쾌한 골짜기Uncanny Valley'라는 가설을 다시 한 번 확인해 주고 있다. 이 개념은 안드로이드 로봇을 바라볼 때 인간이 느끼는 거북한 감정을 설명한 가설이다. 이 이론에 따르면, 로봇이 인간의 모습에 가까워질수록 오히려 사람들은 로봇과 인간 사이의 아주 미세한 차이를 더욱 눈에 거슬려 한다는 것이다. 이 가설을 보면 왜 우리는 머리칼도 나고, 옷도 갖춰 입고, 피부와 외양도 인간과 거의 흡사한 인조인간을 볼 때는 거북한 감정을 느끼면서, 정작 투박한 휴머노이드 로봇에 대해서는 그토록 관대해지는지, 또 그 로봇을 진짜 인간처럼 생각도 하고 감정도 느끼는 '근사한' 존재처럼 착각하게 되는지 어느 정도 이해해 볼 수 있다. 샤를로트도 골렘-11^{GoLEM-11}보다는 오히려 스타워즈에 나오는 R2D2라는 구식 로봇에 더 친근감을 느낀다. 전자가 의심할 여지없이 기계 덩어리가 분명하다면, 후자는 인간인지 기계인지 도무지 헷갈리기 때문이다. 각각의 비인간적인 요소들이 더욱 큰 거부감을 유발하는 것이다. 흡사 꿈속에서 평소와는 어딘지 모르게 달라 보이는 친구의 모습을 마주쳤을 때처럼 이상한 반감이 일어난다. 꿈에 나타난 사람의 모습이 평상시의 모습과 아주 미세한 차이를 보일수록 그 꿈은 더욱더 무시무시한 악몽으로 변한다. 예를 들어 엄마가 꿈에서 단봉낙타의 모습으로 나타난다면 신기하고 재미있다고 느낄 것이다. 그러나 어쩐지 평소와 조금 다른 눈빛, 낯선 웃음소리, 왠지 모르게 '엄마가 아닌 것 같은' 모습을 조금이라도 내비치는 순간, 내 몸은 별안간 경계경보를 감지하고 온몸에 소름이 쫙 돋으면서 다리에 힘이 쭉 풀리고 만다. 심지어 잠을 깬 뒤에도 한동안 등골이 오싹한 느낌이 지속될지도 모른다. 그 차이가 더 미세할수록, 내 속에서는 더 큰 경보음이 울린다. 이 같은 역설을 대체 어떻게 설명해야 할까?

인간은 무엇인가 새로운 것을 발견하기보다는 이미 존재하는 것을 알아보는 데 더 익숙하다. 인간은 무엇인가를 볼 때마다 언제나 기억 장치 속에서 그것과 익숙한 것을 찾아내려고 애쓴다. 인간의 두뇌는 안정감을 추구하려는 경향이 있다. 아주 어린 아기 시절부터 그래 왔다. 인간은 새로운 사건을 겪으며 스스로를 단련하는 데는 전혀 익숙하지 않다. 새로운 것을 대하면 놀라고 심한 스트레스를 받는다. 그래서 새로운 것을 보면 그것을 이미 알고 있는 무엇, 이미 평가가 끝난 무엇인가와 자꾸 끼워 맞추려 한다. 바로 그러한 이유 때문에 인간은 미학적인 측면에서나 지적인 측면에서, 관계적인 측면에서나 정치적인 측면에서 번번이 엄청난 판단 실수들을 범하는 것이다. 인간은 언제나 새로운 것을 이전에 본 것이나 이전에 들어본 것, 이미 알고 있는 것과 끼어 맞추며 자꾸 평준화하려고 한다. 이 내면의 메커니즘이 바로 '심판'이라고 불리는 것이다. 요컨대 모든 '인지 과정'에서 무엇인가를 식별하는 의식의 '재판'을 의미한다. 먼저 우리는 이 심판을 자기 자신에게 적용한다. 그러면 모든 당위^{ought}로부터 자유로우며 또한 끊임없이 변화하는 성격을 지닌 정체성인 '나(혹은 놀이)$^{Je(u)}$'의 심판을 통해 자기식별적 정체성인 '자아^{Moi}'가 생겨난다. 한편 나는 타인을 상대로도 심판을 한다. 가령 나는 타인을 상대할 때 무조건적으로 그들의 자아만을 찾아내려고 할뿐, 창의성이 넘치는 상대방의 '나(혹은 놀이)$^{Je(u)}$'를 이해하려 하거나 혹은 그들을 개별적인 존재로 인식하려는 노력은 하지 않는다. 마지막으로 나는 사건을 상대로도 이런 인식의 심판을 실시한다. 그 사건을 제어하거나 해명할 수 있기를 바랄 때 말이다. 그러나 이 경우 나는 절대로 그 사건들을 오롯이 체험할 수도 없고, 또 거기에 완전히 몰입할 수도 없다.

꿈속에서 내가 아는 사람이 살짝 낯선 모습으로 등장할 때 나를 뒤흔드는 내면의 시끄러운 경고음은 이런 나의 심판이 '배반을 당했기' 때문에 일어난다. 그 자체로 안전하면서도 또 안전을 지켜 주는 역할을 하는 식별이라는 공간에 이상한 작은 균열이 일어나 익숙함을 훼손했기 때문이다. 친숙한 자가 가면 같은 것을 슬그머니 쓰고 이중의 사기꾼이 되어 버리는 것, 다시 말해 잘 아는 존재가 잘 모르는 존재로 둔갑하는 것(그것이 작은 변화일수록 더 쓰라린 고통을 느끼게 한다), 세상에 그보다 더 끔찍한 악몽이 대체 어디 있을까? 그 순간 나의 심판 메커니즘은 큰 충격에 휩싸이고 만다. 본래는 '대답'하고 판결하는 역할만 하였을 뿐인데, 별안간 자신이 잘못 인지했다는 사실을 인지하고는 격분하여 자신의 식별 능력에 무한한 의문을 갖기 시작하는 것이다. 공정한 심판, 정확한 심판의 위기. 마치 이 배신행위로 인해 자신의 중대한 식별 능력에 문제가 생기고, 힘들게 구축한 일상의 세계가 회의에 빠지거나 더 나아가 무력해지기라도 할 듯이 말이다. 그러나 더 깊이 들여다보면 익숙한 것이 낯설게 느껴지는 순간, 우리를 머리부터 발끝까지, 피부부터 척수까지 감전시키는 것은 다름 아닌 광기에 대한 공포다. 매끈하고 평온한 정상성의 이면에 감춰진 광기가 우리를 무섭게 위협하는 것이다. 마치 피부 밑에 보이지 않는 벌레들이 우글거리고 있기라도 한 듯, 흉측한 괴물이 내 배 속에 잠들어 있다 언제든 뱃가죽을 뚫고 튀어나오기라도 할 듯. 말하자면 타인이 어떤 광기에 사로잡혔기 때문에 표정에서 그런 미세한 변화가 감지된 것일지도 모른다는 가능성이 즉각적으로 그런 반응을 일으킨 것이다. 그래서 우리의 심판 기제가 요란하게 경보음을 울리며 우리를 깨우러 온 것이다. 치밀한 작전 계획과 면밀한 합리성을 손에 들고서 우리를 구조하러.

어린 샤를로트도 인간과 흡사한 매력을 발산하기 위해 진땀을 빼던 골렘 앞에서 바로 그런 종류의 소름끼치는 공포를 경험한다. 처음에는 건강한 인간처럼 보이던 것의 이면에 무엇인가 거짓되고 기묘하고 괴기스러운 것, 악의적인 광기를 품은 존재가 숨어 있음을 감지하는 순간 인식의 심판이 큰 충격에 휩싸인다. 돌연 로봇의 모습이 실은 가면에 불과했음이 만천하에 낱낱이 드러나는 것이다. 나의 인식은 요란한 경고음을 울리고, 신뢰는 어느새 불신으로 뒤바뀐다. 그러나 모리 마사히로 박사는 인간을 모방하는 로봇 기술이 더욱 발전해 나갈수록 이런 심리적 현상은 해소될 수 있다고 말한다. 그가 '불쾌한 골짜기'라는 표현을 만들어 낸 것도 바로 그 때문이다. 일단 인조 로봇 제조 기술이 일정한 고비를 넘기고 나면, 로봇의 모습이 인간과 정말 흡사해지면서 더 이상 아무도 그 '섬뜩한 불쾌감'을 느끼지 않게 된다는 것이다. 말하자면 골렘은 아직 그 골짜기를 넘지 못한 셈이다. 이 로봇은 모든 것을 다 할 줄 알지만, 유일하게 상대를 매혹할 줄을 모른다. 어쩌면 인간을 거의 완벽하게 모방할 수 있는 가능성을 목전에 두고 있는 상황이라서 그만큼 더 로봇이 소름끼치도록 끔찍해 보이는 것일 수도 있으리라.

수십 억 번의 계산과 독학으로 섭렵한 알고리즘, 그리고 첨단 플라스틱 기술과 정보처리 장치 덕에 영속성을 획득한 심판 능력에도 불구하고, 로봇의 눈은 인간 고유의 그 친근한 매력을 발산하지 못한다. 로봇은 타인의 매력을 인식하고 인지할 수 있으며 그것을 재현할 수도 있다. 그러나 거기에 온전히 몰입하지는 못하기 때문에 로봇의 유혹은 언제나 실패로 돌아가고 만다. 최악의 경우, 샤를로트에게 공포감을 안겨 주기까지 한다. 그녀는 따뜻하게 대하는 척 위장하는 로봇의 이면에는 어떤 사악한 의도나 적개심이 숨겨져 있다고 생각한다. 골렘에게 누군가 인간적 매력을 발산하더라도 그것은 골렘의 카메라 렌즈 앞에 그냥 멈춰 버릴 뿐이다. 기대했던 부메랑 효과도, 감정의 분출도, 반향 작용도 일어나지 않는다. 로봇은 누군가에게 공감하는 척 흉내를 내지만, 로봇의 감정에는 그 어떤 온정도, 그 어떤 의미도 배어 있지 않다. 그의 눈에는 그 어떤 '나(혹은 놀이)$^{Je(u)}$'도 자리하고 있지 않다. 골렘은 죄책감을 느끼는 척, 우울한 척, 무엇인가를 학수고대하는 척 가장하거나, 놀음판에서도 포커페이스를 연출하며 능히 사람들을 속일 수 있다. 그러나 반면 골렘이 누군가를 유혹하려고만 하면 상대는 대번에 그것이 한낱 고철 덩어리임을 깨닫는다. 분명 정교하기는 하지만 어쩔 수 없는 고철 덩어리임을 말이다.

왜냐하면 매력이란 단순히 누군가의 얼굴에서 발산되는 것으로 끝나지 않기 때문이다. 과학자들이 이른바 '반향행동echopraxia'이라고 부르는 효과에 의해, 이 얼굴에서 저 얼굴로 끊임없이 이동한다. 여기서 반향행동이란 타인의 어떤 행동praxia을 모방echo하려는 경향을 뜻한다. 누군가로부터 매혹을 당한 사람이 자신도 누군가를 매혹하는 것, 다시 말해 이른바 '매력 파동'을 발산하게 되는 것은 모두 그런 효과에서 연유한다. 반향행동에 의한 반응이 꼬리에 꼬리를 물고 이어질 수 있는 것은 매력이 쭉 빨아들인 어떤 내면의 평온을 자신도 기꺼이 흡수할 준비가 된 투과력이 높은 사람들이 세상에 존재하기 때문이다. 예컨대 사랑의 물결에 활짝 열려 있는 어린아이에게 누군가의 초롱초롱 빛나는 눈은 어머니가 먹여주는 영양분 가득한 달콤한 젖과도 같다. 그러나 시련과 상처는 이런 재능, 이런 최적의 식욕을 망가뜨린다. 우리는 따귀를 한 대씩 얻어맞을 때마다 더듬이를 안으로 쑥 집어넣고 잔뜩 움츠러든다. 우리의 매력과 매력을 흡수·발산하는 투과력을 이내 모두 잃어버린다. 그러면 매력 파동은 그냥 우리 곁을 스쳐 지나간다. 그리고 우리에게는 오로지 충격 파장만을 감지하는 능력밖에 남지 않는다. 번번이 부딪혀 우리에게 상처를 입히는 어떤 돌출 부위와도 같은 사건들을 감지하는 능력만이 남게 되는 것이다.

사실상 골렘은 샤를로트를 유혹하려다가 오히려 그녀를 큰 충격에 빠뜨리고 말았다. 인간의 매력을 흉내 내는 그의 장기는 큰 호응을 얻지 못한다. 로봇이 인간의 모습과 너무 흡사한 나머지 어린 소녀에게 호감과 즐거움을 주기는커녕 오히려 부정적인 역효과만 일으키고 만 것이다. 하지만 '불쾌한 골짜기'를 넘어선 사례는 분명 존재한다. 안드로이드 로봇이 아니라, 캘리포니아 소재 애니메이션 제작 업체 '풀오브라이프Full-of-Life'가 바로 그런 불쾌한 골짜기를 넘는 쾌거를 달성했다. 풀오브라이프는 〈유연한 정신을 가져라Keep Your Mind Limber〉(조지프 라보이Joseph Laboy, 2045년작)라는 중편 애니메이션에서 합성 이미지를 이용해 등장인물들에게 실물 같은 생생한 생동감을 부여하는 데 성공했다. 등장인물들이 고통스러워하면 보는 사람도 울게 되고, 그들이 매력을 발산하면 보는 이의 마음도 후끈 달아오른다. 아무리 명민한 샤를로트라도 아마 이 애니메이션에 나오는 인물들을 본다면 진짜 사람이라고 굳게 믿어 버릴 것이다. 가령 렉스가 절친한 친구의 약혼녀인 플렉시와 스퀘어원 테라스에서 만나는 장면은 극적인 재미와 에로티시즘의 절정을 보여 준다. 어떻게 사이버 세계에서 그 같은 기적이 가능한 것일까?

골렘이 실패했던 부분을 완성하기 위해 풀오브라이프의 IT전문가들은 플라스마 포착 기술에다 'Kyml'이라는 이름의 새로운 프로그램을 접목했다. 이른바 생명의 미세한 떨림life shiver을 충실하게 재현해 낼 수 있는 프로그램이다. 생명의 떨림이란 눈이나 눈꺼풀, 광대뼈, 성대의 규칙적인 미동 등 인체에서 표현되는 모든 미세한 떨림을 의미한다. 사실 골렘은 인간의 감정을 너무도 '완벽'하게 흉내 내지만 정작 이러한 생명의 떨림을 보여 주지 않았다. 그러니 아무리 실물처럼 인간의 모습을 위장하려고 해도 종국에는 그것이 전기 회로로 작동되는 뻣뻣한 기계임을 숨길 수가 없었던 것이다. 반면 렉스나 플렉시의 경우에는 생동하는 에너지의 흐름에 따라 매순간 자연스럽게 눈이나 얼굴, 몸짓, 억양 등에 진짜 인간에게서 찾아볼 수 있는 미세한 떨림이 나타난다. 인물들의 수축·이완하는 근육의 움직임이 감지하기 힘들 정도로 미세하게 표현된 덕분에 더욱 실제 같은 현실감을 획득한 것이다. 그들의 동공은 반짝반짝 빛나고, 육신을 이루는 질료들은 미묘하게 떨리며, 그들의 몸에서는 진짜 생명력이 발산된다. 그들에게서는 단 한 순간도 매력 파장이 떠나가질 않는다. 그들은 서로 아귀가 딱딱 들어맞는 두 개의 톱니바퀴처럼 상호작용을 하는 것이 아니다. 서로를 흡수하고, 상대의 떨림과 감정을 서로 융합한다. 우리는 어느새 겉으로는 잘 보이지 않지만 그들의 몸이 심장 박동에 따라 생동감 있게 움직이고 있다는 착각에 휩싸인다.

행복에 대해 이해하고 싶다면 이러한 종류의 떨림에서부터 출발할 필요가 있다. 로봇공학자나 IT전문가가 그토록 재현하기 힘들어 애를 먹는 그 미세하게 전율하는 촉촉한 생동감을 단초로 행복의 문제에 접근해야만 한다. 사실 인간의 미세한 떨림은 감정이 클수록 보다 더 강렬해진다. 사실 우리는 거짓말을 하거나 자신의 감정을 통제하고 싶을 때면 으레 이런 떨림을 최소화하려고 하지 않는가. 행동도 딱딱해지고, 말투도 평소보다 과장되거나 단정적으로 변한다. 이런 사람들은 '진실함'도, '나(혹은 놀이)Je(u)'의 부드러운 떨림도 없이, 급격하고 단속적으로 몸을 움직인다. 반면 자유로운 의지에 따라 움직이는 인간은 이러한 종류의 떨림에 몰아 상태로 빠져든다. 그리고 그러한 떨림을 통해 '나(혹은 놀이)Je(u)'와 세계는 서로를 침투한다. 이런 자유로운 인간은 외부 세계를 섭취한다. 그리고 자신도 외부 세계로 들어가 자기의 육신이 외부 세계에 섭취되도록 허용한다. 매력 파동은 떨림을 구성하는 요소élément다. 떨림은 행복의 양식aliment이다.

행복은 이중의 '소화' 능력을 지니고 있다. 사실상 행복하다는 것은 쉽게 마시고 마셔질 수 있다는 것, 쉽게 섭취하고 섭취되어질 수 있다는 것을 의미한다. 두 세계가 결합해 융화되는 동안 서로 혼연일체가 되어 함께 공명하는 것을 말한다. 그리고 서로에게 '안녕'이라고 말하고 이별을 고한 뒤에, 다시 말해 두 존재가 타자의 에너지로 더욱 충만해진 채로 본연의 자신으로 돌아오고, 타자가 꿈을 통해 우리의 존재 속을 지나가고 난 뒤에, 두 존재의 내면이 상호 간에 다시 태어나고 변화하는 경이로운 현상을 즐기는 것이다. 우리는 뒤에 가서 두 존재가 공명할 때 일어나는 연금술적인 반응을 다시 차근차근 살펴볼 계획이다. 행복의 모태 속으로 함께 들어가 볼 것이다.

그러나 지금부터 너무 서두르지는 말자. 그 전에 먼저 행복의 학교에 대한 이야기, 다시 말해 어린아이가 자신에게 매혹된 주변인의 눈빛 속에서 매력 파동을 발견하고 그것을 자신의 것으로 만드는 과정에 대한 이야기부터 마저 마치도록 하자. 주변인의 눈에서 초롱초롱 빛나는 사랑과 감탄, 그것은 생명의 떨림이자 사랑의 떨림이다. 기분 좋은 감정을 수용해 내 것으로 만드는 떨림이다. 아마도 '골렘-11'이 아버지의 역할을 했다면 아주 형편없는 아버지가 되었을 것이다. 마찬가지로 베이비시터 역할을 맡았더라도 많은 어려움을 겪었을 것이다. 농어 같은 두 눈, 미동이 느껴지지 않는 고무 피부, 감정이 느껴지지 않는 목소리, 기분 좋은 애무를 해 주기에는 한없이 차가운 손. 사실 우리가 애무를 통해 교환하는 것이 과연 무엇인가? 그것은 바로 떨림이다. 우리가 따뜻한 대화를 통해 교환하는 것이 무엇인가? 그것은 바로 음성의 떨림, 의미의 떨림, 생각의 떨림이다. 우리가 상대와 얼굴을 맞대고 교환하는 것이 무엇인가? 바로 인간적 본질humanity · 인간성의 일부다. 다시 말해 존엄한 존재 둘이 만나서 서로를 인지하고 함께 공명하는 것을 의미한다. 존엄한 존재 둘이 전율하고 서로에게 굴복하는 것을 말한다. 그럼 여기서 잠깐 파블로 네루다에게 시를 한 수 청해 보도록 하자. 파블로 네루다, ¡por favor(부탁해요)!

오로지 사랑만이 우리를 의미 있는 존재로 만들어 주니,

그것은 육체적 덕목, 새롭게 탄생해 퍼져 나가는 맥박,

행복 속에 영속하는 육신,

그리고 우리를 새까맣게 불태우는 죽음의 조각

사실 내가 어리고 유연한 시절, 나를 행복하게 바라보는 눈은 내게 행복에 대해 가르쳐 준다. 물론 눈 속에 담긴 행복(외부로 발산되는 매력)은 내가 아닌 다른 존재에서 비롯된 것일 수도 있다. 하지만 그런 것쯤은 별 상관없다! 내 앞에서 발산된 행복은 종국에는 나에게로 향하게 되어 있으니까. 그 행복은 결국 나에게까지 도달해 나를 투과하고 나를 사로잡을 테니까. 대체 그 이상 무엇을 더 바라리요? 가령 어린 샤를로트가 방금 아버지와 사랑을 나눈 어머니가 샤워기 아래서 콧노래를 흥얼거리는 소리를 듣거나, 아버지가 12명의 친구들에게 대접할 음식을 직접 준비하며 신바람이 나 있는 모습을 지켜본다고 하자. 분명 부모님이 즐거운 것은 샤를로트 때문은 아니다. 그럼에도 행복에 젖은 부모님의 모습을 바라보는 순간 샤를로트는 저도 모르게 덩달아 행복의 절정에 오르게 된다. 물론 그것은 그녀가 부모님을 사랑하기 때문일 것이다. 다시 말해 부모님의 존재에서 발산되는 떨림이 그녀의 존재를 덩달아 떨리게 했기 때문이다. 그들이 똑같은 생명의 떨림으로 공명했기 때문이다. 서로를 사랑하는 이들의 행복이 그들이 함께 '공

유'하고 있는 행복의 물결을 더욱 거대하게 만들었기 때문이다. 그리하여 그 거대한 매력 파동이 경쾌하게 퍼져 나가면서 따스한 온정의 파면front wave을 형성하고, 그 온정의 파면으로 충격 파장의 파면을 교란하고 파괴하였기 때문이다. 언제나 샤를로트의 곁에 든든하게 어른들이 자리해 준다면, 그리하여 그들이 감동으로 전율하며 그 전율을 그녀에게 전파해 줄 수만 있다면, 그것만으로도 어른들의 행복은 어린 소녀를 행복으로 이끌어 주고entrainer 동시에 행복을 연습시켜 줄 수 있을 것이다entrainer. 다시 말해 그들은 소녀를 행복하게 해 주는 동시에 소녀가 행복을, 그 경이로운 소화 작용을 습득할 수 있도록 도와주게 된다. 그러면 이제는 샤를로트 자신이 매력적인 분위기를 발산하며, 오히려 그녀를 숭배하던 이들을 행복하게 해 주는 직접적 원인으로 변신한다. 그녀는 기꺼운 마음으로 주변인들이 발산하는 매력 파장을 흡수한다. 그것은 반짝이는 광채와 달콤한 크림이 흘러넘치는 도저히 저항할 수 없는 파동, 천상의 디저트와 같다.

　아이들은 거만함이 섞이지 않은 순수한 마음으로 스스로 스타가 된 것만 같은 꿈에 젖는다. 그들은 이미 부모의 눈에는 스타이기 때문이다. 이런 아이들은 행복의 기술을 훈련 받고, 또 행복에 적합한 사람으로 재단된다. 반면 그렇지 못한 아이들은 행복을 배우기까지 오랜 단련의 시간을 보내야만 한다. 부모에게 물려받은 우울함의 유산을 깨부수고, 사랑에 몸을 비벼 몸에 돋아난 가

시들을 반질반질 갈아 없애고, 타인의 행복한 모습을 힘겹게 감내하며, 늦은 밤까지 남아 보충 수업을 받아 가며 행복의 기술을 열심히 연마해야 한다. 그러나 대부분은 이런 고난의 시기 동안 자신을 어린 시절로, 태초의 떨림으로 회귀하게 해 줄 만한 인연을 만나지 못한 채 끝이 나고 만다. 그들에게 온정을 베풀어 주거나 그들 목소리에 귀 기울여 주거나 그들을 만나거나 그들을 어루만져 주는 자비로운 사람을 만나지 못한 채, 그저 신앙이나 무관심, 약물이나 가면 속에 안주해 끝내 자신을 망치고 마는 것이다. 그러나 우리는 충분히 어린 시절로, 태초의 떨림으로 회귀할 수 있다. 우리가 양팔을 활짝 벌려 마음을 열기만 한다면. 정면으로 누군가를 바라보기만 한다면. 은총으로 뜨겁게 불타오르기만 한다면. 거짓 속임수를 쓰지만 않는다면.

자아^{Moi}와 미세한 제동

〈유연한 정신을 가져라〉의 실험은 감독이 인간 행복의 현상학을 더욱 심도 깊게 발전시키는 계기가 되었다. 그러한 점에서 그의 작업은 철학적인 차원에서도 매우 흥미로워 보인다. 조지프 라보이는 〈타임즈〉지와의 인터뷰에서 다음과 같이 말했다. "사실 가장 힘든 작업은 아기 알렉시스에게 매력을 부여하는 것이 아니었다. 바로 부모였다. 어린아이들은 억압되지 않은 자유로운 매력 wild charm을 갖고 있다. 그래서 아이들은 모두 똑같은 방식으로 타인을 매혹하는 것이다. 아이들은 그저 웃기만 해도 매력이 철철 흘러넘친다. 반면 어른은 이른바 '미세한 제동tiny brakes'을 통해 자신의 매력을 억압하곤 한다. 얼굴의 미세한 부분을 억지로 붙들어 매고 자기표현을 통제한다. 그래서 어른의 매력은 개인별로 차이를 보이는 것이다." 영상을 전문적으로 다루는 애니메이션 감독의 입에서 나온 이 말은 사실상 정형화되지 않은 '나(혹은 놀이)Je(u)' vs 정형화된 '자아Moi'라는 구분을 다시 한 번 확인해 주고 있다.

순수한 '나(혹은 놀이)Je(u)'인 갓난아기는 어떤 감정도 억압하지 않는다. 그래서 매력 파동에 온전히 감응한다. 모든 것을 그대로 흡수하고 모든 것을 그대로 표출한다. 그러다 아기는 차츰 참고(소변이나 대변), 억누르고(고함, 눈물), 지키는(태도, 예의) 법을 배운다. 다시 말해 타인과 융화되려는 '나(혹은 놀이)Je(u)'에게 한계들을 지우기 시작한다. 한계, 즉 완전한 올바름은 '나(혹은 놀이)Je(u)'가 자발성을 버리고 대신 예의 바른 '품행'을 익히도록 만든다. 자아는 냉각 상태의 용암과도 비슷하다. 자신을 탄생시켜 준 마그마가 더 이상 밖으로 새어나오지 못하도록 뜨거운 마그마를 딱딱한 껍질로 뒤덮어 버린다. 그처럼 자아는 외부의 침투와 내부의 분출을 막아 주는 딱딱하게 굳어진 '나(혹은 놀이)Je(u)'라고 할 수 있다. 조지프 라보이가 말한 '미세한 제동'은 미세한 매력 차폐 장치

이자, 미세한 충격 완화 장치인 셈이다. 그것은 나를 사건으로부터 단단히 보호해 주고, 또 그 사건과 관련한 감정들을 조용히 차단해 준다. 그러니 나이가 들어 내 얼굴에 잡히는 주름은 나의 미세한 제동의 본질을 고스란히 보여 준다. 그래서 누구든 내 얼굴만 보고도, 내가 평소 주저하는 것, 내가 즐겨 찾는 오솔길, 나의 투쟁, 상처, 호기심, 내가 받은 사랑, 내가 극복한 번민, 이제는 그만 식어 버린 갈망 등을 읽어 낼 수가 있는 것이다. 주름은 매일 내가 짜증내며 포기한 것들이 내 얼굴에 심어 놓은 표지물과도 비슷하다. 이 표지물들 덕분에 타인은 나의 제동 장치 속을 자유롭게 방랑하며, 금세 내가 어느 정도 열려 있는지, 내가 얼마만큼의 활주를 좋아하는지를 측정하고, 내가 얼마나 비열하고 추잡하고 유머러스하고 친절한지를 가늠해 볼 수 있다. 시간이 흐르면서 초롱초롱 빛나던 눈이 어느새 흐리멍덩하게 변하는 사이, 자아는 사라진 '나(혹은 놀이)$^{Je(u)}$'의 흔적들을 내 이마 위에 밭이랑처럼 아로 새긴다. 내가 포기한 것, 내가 억압한 것이 고스란히 얼굴 위에 기록되는 것이다. 자아에 의해 제동이 걸린 '나(혹은 놀이)$^{Je(u)}$', 당위에 의해 억압된 존재의 변화가 걸어온 온갖 파란만장한 장대한 역사가 내 이마 위에 고스란히 새겨지는 것이다.

아기들은 천성적으로 매력을 타고 난다. "아기들은 그저 웃기만 해도 매력이 철철 흘러넘친다." 아기들은 아무런 제동 장치도 작동시키지 않고 자유롭게 놀라고, 겁먹고, 감동한다. 그들의 마그마는 아직 딱딱한 껍질로 뒤덮이지 않았다. 그들은 동그랗게 눈을 뜨고, 입을 헤벌린 채, 머리부터 발끝까지 온몸을 뒤틀며 깔깔깔 웃음보를 터뜨린다. 그들의 작은 몸은 무엇이든 다 만질 수 있고, 그들의 '나(혹은 놀이)$^{Je(u)}$'는 무엇이든 다 섭취할 수 있다. 그들에게는 모든 것이 다 모험이다. 엄마의 폭신폭신한 품도, 아빠의 까슬까슬한 털북숭이 가슴팍도, 딸랑이도 유모차도, 정원도 거실도 모조리. 심지어 되풀이되는 말도 그들에게는 처음 듣는 말처럼 언제나 새롭다. 그들은 모든 반복된 것 속에서 최초의 환희를 맛본다. 그들에게는 모든 것이 '최초'다. 거기에 자아는 존재하지 않는다. 아직까지는. 그저 조그마한 입속에 넣은 엄지손가락이 전부다. 자기 인식은 아직 태아의 단계에 머물러 있다.

반면 어른의 매력은 이런 태초의 '야생성'을 매몰차게 냉대한다. 어느 곳에나 편재하는 자아와 사사건건 흥분할 권리, 발산할 권리를 놓고 서로 실랑이를 벌인다. 요컨대 그들의 매력은 미세하게 제동이 걸린 매력, 허가를 받고 분출되는 용암인 것이다. 그들에게는 어떤 순수함도, 어떤 풍요로움도 부재한다. 어른들은 스스로에 대해 익히 잘 알고 있고, 또 스스로의 능력에 대해서도 확실히 인지하고 있다. 그들은 어떻게든 약하고 흥분한 모습은 감추고, 성숙하고 능력 있고 절제된 모습만 보여 주려고 안달한다. 우리는 종종 어떤 사람에 대해 그가 아름답기는 하지만 매력이 없다는 표현을 하곤 한다. 그 말은 곧 그에게는 '나(혹은 놀이)$^{Je(u)}$'가 부재한다는 뜻이다. 매력이 없는 아름다움은 결코 멀리까지 이르지 못한다. 기껏해야 또 다른 자아에게나 말을 걸 뿐이다. 그리고 상대의 문턱에 멈춰 선 채 결코 깊은 곳까지 스며들지 못한다. 그들의 자아를 '나(혹은 놀이)$^{Je(u)}$'로 바꿔 놓지 못한다. 아름다움은 우리를 침수시키고 괴롭힌다. 반면 매력은 우리를 침투하고 해방시킨다. 한쪽이 유혹하고 설득한다면, 다른 쪽은 침략하고 빼앗는다. 매력이 없는 아름다움은 아름다움을 관조하는 상대를 짓밟고, 경악하게 만들고, 당황하게 만든다. 매력이 빠진 아름다움은 충격 파동, 즉 요란하게든 혹은 암암리에든 공포와 폭력을 전파하는 일련의 불쾌한 사건들이다. 매력은 혼자서도 주변 사람들을 길들일 수 있지만, 아름다움 혼자서는 오로지 불안감만을 조장할 뿐이다. 아름다움에 매력의 은총이 더해질 때 비로소 아름다움은 진정으로 눈부신 빛을 발산하며 사람들의 마음을 사로잡을 수 있다. 이런 마법의 힘이 빠진 아름다움은 그저 충격 파동만을 더욱 크게 부풀릴 뿐이다. 매력 없는 아름다움은 다른 이를 아름답게 만들어 주지 않는다. 오히려 더욱 추하게 만들 뿐이다. 그들을 모욕감과 경악, 시기심에 사로잡히도록 만들기 때문이다.

반면 타인의 매력은 우리를 충만하게 채워 주며 우리 역시 매력적인 존재로 변화시켜 준다. 다시 말해 우리에게 '향유의 자유'가 임하는 것이다. 향유의 자유란 '나(혹은 놀이)$^{Je(u)}$', 다시 말해 우리 내면의 갈망이 중심이 되어 모든 것을 하고자 하는 바로 그 전파력을 지닌 욕망을 말한다. 매력은 그 매력을 전달 받는 자들이 눈부신 빛을 발하도록 해 준다. 매력 파동은 그들에게 자신들의 열정을 미세하게 가로막는 미세한 제동 장치, 즉 자아는 필요 없다고 부단히 설득한다.

〈유연한 정신을 가져라〉에 나오는 한 장면도 이 같은 사실을 여실히 증명한다. 출퇴근 시간, 콩나물시루처럼 붐비는 지하철 안에서 렉스는 유모차를 밀며 인파를 뚫고 지나간다. 상냥한 목소리로 승객들에게 길을 좀 비켜 달라고 부탁하지만, 승객들은 그를 그저 매섭게 노려볼 뿐이다. 충격 파동. 자기중심적인 개인들 간에 충돌. 수많은 자아들이 원자화된 분열 공간 안에서 서로 맞부딪히고 충돌한다.

그때 별안간 알렉시스가 '떼떼떼떼'하며 옹알이를 시작한다. 그러자 순식간에 유모차 옆에 있던 승객들이 저마다 친절한 미소를 지으며 본능적으로 길을 터 준다. 아기가 더 큰 소리로 재잘거릴수록, 렉스는 군중을 비집고 지나가기가 훨씬 더 수월해진다. 승객들은 그 경이로운 작은 존재를 사랑스러운 눈길로 바라본다. 어느덧 아기의 아빠에게도 벌레 보는 듯한 시선을 거두고 호의적인 눈길을 보낸다. 좀 전까지만 해도 입을 꼭 다물고 음산한 표정을 짓고 있던 사람들이 갑자기 환희와 아름다움으로 톡톡 튀어오르는 것이다. 알렉시스에게서 시작된 매력의 파동은 점차 지하철 전체로 퍼져 나간다. 모든 사람들은 경탄하고, 자신의 감정을

'서로에게 이야기'한다. 그렇게 그들의 감정은 순환하고 또 순환한다. 매력 파동, 마음이 열린 개인들 사이에 따스한 온기를 뿜어내는 작은 불. 수많은 '나(혹은 놀이)$^{Je(u)}$'들이 서로를 스며들고, 열정적인 융화의 거품 속에서 낯선 존재로 변모한다. 이윽고 다음 역에서 지하철 문이 열린다. 플랫폼에서 열차를 기다리던 사람들은 환한 미소와 눈부신 매력을 발산하며 우르르 몰려나오는 승객들과 맞닥뜨린다. 매력의 전파, 그것은 행복이다. 매력의 단절, 그것은 추함이다. 사실상 우리는 아기가 재잘거리는 소리 하나만으로도 차가운 충격 파장과 대립적 분위기가 지배하던 음울하고 단조로운 지하철 안을 은총과 집단적 교감의 장으로 충분히 변모시킬 수 있다.

물론 충격 파장도 때로는 연대 의식을 불러일으킬 수 있다. 사고가 발생하거나 혹은 동료들끼리 협업해서 업무를 끝내야 하는 위급한 사례가 그런 경우에 속한다. 이 경우에는 대개 효율성을 높이고 그때그때 상황에 맞게 민첩하게 대응하는 것이 중요하다. 그러기 위해 관건은 폭력의 평형 상태를 잘 유지하는 것이다. 목표를 끝내 완수하지 못하면 우리의 완전성이 훼손될 수도 있기 때문에 어떻게든 힘을 모아 협력해야 한다. 전시 상황 혹은 위기 발생 시에는 충격 파동이 우리의 선택이나 움직임, 생각을 지배한다. 그것은 더할 나위 없이 완벽한 생존의 파동, 필요의 파동이다. 양극 사이에 조금의 정도 차이도 존재하지 않는, 양 말단 사이에 어떤 뉘앙스의 차이도 존재하지 않는, 다시 말해 전혀 철학적이지도 관능적이지도 않은 파동, '비#존재'를 배재하는 존재의 파동. 호전적인 파동. 이런 파동에서 비롯된 교류는 오로지 유용성과 실행성만을 중요시한다. 심지어 내가 누군가를 도와주거나 혹은 부당한 대우를 받는 동료를 옹호하는 경우처럼 형제애가 발현하는 상황일지라도 말이다. 반면 매력 파동은 변화의 파동이다. 매력 파동은 충격 파동처럼 실제적인effectif 세기를 가지는 게 아니라 정서적인affectif 세기를 지닌다. 외부적 사건(모든 종류의 충격, 위협, 충돌, 제약)에 의해서가 아니라 내면적 사건(욕망, 친절함, 다정함, 감동)에 의해서 반향이 일어난다. 차차 증명해 보이겠지만, 그것은 행복의 파동이다. 자유와 회의와 사랑의 파동이다. 전쟁이나 위기가 발생한 경우에도 매력 파장은 충분히 충격 파장보다 더 우월한 힘을 발휘할 수 있다. 두 사람이 진정한 만남을 이루었을 때, 자신의 인생을, 추억 한 두 가지를, 담배 한 개비를, 은밀한 비밀의 고백을, 환한 미소를 나눌 때 바로 그런 일이 가능해진다. 한편 평화시에는 매력 파동이 확실히 더 뚜렷하게 나타난다. 예컨대 성숙한 '나(혹은 놀이)Je(u)'가 타자를 향해 다정한 눈길을 보낼 때, 그 속에서 우리는 쉽게 매력 파동을 찾아볼 수 있다. 이를테면 중년을 맞이한 알퐁스 드 라마르틴03이 그런 성숙한 '나(혹은 놀이))Je(u)'의 전

---

03 Alphonse de Lamartine: 19세기 프랑스 낭만주의 시인 및 정치가.

형을 잘 보여 준다. 그는 50대가 되어 친구들에게 띄운 편지에서 다음과 같이 말했다.

나는 아무리 아프고 슬플 때라도 자네들이 즐거우면 덩달아 마음이 즐거워지곤 한다네. 자네들이 슬픔에 잠기면 아무것도 즐겁지가 않고. 자네들의 마음속에 있는 심장은 물론, 내 마음속에 있는 심장도 함께 아파 오는 것만 같지. 나는 어느새 타인에게서만 행복을 찾을 수 있는 나이가 된 것 같네. 나에게 그 타인이 누구인지 자네들은 잘 알겠지.

물론 매력 파동은 두 존재가 높은 투과성을 지녀야만 그 사이를 오고갈 수 있다. 그러나 매력 파동은 놀라운 융합 능력을 지니고 있다. 타인의 투과성을 높이고, 상대의 방어벽을 깨부수고, 차가운 얼음을 눈 녹듯 녹여 버릴 수 있다. 반면 충격 파동은 분열 능력을 지니고 있다. 상대가 투과할 수 없게 단단히 방수 처리를 하고, 스스로 무감각하고 뻣뻣한 존재가 되게 만든다. 최선의 경우, 충격 파동이 기껏해야 할 수 있는 일은 나를 변화시킴으로써 내가 상대를 돕도록 이끄는 것뿐이다. 반면 매력 파동은 나를 감동시킴으로써, 내가 상대를 사랑하도록 만든다. 다시 한 번 말하지만, 우리가 몇 살인지에 상관없이, 우리가 행복의 재능을 타고났는지에 관계없이, 매력적인^{charmant}(관대하고, 매혹적이라는 이중적 의미에서 모두) 사람들 곁에 함께한다면 우리는 비로소 행복에 흠뻑 빠지는 법을 배울 수 있다. 매력은 인간의 본성humanity을 서로 공유하는 것이다. 그것은 사랑의 떨림이다.

유모차에 탄 알렉시스가 매력을 발산하는 건 그가 순수한 감정을 그대로 투과하기 때문이다. 그에게는 감정을 억압하는 미세한 제동 장치도 없고, 무슨 경찰관이라도 되는 양 억지로 그에게 규범을 지키도록 완력을 쓰는 우락부락한 자아도 없다. 그는 '이것' 또는 '저것'이 결코 아니다. 그저 '즐기는' 존재일 뿐이다. 그는 '이것' 또는 '저것'을 보는 게 아니다. 그는 '발견'한다. 반면 우리도 잘 알듯이, 어른은 스스로 즐기거나 세계를 새로운 눈으로 바라보는 능력을 잃어버렸다. 어른은 자신을 속속들이 알아내기 위해서만 행동하고, 세계 속에서도 오로지 반복되는 것만을 찾아내려고 애쓴다. 그들에게 꿈은 일상생활보다 더 고차원적인 경이로움과 놀라움을 선사한다. 반면 어린아이는 꿈을 살듯이, 삶을 몽상한다. 그들이 행복한 이유는 바로 그 때문이다.

행복은 자아를 거둬 낼 때에야 비로소 보인다. 만일 자아가 평소에 나를 무거운 입술로 가득 채웠다면, 자아를 거둬 낸다는 것은 '웃는 것'을 의미할 수 있다. 만일 자아가 평소에 내가 충만한 감정에 넘쳐 자유롭게 상상의 나래를 펼치는 것을 방해해 왔다면, 자아를 거둬 낸다는 것은 '상상하는' 것일 수 있다. 만일 자아가 평소에 나를 예측과 계산으로 위축되게 만들었다면, 자아를 거둬 낸다는 것은 '즉흥적이 되어 보는 것'일 수 있다. 웃다, 상상하다, 즉흥적이 되다. 7살 무렵 우리는 이 세 가지 동사를 무수히 주무르며 수없이 변용하곤 했었다.

어른에게 어린아이는 '나(혹은 놀이)$^{Je(u)}$'를 가르쳐 주는 위대한 스승이다. 다시 말해 행복을 가르쳐 주는 스승이다. 왜냐하면 행복이 곧 우리의 '나(혹은 놀이)$^{Je(u)}$'를 만들기 때문이다. 그러나 불행은 '나(혹은 놀이)$^{Je(u)}$'가 부재하는 자아이자, 자아의 독존, 혹은 폭군으로 돌변한 자아라고 할 수 있다. 행복이란 유랑하는 정체성이다. 내면의 방랑에 따라 평소의 나와 동일한 존재가 되기도, 또 낯선 존재가 되기도 한다. 반면 불행은 반혁명적인, 정주하는 정체성이다.

그럼에도 행복을 이해하는 데 있어 '자아/나'의 구분이 필수적이라고 해서 무조건 1970년대 대량 생산되던(물론 68년산 초특급 자발성의 찬가도 절대 빼놓을 수 없으리라) 그 자발성의 찬가를 다시 외치라는 말은 아니다. 사실 자아 없이 산다는 것은 인간의 힘으로는 해내기 힘든 초인적인 과제이며, 더욱이 인간의 잔혹함과 아름다움 속을 있는 그대로 자유롭게 뒹굴며 행복한 삶을 영유하기를 바라는 사람들에게는 그다지 추천하고 싶지도 않은 일이다. 우리는 잠시 뒤 자아의 그림자가 드리워지지 않은 순수한 '나(혹은 놀이)$^{Je(u)}$'를 보여 주는 두 가지 사례를 살펴볼 계획이다. 그중 하나가 바로 포피^{Poppy}다. 그녀는 충만하고 진실한 행복으로 넘쳐흐르는 사람이지만, 영화에 등장하는 허구적 인물이다. 그다음은 아르튀르 랭보다. 물론 그도 '나(혹은 놀이)$^{Je(u)}$'의 대가이다. 그러나 그는 천재 시인으로 명성을 날렸음에도 불행으로 인해 피폐한 삶을 살았다. 사실 자아가 항상 '혐오'해야 할 대상인 것만은 아니다. 단 자아의 근육이 여전히 '나(혹은 놀이)$^{Je(u)}$'라는 육신의 투과성을 조금이라도 남겨 둔다면, 숨 쉴 수 있는 여지를 남겨 둔다면, 자아가 모든 운동에 대한 권한을 홀로 독점하지 않는다면 말이다. 사실상 자아는 우리가 최소한의 심리적 안정과 사교적 재능을 향유하게 해 준다. 자아가 철통 방어와 신중함, 요리조리 피해 가는 능력을 지닌 덕에 우리는 충격 파동을 견뎌 낼 수 있고, 또한 곧바로 충격 파동을 들이켜 나의 존재를 망가뜨리는 대신, 이 꿈 저 꿈을 오가며 자신의 리듬에 맞게 그것을 천천히 '소화'시킬 수 있다.

일반적으로 자아가 하는 일이란 무엇일까? 자아는 우리의 자발성을, 다시 말해 매력 파동을 차단한다. 충격 파동이 우리의 외관을 형성하는 단단한 정체성 위를 빗겨 가도록 만들기 위해서다. 그리하여 충격 파동이 내면으로 침투해 우리를 부수는 것을 막아 주며, 우리가 고통을 더욱 잘 견뎌 내도록 도와준다. 자아란 우산이자, 피뢰침이자, 바람막이 같은 존재다. 충격 파동이 우리를 더욱 고통스럽게 할수록, 점점 더 자아는 확대되고 우리를 위해 더욱 더 단단한 방패막이가 되어 준다. 충격 파동의 종류가 다양할수록, 우리는 모든 침입, 모든 내면의 충돌 위험을 막아 줄 수많은 자아들을 더 많이 만들어 낸다. 심지어 때로는 우리의 '자아'가 우리의 '나'를 완전히 점령해 버리고, 가면이 우리의 진짜 얼굴을 삼켜 버릴 정도가 되기도 한다. 그러나 그 정도 위장의 단계는 매우 극단적인 사례에 불과하다. 굳이 그런 경우가 아니더라도 흔히 자아는 우리가 자기를 방어해야 한다는 염려에 휩싸일 때 쉽게 출현한다.

사실 우리가 순진하게 생각하듯이, 감정이란 시간이 흐르면 무뎌지는 게 결코 아니다. 그저 '억제'될 뿐이다. 사실 그것은 자아가 하는 사상 큰 역할이기도 하다. 그러나 그렇게 억제된 감정은 시시때때로 자아가 술이나 마약, 사랑 등에 취하거나 혹은 꿈결을 헤매는 동안, 부지불식간에 수면 위로 고개를 빠끔히 내밀고 마법처럼 우리의 내면을 뒤흔들어 놓는다. 왜냐하면 자아는 개인과 세계의 에너지 교류를 막는 그 고된 역할을 맡고 있기 때문이다. 그것은 마치 촉촉한 빛을 투과시키는 엄청나게 두터운 유리와도 같다. 얼마나 유리막이 두터운지, 우리의 눈에 유리 너머에 있는 바깥세상은 비틀거리며 춤을 추는 것처럼 비쳐진다. 유리는 뒤편에 숨기고 있는 것을 일부러 흐릿하게 만들어 유령 같은 형체만을 비춰줄 뿐, 감춰진 신비를 절대 투명하게 보여 주지 않는다. 자아는 두 세계가 맞닿은 면(외재성/내재성)을 단단히 부착하고만 있을 뿐, 두 세계가 서로 투과하지는 못하게 가로막고 있다. 그것은 양 세계의 경계면에 불과할 뿐, 결코 양 세계를 융합하는 도가니는 아닌 셈이다. 그것은 일종의 분해실과도 같다. 감정적인 차원에서 위험한 외부적 사건들을 분해한다. 또한 그와 더불어 감정의 폭발 상태를 보여 주거나 혹은 감정의 폭발 상태를 부추길 수 있는 내면의 분출도 함께 분해한다. '나(혹은 놀이)Je(u)'는 스테인드글라스도, 진열창도 아니다. 침투를 가로막지도, 거짓된 모습을 현시하지도 않는다. 다만 그것은 막힘없이 흐르는 맑고 유동적인 물질이다. 변화하는 존재의 자유로운 파동이다.

자아는 미세한 제동을 통해 '나(혹은 놀이)Je(u)'의 매력이 분출되는 것을 제어하고, 거기에 사회적으로 인식 가능한 안정적인 형태를 부여한다. 사진을 찍을 때 짓는 그 정형화된 미소가 대표적인 예다. 이를테면 변덕스러운 용암을 지속성 있는 물줄기로 바꾸고, 요란하게 일렁이는 격동의 파도를 잔잔하게 잠재우는 것이다. 이처럼 '나(혹은 놀이)Je(u)'를 통제하는 것이 바로 판단과 자기 검열의 능력을 지닌 이른바 심판 기제가 하는 역할이다. '나(혹은 놀이)Je(u)'를 회복한다는 것은 바로 자아를 버린다는 것이다. 다시 말해 나를 내버린 몰아의 상태에 빠져드는 것을 뜻한다. 내 심판 기제가 작동시키는 미세 제동 장치들을 모두 거둬 내고, 내가 조금이라도 다른 이가 될까봐 두려워하던 마음을 내려놓는 것이다.

욕망이 욕망되던 사건을 만날 때 비로소 몰아의 상태가 가능해진다. 욕망이란 미래를 향한 열렬한 갈망을 의미한다. 그런가 하면 사건은 현재 속에 불법 침입한 미래, 내 존재 속에 흘러넘치는 미래를 의미한다. 내가 욕망하지 않을 때, 나는 나의 모든 자아를 동원해 사건에 저항한다. 그러나 자아가 '끝내 저항할 수 없는 사건'이 있다. 그것이 바로 매력이다. 아마도 유일하게 저항할 수 없는 사건일지도 모른다. 매력이 출현하는 순간, 나는 매력의 출현을 욕망한다. 나는 매력에 무아지경으로 빠져든다.

무아지경으로 빠져든다는 것은 모든 것을 판결하는 심판관의 눈에 낯설거나 이상한 존재가 되는 것을 용인하는 것이다. 자아를 내려놓고 융화를 통해 '조금이나마' 변화된 '나(혹은 놀이)$Je^{(u)}$'를 되찾는 것이다. 사실 두려움을 욕망으로, 악몽을 꿈으로, 거부감을 천상의 행복으로 바꾸어 놓기 위해서는 결정적인 한계점을 넘어서야만 한다. 나 스스로가 일종의 '불쾌한 골짜기'라고 볼 수 있는 셈이다. 내가 나를 내려놓고 자아의 낯선 부분, '나(혹은 놀이)$Je^{(u)}$'의 예측불허성을 받아들임 때, 비로소 나는 행복에 한 걸음 성큼 다가갈 수 있다. 그러나 만일 내가 내 속에서 이런 의지를 스스로 찾아낼 수 없는 경우라면, 나는 나를 내버리고 상대에게 굴복하고 싶어지는 그런 감정 상태에 빠져들게 해 줄 공모자가 필요하다. 로자 룩셈부르크$^{Rosa Luxembourg}$는 그런 굴복의 감정 상태를 '샴페인 같은 기분'이라고 근사하게 표현했다. 샴페인 같은 기분이란 타인과의 접촉으로 살짝 도취감에 오른 상태를 말한다. 이런 도취감은 타인과 나 사이에 매력 파동이 왕복운동을 할 때 생겨난다. 마치 서로 마주 놓은 거울이 반사된 빛을 더욱 강렬하게 만드는 것과도 비슷한 이치다. 이 철학자는 친구 루이제 카우츠키^{Luise} Kautsky에게 보낸 편지에서 다음과 같이 밝혔다. "네가 일전에 그랬지. 나와 함께 있을 때면 살짝 도취된 기분이 들곤 한다고. 마치 샴페인이라도 마신 듯이 말이야. 사실 내가 너를 좋아하는 것도 그래서야. 네가 나와 함께 있을 때면 항상 샴페인 같은 도취감을 느낀다는 사실을 깨닫는 순간 나도 덩달아 네가 좋아지는 거라고. 샴페인 같은 기분이 되면 우리는 삶으로 손끝이 찌릿찌릿하게 저려 오고, 어떤 바보 같은 짓도 다 할 수 있을 것만 같아지지."

로자의 이 말을 한번 제대로 음미해 보자. 그녀는 누군가의 아름다움을 보고 한눈에 반하듯 루이제에게 직접적으로 매혹된 것이 아니다. 그녀는 루이제가 자신과 함께하는 동안 자신에게 매혹된다는 그 사실 때문에 루이제에게 매혹된다. 파동이 물결을 치려면 일정한 거리를 이동해야만 한다. 최소한일지라도 파동이 만들어지기 위해선 일정한 출발점과 도착점이 필요하다. 로자는, 로자에게 매혹된 루이제에게 매혹됐다. 이와 같이 왕복운동을 하는 파동은 상대에게 완전히 무아지경으로 빠져든 두 개의 '나(혹은 놀이)^{Je(u)}' 사이를 돌고 돌며 서로를 도취시킨다. 말하자면 여기서는 두 여인이 각기 파동의 출발점인 동시에 도착점인 것이다. 요컨대 이것은 거대한 공모라고 할 수 있다. 두 개의 '나(혹은 놀이)^{Je(u)}'는 서로에게 도취되어, 보호막이 되어 주던 자아를 녹여 없애고, 이성의 순응주의를 위반하고, 그때까지 마셔 본 적 없는 행복을 맛보고 또 발산한다. 게다가 로자는 루이제에게 모든 매력 파동의 공모자들만이 아는 은밀한 진실을 알려 준다. "우리는 3년이나 얼굴을 못 봤어. 그런데도 다시 만나면 불과 30분도 채 지나지 않아 마치 어제 만난 것만 같은 착각에 사로잡히곤 하지." 왜냐하면 공모자란 결코 서로를 떠나는 법이 없기 때문이다. 그들 각자는 서로의 '나(혹은 놀이)$^{Je(u)}$'를 만들어 지속적으로 관계를 유지한다. 서구적인 합리적 사고방식일랑 잠시 내려놓고 조금만 더 감정적인 측면에서 생각해 보자. 그러면 아마도 어떤 의미에서는 죽음도 그들을 갈라놓지 못한다고까지 말할 수도 있으리라.

샴페인을 만들어라

행복이란 언제나 '나(혹은 놀이)$^{Je(u)}$'가 주축이 될 때만 가능하다. 물론 자아만으로도 우리는 충분히 짜릿함이나 만족감을 느낄 수 있다. 그러나 자아는 너무도 엄격한 세관원과 같아서 개인과 세계의 교류를 혹독하게 통제한다. 그래서 우리의 몸이 완전히 매력 파동에 빠져드는 것을 저지하고, 매력이 우리 몸속으로 깊이 파고드는 것을 가로막는다. 그러나 행복에는 감시자가 따로 없다. 행복은 언제나 삶을, 삶의 분출을 열렬히 갈망한다. 다시 말해 행복은 매력 파동을 흡수하고 또 넘쳐흐르게 한다. 매력 파동이란 여기저기 튀기는 생명의 물방울과도 같다.

　이런 종류의 건강하고 바람직한 전율은 결코 성적인 본질과는 무관하다. 때로 어린아이에게는 애무를 받고 싶다는 욕구를 일으키고, 어른들에게는 성적인 욕구를 자극할 때도 있지만 말이다. 그러나 우리는 성적인 흥분을 느끼지 않고도 충분히 타인의 매력을 느낄 수 있고, 그의 내면의 웃음에도 감응할 수 있다. 요컨대 타인의 매력이 자비로운 인간성humanity의 형태를 띠고 우리에게 도달하는 것이다. 그것은 친절함의 광선이자, 축제 중인 '나(혹은 놀이)Je(u)'이자, 상대의 기쁨으로 더욱더 배가된 기쁨이다. 그러나 기쁨, 즐거움, 친절함은 엄밀히 말하면 행복은 아니다. 그저 행복을 이루는 식재료일 뿐이다. 에로틱한 긴장감이나 비극적 감정, 분노나 사랑, 아름다움, 도전 정신이나 당황스러움 등과 같이 우리 곁에 머무르며 전율하는 모든 다른 에너지들처럼, 그것도 그저 행복을 살찌우는 자양분 중 하나일 뿐이다.

　경제학자 장 푸라스티에Jean Fourastié는 2000년에 걸친 행복의 철학을 다음과 같이 아주 간명하게 정리했다. "즐거움은 언제나 새로운 시작을 필요로 하는 반면, 행복은 영속적인 상태라고 할 수 있다." 사실 이 문장만 놓고 보면 그리 특별할 것도 없어 보인다. 그러나 뒤에서 그는 즐거움과 행복을 좀 더 세밀하게 기술하고 있다. 기존의 상태를 계속 유지하기 위해, 기쁨은 계속해서 메뉴판에 올라 있는 그 신랄한 맛이 배제된 순수한 즐거움을 연속적으로 섭취해야 한다. "반면 행복은 즐거움과 고통을 함께 섭취한다. 결국 한 인간이 행복의 상태에 있을 때 그에게는 즐거움이든 고통이든 모든 것이 다 그의 행복을 이루는 식재료가 된다." 사실 이 같은 진실은 내가 어렴풋이 생각하는 행복관의 정수로 삼을 만하다. '행복의 상태'는 갑작스러운 환희나 혹은 만족감(금욕주의자들이 말하는 만족감이든 방탕한 자들이 말하는 만족감이든 간에)을 추구하는 것이 아니다. 세계를 자양분 삼아 자신을 살찌우거나, 타인을 통해 자신의 몸을 따뜻하게 덥히거나, 타인에게서 용기와 삶의 즐거움을 얻거나 할 수 없는 불행한 사람들도 충분히 현실에서 환희를 맛볼 수 있다. 마찬가지로 아무리 행복한 사람일지라도 행복감, 즉 그 샴페인 같은 기분, 그 격랑이 완전히 가시지 않은 채로도 충분히 슬픔에 잠길 수 있다. 결국 행복이란 자폐적인 부정맥 상태, 아무런 파도도 일렁이지 않는 황홀감의 상태일 수는 없는 것이다. 오히려 행복은 우리의 감수성을 자극해 활짝 꽃피우게 만듦으로써 우리의 감정을 더욱 강렬하게 만드는 박동이다. 가령 루이즈 미셸[04]은 빅토르 위고에게 보낸 편지에서 다음과 같이 쓰지 않았던가. "나는 한 번도 100% 완전한 행복을 느껴 본 적이 없어요. 참으로 이상한 건 내가 큰 행복을 느낄 때마다 언제나 고통도 어마어마하게 크게 느껴졌다는 거예요." 행복은 '긍정적인' 감정이든

---

04 Louise Michel: 파리코뮌의 여성 투사.

'부정적인' 감정이든 모든 감정을 전부 강렬하게 만든다. 행복이 우리를 세계 안에서 더욱 강렬하게 존재하도록 하기 때문이다. 진정 행복한 자는 세상에 흠뻑 도취되어, 세상의 모든 감각과 모든 예상치 못한 변화와 톡 쏘는 삶의 거품을 만끽하곤 한다. 다시 말해 그는 더 이상 기계적으로 세상에 참여하거나 세상을 맹신하는 존재가 아닌 것이다.

행복의 상태는 술의 힘을 빌리지 않고도 샴페인을 마신 듯한 도취된 기분이라고 할 수 있다. 더욱이 행복은 샴페인이 지닌 세 가지 특성을 모두 드러낸다. 보글보글 올라오는 기포, 폭발, 흥겨운 도취감이 바로 그것이다. 특히 앞의 두 특성은 서로 간에 밀접히 연관되어 있다.

진정으로 행복한 사람은 생기로 '톡톡 튀어 오르며' 매혹적으로 변한다. 다시 말해 순식간에 주변에 매력 파동을 발산하며 주변인들 역시 생기로 톡톡 튀어 오르게 만든다. 샴페인 잔에서 보글보글 올라오는 수많은 기포처럼, 수많은 욕망이 새로운 풍경을 시도하고 '나(혹은 놀이)$^{Je(u)}$'를 춤추게 만든다. 또 샴페인을 흔들 듯 어떤 사건이 그들을 흔들 때면, 보글보글 거품을 일으키며 분출하고 '폭발'한다. 그들은 어린 시절의 호기심과 폭우처럼 쏟아져 내리던 생명력을, 유연함과 열린 마음을 여전히 간직하고 있다. 그 무엇도, 그 누구도 그들을 대리석처럼 딱딱하게 만들지는 못한다. 그들은 만지고 또 만져진다(매력의 법칙). 그들은 굳은 몸을 유연하게 풀고 생명에 눈을 뜬다(떨림의 법칙).

　마지막으로 행복의 상태는 행복의 전파자들에게 독하고 지속적인 도취감을 선사한다. 그것은 전파가 가능한 도취감으로, 바로 코앞에 임박한 축제, 어릿광대들의 사육제 혹은 백일몽의 기분을 선사한다. 사실 쿠바의 작가 레이날도 아레나스Reinaldo Arenas가 1960년대를 떠올리며 내렸던 그 행복의 정의는 아무리 음미해도 언제나 근사하게만 느껴진다. "행복은 끊임없이 영속하는 은총, 신뢰, 믿음, 열정, 비움, 욕망, 놀이, 발명, 저항, 호기심의 상태이다. 행복은, 아주 큰 행복은 집단적인 도취와 망상의 상태다." 물론 여기서 작가가 행복의 '공동체'적인 성격을 강조했다고 해서 그것을 히피적인 관점에서 이해하는 건 곤란하다. 그저 행복의 아나키스트적이고 사회적인 성격을 명시하려고 한 것일 뿐이다. 행복이란 시인이 된 인간, 현기증의 창조자들이 이루는 환희에 찬 교감의 순간을 의미할 터이니 말이다. 행복한 사람은 더 이상 자아의 허풍이나 허세를 필요로 하지 않는다. 행복의 상태에 도달하면 어떤 역할을 억지로 연기하거나, 주어진 악보대로 연주를 해야 할 필요가 없어지기 때문이다. 융합된 행복 속에서 조화로운 합주곡이 흘러나온다. 그것은 하모니, 멜로디, 환상, 공모감이 즉흥적으로 연주되는 한껏 도취감에 젖은 거대한 재즈다. 매력은 집단 작업이다.

　은자는 (위험하고 심각한 충격 파동을 피하기 위해) 속세의 인간들과 멀리 떨어져 산다. 하지만 그로 인해 안타깝게도 그는 더욱 강럴한 매력 파동을 만날 수 있는 기회를 함께 차단하고 있다. 그는 인간적 행복을 사람들과 공유하며, 흥겨운 '도취감', 풍요로운 저항에까지 결코 이르지 못한다. 어쩌면 그는 자연, 나무, 황무지, 석양, 동물들을 바라보며 경탄에 잠길 수 있을지 모른다. 그러나 안락한 순간들 속에서는 결코 샴페인 같은 기분은 느낄 수가 없다. 비록 정신은 멀쩡할지 몰라도, 그는 결코 완전무결함에 대한 목마름을 해소할 수가 없는 것이다. 완전무결함이란 그것이 우리를 타자와 융화되도록 만들어 줄 때에만 비로소 가치를 지니기 때문이다. 그가 그토록 소중히 여기는 내면의 평온은 그저 인간 혐오와 금욕주의에서 비롯된 불행에 불과하다. 만성적인 사랑의 결핍을 세상에 대한 무관심으로 대체한 것일 뿐이다.

"누군가를 행복하게 해 주려는 성향이 없는 곳에 과연 사랑이 존재할 수 있을까?" 1725년 글래스고의 도덕철학자 프랜시스 허친슨[05]은 이렇게 자문했다. 그러나 여기서 중요한 것은 누군가를 행복하게 해 주려는 '성향'이 어떤 본질을 띠고 있느냐다. 만일 고집스럽고 계획적으로 누군가의 행복을 갈망하는 경우라면, 그런 성향은 오히려 즐거움을 주기보다는 행복을 억압하고 학대하고 말 것이다. 마음으로는 자녀가 행복하기를 '갈망'하면서도, 아이

---

05 Francis Hutcheson: 영국의 철학자. 글래스고대학 교수로 샤프츠베리의 사상을 가장 먼저 서술하여 선악을 판별하는 도덕관의 존재를 인정하고, 도덕관설을 주장했다.

가 징징거리고 반항하는 것을 부당하게 생각하며, 아이를 불행으로 몰아넣는 부모들이 우리 주변에는 얼마나 많은가. 오로지 상대가 자기 자신으로 인해서만 행복하기를 바라는 연인은 상대를 매혹하려고만 할 뿐, 스스로 매력적이 되는 것에 소홀해진다. 너무나도 많은 예방 조치들로 인해 정작 사랑을 망치는 우를 범한다. 반면 '누군가를 행복하게 해 주려는 성향'이 상대에게 푹 빠진 몰아의 상태에서 비롯된 것이라면, 분명 감정의 분출로 넘쳐흐르는, 매력에 의해 확대된, 능동적 행복이 가능해진다. 이러한 행복은 열광적으로 번식한다. 이러한 행복은 장벽을 훌쩍 뛰어넘고, 조심성과 정신건강 차원에서 마련된 상대와의 거리를 단숨에 좁히고, 빗장이 걸린 관능 속으로 깊이 스며든다. 이러한 행복이 사랑의 재능을 지닌 이들을 자주 찾아가 행복의 거품을 튀기는 순간, 행복은 충만한 상태에 이르게 된다. 이처럼 진정으로 행복에 넘치는 사람은 타인 곁에 머무르는 동안 자신의 행복을 더욱 강렬하게 만들곤 한다.

"너 때문에 나는 행복해!" "네가 존재하는 것만으로도 나는 행복해!" 이와 같은 고백은 흡사 마법처럼 이제는 상대 역시도 더 이상 저항하지 못하고 행복에 빠지도록 만든다. 그리고 이 같은 풍요로운 순환성으로부터 비로소 좀 더 살 만한 인간의 질서가 탄생한다. 진정한 의미의 유일한 전복이 가능해지는 것이다. 매력 파동으로부터 소외된 자들은 아마도 이 순환성에서 매우 효과적인 치료법을 발견할 수 있을지 모르겠다. 사실상 우리가 누군가를 행복하게 해 주는 존재가 되겠다고 받아들이는 순간, 그 자신도 덩달아 행복한 존재가 되기 때문이다. 이를 위해서 더 이상은 자아의 껍데기 속에 잔뜩 몸을 움츠린 채 자신의 운명을 한탄하거나, 감정의 발현에 미세한 제동을 걸지 말아야 한다. 신비술가 조세핀 펠라당[06]은 아주 명석하게도 이 같은 진실을 아주 정확히 간파했다. "자신은 행복을 주기만 한다고 말하는 사람처럼 세상에 거만한 사람이 또 어디 있을까. 사실 사랑을 주는 것은 또한 사랑을 받는 유일한 방법인 것을."

진정한 행복이 호응을 이루는 동사는 '소유하다^{avoir}'도, '존재하다^{être}'도 아니다. 그것은 바로 '해 주다^{rendre}'이다. '행복하게 해 준다$^{rendre\ heureux}$'는 것은 매력을 일종의 타고난 재능처럼 만들어 주는 것, 기존의 영혼을 떠나보내고 다시 변화된 영혼으로 거듭나는 것, 타인을 자기 속에 받아들이는 것, 환희와 위안의 환대 속에 흠뻑 빠져 보는 것을 의미한다. 행복은 '만남의 약속'이다. 여러분의 '나(혹은 놀이)$^{Je(u)}$'를 상대로 한 만남의 약속이다. 즐거운 변화의 대무도회다. 아마 감동을 느낄 수 없는 자들은 이러한 만남이 거북하고, 불편하고, 고통스럽게 느껴질 수도 있다. 대체 자신에게 무슨 일이 일어난 것인지 혼란스럽게 여겨질지도 모른다. 그러나

---

06 Joséphine Péladan: 프랑스 장미십자회를 이끌었던 신비술가이자 작가.

그런 사람일수록 더욱더 이 변화의 무도회에 굴복해 보자. 시시각각 사태의 변화를 인지하고, 경계심과 공감의 힘을 발휘해 보자. 모든 진동하는 것은 여러분과 관련되어 있다. 만일 그렇게만 한다면 여러분은 충만한 행복감에 젖어 들 수 있을 것이다. 그러면 타인도 행복하게 해 줄 수 있을 것이다. 왜냐하면 행복이란 저절로 넘쳐흐르는 것이기 때문이다. 샴페인을 마시자, 건배! 타자는 여러분의 잔이다. 여러분의 술이다. 여러분의 기회이고, 여러분의 행선지다. 톡톡 튀어 오르는 비정상성, 그것이야말로 진정한 여러분의 '숙명적 조건'이다.

행복은 타자다
아르튀르 랭보와 폴린 '포피' 크로스

나를 떠나기 전 오빠는 내게
진정한 인생의 행복이 무엇인지를
가르쳐 주고 싶어 했다.

_이자벨 랭보, 〈나의 오빠, 아르튀르Mon frère Arthur〉

행복해지고 싶다면(다시 말해 온전한 자유를 마음껏 누리고 싶다면, 매력 파동을 흡수하고 발산하고 싶다면, 삶을 통해 더욱 나를 확장하고 싶다면), 내 본연의 모습을 즐기며 살아가면 그것으로 족한걸까? 전율하고 변화하는 존재로서의 '나(혹은 놀이)$^{Je(u)}$'가 주체가 되어 행동하고 사랑하면 그것으로 끝인 걸까? '나(혹은 놀이)$^{Je(u)}$'가 주체가 될 수 있도록 무질서한 평화를 고양하면 그것으로 충분한 걸까? 무질서한 평화만이 우리가 사회규범을 강요당하지 않게끔, 충격의 의무를 충실히 이행한다는 서약을 억지로 맺지 않게끔, 누군가 우리의 운명을 통제하지 못하게끔 보호해 줄 테니까?

아니, 사실 꼭 그렇지만은 않다. '나(혹은 놀이)$^{Je(u)}$'로 산다는 것

연구논문
샴페인 같은 기분

247

은 행복의 필요조건이지 결코 충분조건은 아니기 때문이다. 물론 우리가 깊은 감정을 느끼지 못한다면 결코 행복해질 수가 없을 것이다. '자아^{Moi}'로 재단된 삶에는 행복이 존재하지 않으니까. 자아는 우리의 삶을 분류하고, 본연의 강렬한 삶을 끌어안는 것을 가로막는다. 그러나 그렇다고 해서 진정성이 반드시 인간을 살찌우는 자양분인 것은 아니다. 아무리 기막힐 정도로 자유로운 '나(혹은 놀이)$^{Je(u)}$'라고 해도, 가끔은 부질없는 공회전만 반복하기도 한다. '나(혹은 놀이)$^{Je(u)}$'란 결국 세계의 에너지를 포착하기 위한 수단이자, 함께 춤출 상대를 기다리며 추는 유혹의 춤이자, 동력을 전달해 주는 전동벨트(트랜스미션벨트)일 뿐이다. 사실 모든 신히피족(신히피족은 오로지 사랑의 가치만을 중시할 뿐, 옛 히피들처럼 획일화된 외양은 거부한다)이 전부 행복하게 사는 것은 아니지 않은가. 오히려 정반대이기도 하다. 왜냐하면 사랑을 경배한다고 해서 무조건 저절로 사랑이 솟구쳐 오르는 것은 아니기 때문이다. 삶의 자유, 사고의 자유에 편집증적으로 집착한다고 해서 아름다운 열정을 체험할 수 있는 것도 아니요, 에너지로 충만한 풍요로운 사고를 맛볼 수 있는 것도 아니다. 그저 내가 강철처럼 단단하고 경직된 나를 연기하지 않는 것만으로는 부족하다. 중요한 것은 내가 세계 속에 육화되고, 또한 세계가 내 속에 육화되는 것이다! 육신과 향기가 뒤섞이는 일종의 침투가 일어나야만 한다! 흠잡을 데 없이 완벽한 '나(혹은 놀이)$^{Je(u)}$'도 실상 결실을 맺지 못하는 부질없는 존재가 될 수 있으니까. 그러나 기억해야 할 사실은, 행복은 '풍요의 잔'과도 같은 신비로운 속성을 지닌다는 점이다. 행복은 황홀한 취기로 달아오르게 만드는, 샴페인 거품이 마구 쏟아져 내리는 풍요의 잔과도 같다.

우리는 이 소논문의 두 번째 장에서 앞으로 자아의 두 탈주자, 멋진 반항아 두 명을 만나 보게 될 것이다. 먼저 만나 볼 사람은 영국의 영화감독 마이크 리가 만든 두 편의 영화 〈해피 고 럭키 Happy-Go-Lucky〉(2008년 작)와 〈프리덤 프롬 캐어 Freedom from care〉(2018년 작)[07]에 등장하는 너무나도 유쾌하고 발랄한 여주인공 폴린 '포피' 크로스다. 그리고 나머지 한 명은 바로 견자이자 시인, 무역상이자 여행자인 아르튀르 랭보 Jean Nicolas Arthur Rimbaud, 1854~1891년다.

성격이 다른 두 인물을 비교하는 것이 얼핏 시대착오적으로 비칠지 모르겠다. 한쪽은 허구의 인물이고, 또 다른 한쪽은 프랑스 최고의 시인이 아니던가. 그러나 포피라는 인물은 명배우 샐리 호킨스의 열연에 힘입어 오히려 실존 인물에 가까운 현실감을 획득하고, 특별한 철학을 지닌 인물로 승화됐다. 그런가 하면 혜성처럼 나타났다 사라진 천재 시인, 어두운 그림자에 휩싸인 굴곡진 인생으로 인해 많은 이들의 열광적인 관심을 받아 온 아르튀르 랭보

---

07 이 연구서가 미래에 쓰인 가상의 논문이라는 점에서, 두 번째 영화는 필자 상상력의 산물이다. 특히 'Freedom from care'란 표현과 'Happy-Go-Lucky'는 그 의미가 같다는 점에서 더욱 흥미롭다.

의 작품과 생애는 오히려 거의 신화화되기에 이르렀다. 그런 의미에서 시인은 오히려 허구의 인물과 비슷한 지위를 획득했다고도 볼 수 있다. 더욱이 필자는 여기서 두 인물을 비교하려는 게 아니다. 필자가 원하는 것은 그저 두 가지 상반되는 행복의 열정, 한 치의 양보도 없이 단호하게 '나(혹은 놀이)$^{Je(u)}$'가 주체가 되어 살아가는 두 가지 정반대 방식을 독자들에게 '생생하게 보여 주고' 싶은 것뿐이다.

사실 포피와 아르튀르 랭보는 두 가지 측면에서 똑같이 한 치의 양보도 없는 고집스러운 면모를 보여 준다. 먼저 정치적인 측면에서 그들은 누군가 무례하게 자신을 짓밟거나 자신의 자유로운 의지를 가로막는 행위를 절대 용납하지 못한다. 한편 심리적인 측면에서도 그들은 정서적으로 미성숙한 사람들이 보이는 안이하면서도 순응적인 태도를 '행복'으로 둔갑시키는 일체의 환상을 거부한다. 그들은 스스로 피해자인양 행세하지도 않고, 또 자아의 껍질을 둘러쓰고 행동하려 하지도 않는다. 그들은 매순간 자신의 무조건적인 인간성^{humanity}을 긍정하고, 기회가 생길 때마다 이를 발휘한다. 그들은 언제나 부산하고, 열정적이고, 다채롭다. 투철한 책임감과 명철한 정신을 보여 준다. 그들에게 매력 파동은 명명백백함의 대양이다. 반면 충격 파동은 낯선 이질성이다. 그들은 낯설음에 과감히 맞설 수 있지만, 낯설음은 그들이 숨을 쉴 수 없도록 호흡을 차단해 버린다. 그들은 불편부당함이나 비열함, 부당함에 맞서 '충돌'하는 데 능하다. 이 철학적 '부정^{No}'은 만남을 부추긴다. 이런 종류의 '충돌'은 상대를 손상시키거나 파괴하지 않는다. 그저 그것은 의문을 제기하기 '위한' 불복종에 불과하다. 그들의 태도, 조롱, 웃음은 권위를 상대로, "너는 해야 한다"라는 당위를 상대로, 정당성의 문제를 제기한다. 그들은 절대 조건반사적으로 무릎을 꿇고 복종하지 않는다. 그들은 어떤 판에 박힌 편견도, 사전에 결정된 의견도 지니지 않는다. 설령 그들이 어떤 흐름에 동조하거나, 군중을 따른다 해도, 그것은 오로지 소신에서 비롯된 행동일 뿐이다. 그들은 쉽게 부화뇌동하는 군중심리를 위반한다. 그들은 자신의 '나(혹은 놀이)$^{Je(u)}$'를 모든 종류의 소외로부터 보호하기 위해(그리고 이미 소외된 타자들을 해방시켜 주기 위해), 유년기 최초의 인지적 표현이자 철학의 추동력인 바로 그 표현을 이용하고 또 남용한다. 그것은 바로 '왜?'라는 물음이다. 그들은 모르는 것이 있으면 찾는다. 그리고 답을 발견해도 또 찾는다. 그들은 자신의 고통을 위장하려 하지 않고, 타인의 인생을 좌지우지하려고도 않으며, 자유를 놓고 적당히 타협하지도 않는다.

그렇다면 두 인물의 차이점은 대체 무엇일까? 작품과 생애는 논외로 하고, 그들은 행복에 대해 서로 상반된 태도를 견지하고 있다. 먼저 포피는 자신이 행복하다는 사실을 잘 인지하고, 행복한 삶을 오롯이 '느끼며' 살아간다. 반면 아르튀르 랭보는 유럽식의 행복관을 경계한다. 유럽식의 행복관이 인간을 나약함과 편견으로 가득 찬 존재로 만든다고 생각하기 때문에 거리를 둔다. 그런 행복관은 실천적 행동과 생동감 넘치는 활력을 토대로 한 행복을 꿈꾸는 자에게는 너무도 위험천만하다. 사실 랭보가 방랑을 시작한 것은 바로 그런 종류의 불경한 행복을 '연구'[08]하기 위해서가 아니었던가. 그는 어떤 행복의 학교도 다닌 적이 없다. 그러니 행복과 관련해 어떤 상도 탄 적이 없다. 바로 그 때문에, 그는 아직 '나(혹은 놀이)$Je^{(u)}$'가 자아에 완전히 길들여지지 않았음에도 불구하고, 자신의 육신 안에 매력 파동을 온전히 받아들이고 존재의 변화에 자유롭게 몸을 내맡길 줄을 몰랐던 것이다. 그래서 그는 '사랑의 육화 능력'을 배우기 위해서 길을 떠난다. 이른바 자신이 '자비$charité$'라고 부른 것을 경험하기 위해, 그 '자비' 속에 무아지경으로 흠뻑 빠져 보기 위해서 말이다. 한마디로 진정한 행복의 문을 열어 줄 열쇠를 찾아 여정을 떠난 것이다. 그럼 이제부터 우리도 행복에 입문하기 위한 랭보의 여정과 쉼 없이 솟아나는 포피의 '샴페인 같은 기분'을 서로 비교해 보며 진정한 행복의 문을 열어 줄 열쇠를 함께 찾아보도록 하자.

---

08 〈오, 계절이여, 오, 성城이여!〉라는 제목의 시에서 랭보는 "누구도 피할 길 없는 행복에 대한 마술적 연구를 나는 했도다"라고 말했다. 이 책의 제목도 랭보의 시에서 영감을 얻은 것으로 추정된다.

행복 사냥에 앞선 채비

나는 살면서 랭보에게는 너무 광적으로 빠져들지 않기 위해 조심했다. 사실 그에게 빠져드는 건 그리 어렵지 않은 일일 것이었다. 그가 보여 주는 끝없는 언어의 연금술은 일찌감치 나의 마음을 사로잡았다. 우리 아버지는 이 젊은 시인을 정말이지 열렬히도 경배했다. 그래서 나도 랭보가 구사하는 언어는 감히 평범한 인간은 범접할 수도 없는 신의 경지일 것이라고 믿어 버렸고, 필사적으로 그의 시를 탐독하기 시작했다.

1998~1999년 나는 샤를르빌메지에르[09]에 철학 교사로 부임했다. 그곳에서 교편을 잡은 그 짧은 시간은 사실 내 인생 최악의 심리적 시련기였다. 당시 23살의 젊은 청년이었던 나는 극심한 감정적 분열 상태에서 가까스로 빠져나온 뒤였는데, 100프랑짜리 불결한 호텔 방에서 살며 얼마나 그 도시를 유령처럼 헤매고 다녔는지, 어느 날 아르튀르 랭보의 혼령에 불현듯 사로잡히고 말았다. 당시 나는 나를 구원해 줄 (내게서 악령을 쫓아내 줄!) 동료와 친구를 곁에 두고 있었다. 먼저 진정한 검은 식인귀로 불릴 만큼 뚱뚱하고 사려 깊은 세르주는 내게 인간의 유약함에 대해 가르쳐 주었다. 그런가 하면 골초에 씩씩한 영어 교생이었던 로랑스 선생은

---

09 랭보의 고향.

나를 그 끔찍한 여인 나디아의 품으로부터, 그 수많은 고뇌와 끔찍한 호텔 방으로부터 구출해 주었다. 그리고 내게 사랑이 무엇인지 가르쳐 주었다.

눈이 먼 팬인 내게 랭보는 거의 신성한 존재였다. 심지어 나는 하마터면 랭보주의자가 될 뻔도 했다. 기꺼이 그의 시를 성서로, 그의 망가진 삶을 나의 종교로 삼을 태세였다. 그러나 다행히도 나는 책과의 만남, 육체와의 만남을 통해 랭보의 마법에서 풀려날 수 있었고, 스스로 영혼과 몸을 절단하고 37살의 나이에 비극적으로 생을 마감한 한 천재의 실패, 시적 여정의 실패에 대해 눈을 뜨게 되었다.

사실 랭보의 삶만큼이나 그의 언어도 나에게는 풀 수 없는 골치 아픈 수수께끼였다. 랭보의 산문시는 인간의 오성으로는 이해할 수 없는 세계를 어렴풋이 그려 보이고 있기 때문이다. 그래서 인간을 좌절하게 만들고 당황하게 만들고 매혹하는 것이리라. 영국의 저술가 로버트 해리슨도 똑같은 사실을 지적한다. "랭보의 〈일뤼미나시옹Illuminations〉은 그가 쓴 가장 아름다운 명시들만 뽑아서 묶어 놓은 선집이다. 아마도 우리는 언젠가 랭보의 계승자가 될 수 있을지도 모른다. 그러나 그때까지는 어쨌든 그의 시는 그 누구도 범접할 수 없는 세계에 속할 것이다." 대체 어떻게 해야 우리는 그 계승 과정을 좀 더 빨리 앞당길 수 있을까? 우리가 랭보의 후계자가 되기에 부족한 것이 있다면 그것은 과연 무엇일까? "우리는 동일성과 타자성에 관한 새로운 철학을 확립해야 한다." 캔버라 출신의 젊은 철학자 시에나 설리번[10]은 이렇게 주장한다. 나는 그녀의 견해에 상당 부분 동감한다. 그녀는 자신의 견해를 대담집 〈아르튀르 대 랭보〉에서 좀 더 상세하게 설명했다. "지금껏 랭보주의자들은 자신의 심리를 기준으로 해서 랭보의 심리를 해석해왔다. 그러나 이제는 랭보에 힘입어 가능해진 새로운 심리학을 준거로 다시금 새롭게 우리의 심리를 이해해야 할 때이다." 사실 지난 작가 생활을 되돌아보면 나는 겸손하게도 평생 그녀가 말한 이 새로운 철학의 윤곽만 열심히 그려 온 듯하다. 이제는 어쩌면 이 지면을 빌려 정말이지 제대로 한번 랭보를 계승해야 할 때가 온 것이 아닐까 생각된다. 그의 의문과 그의 비밀들을 오롯이 이어받을 때가 온 것이 아닐지.

랭보가 우리 아버지에게 제기한 질문은 좀 더 세속적인 차원에 속했다. "'이것' 이후에 과연 시를 쓴다는 것이 가능할까?" 아버지는 언제나 어설픈 설교조로 장황한 수사를 늘어놓은 다음에는 마지막에 꼭 이 말로 이야기를 끝맺곤 했다. 대문자 '이것'[11]의 거세 콤플렉스를 불러일으키는 욕망! 그것은 정말이지 '이것'이 분명했다! 랭보는 결코 손에 쥘 수 없는 별이었다. 너무도 강렬하고 너

---

10 필자가 창작한 허구의 인물이다.
11 'ça'는 '이것'이라는 의미도 있지만, 대문자 Ca는 프로이트가 말한 '원초아(이드)'를 의미하기도 한다.

무도 고귀하고 너무도 젊은! 흡사 천사의 얼굴을 한 모욕이자 혼미 상태 그 자체였다. 내가 그를 아르튀르라는 이름으로 만만하게 부르기까지는 무려 70년이 걸렸다. 물론 그의 실수를 이해하기까지도.

시에나 설리번은 비평적 전기 〈다정다감한 사람^{Un tendre}〉에서 시인 랭보를 그저 단순히 아버지를 찾아 나선 아들로만 해석하지 않았다. 그녀는 이 시인을 아버지와 '경쟁'하며 보물을 찾는 존재로 분석했다. 그녀의 주장대로라면 랭보에 대한 일반적인 해석은 이제 180도 뒤집힌다. "랭보는 생쥐스트가 '새로운 사상'이라고 표현한 바로 그 유럽적 행복관에서 벗어나 행복이라는 개념의 기원이 어디인지 거슬러 올라가 보고자 했다. 수원지를 알아내기 위해 강물을 거슬러 올라가듯 말이다." 호주의 철학자 시에나 설리번은 이렇게 설명했다. "결국 그의 비밀스런 탐색은 '영혼의 사냥', 영혼을 도취시키는 보물을 추적하는 일이었다. 뜬구름처럼 모호한 행복이 아닌 실재하는 행복의 추적이었다."

아마도 그것은 "랭보의 소명"이었을 것이다. 철학적 소명이자, 가문의 소명, 한마디로 사활이 걸린 중대한 소명이었을 것이다. 랭보는 행복의 원류를 찾기 위해, '철학의 돌'을 발견하기 위해, 행복의 발산물을, 행복의 향기를, '독주처럼 취하게 하는' 행복의 원액을 뒤쫓는다. 그것을 찾아내기 위해서라면 그는 전 세계를 방랑하는 것도 마다하지 않는다. 그는 "장소와 절차를 찾아내려고 초조"[12]해하였다. 말하자면 마침내 '시적 투시력'[13]이 집 안에서도 충분히 보여 줄 수 있을 것이라 믿었던 것을 현지에 가서 찾아내려 한 것이다. 즉 어떤 '육신의 꽃'으로부터 우리의 행복이 발산되는지를 발견하기 원했던 것이다. 행복이 퍼지기 전에는 대체 그 행복이 어디서 시작되는 것인지를. 그는 그렇게 태초에 행복이 끓어오르던 곳까지 "삶을 거슬러" 올라가려고 했다. 그것이 우리를 덮쳐 침수시킬 수 있기를 기대하면서.

시에나 설리번은 이 모험가를 부추기는 동기를 다음과 같이 가정했다. "렝보에게는 행복의 '구체적인' 기원으로 거슬러 올라가는 동안 상상 속의 라이벌이 있었다. 그것은 바로 아버지였다. 아버지는 부재하는 선장이었다. 그는 이미 보물을 찾으러 떠나거나 혹은 보물 지도를 손에 쥐고 있을 수도 있는 존재였다. 어쩌면 그는 이미 그보다 앞서 보물을 찾아 나선 탐색자이거나 혹은 이미 보물을 발견했을지도 모르는 탐색자였다." 어린 아르튀르의 눈에는 아버지가 가정에 있는 여자들을 모두 내버리고 '다른 곳'에 정착하기로 마음먹은 것은 그 '다른 곳'(동방, 원시의 고향)이 '이곳'보다 더 완전한 행복을 약속하고 있기 때문인 것처럼 보였다. 그것은 다른

---

12 랭보의 시 〈방랑자Vagabonds〉에 나오는 구절. 〈랭보시선〉(이준오 역, 책세상, 2001.)에서 역자는 이것이 유랑아가 정착하기 위해 찾고 있는 자리를 잡을 수 있는 곳과 법적 절차를 의미한다고 해석했다.
13 랭보는 모든 감각이 뒤틀렸을 때(감각의 이성적 착란) 보이는 새롭고 놀라운 사물의 현현을 시적 이상으로 삼았으며, 그러한 상태를 표현하는 자만이 견자(투시자)라고 생각했다. 그런 견자가 지닌 능력을 일컬어 투시력이라고 한다.

언어로 말하고, 다른 신에게 기도하고, 다른 부족들과 어울릴 것을 요구하는 행복일 것이었다. 아르튀르는 7살이 되던 해부터 그 행복에 대해 궁금증을 지니기 시작했다.

"엄밀히 말하면 랭보가 찾아 나선 것은 아버지 자체가 아니라, '아버지가 찾고 있던 그것'이었다"라고 설리번은 설명했다. "자식과 부인, 집, 고향까지도 저버릴 정도였다면 아마도 그것은 훨씬 더 고결하고, 풍요롭고, 에로틱한 행복일 수밖에 없으리라." 아버지처럼 아르튀르도 역시 내버린다. 그는 자신이 "본질적인 건강"[14]에서 멀어져 병이 든 사실을 인식한다. 이제 치료의 시간이 그를 기다린다. 그러나 방랑벽이 있는 이 시인은 곧바로 닻줄을 끊고 떠나기에는 여전히 너무 젊고 너무 의존적이다. 그래서 그는 먼저 시를 통해, 그리고 복수심이 섞인 불손함으로 자신의 닻줄을 끊어보려고 시도한다. 시에나 설리번에 따르면 그가 언어와 방탕, 취태 등에 갑작스럽게 빠져든 것은 "진짜 치료를 받으러 떠나기 전에 치르는 일종의 이별 의식인 것이다. 진정한 치료를 위해서는 시를 엄격하게 끊고 중독 증상을 치료해야만 했다." 그러니까 아르튀르는 구세계를 벗어나기 위해 떠난 것이 아니었다. 그는 "본질적인 건강"을 찾아 치료에 나선 것이다. 그러나 그전에 그는 최대한 금기를 위반하고, 모든 규범을 깨뜨리고, 애증의 대상도 되어

---

14 랭보의 시 〈콩트〉에 나오는 구절.

보고, 독도 맛보고, 극단도 달려 볼 필요가 있었다. 주변인들을 절망에 빠뜨리고, 그에게서 억지로 멀어지게 해야만 했다.

그리하여 모든 프랑스적인 것들은 "폐병쟁이에, 우스꽝스러운"[15] 식물에 이르기까지, "최고로 가증스러운 것"[16]이 될 것이다. 그는 마리화나를 피우고, 세상 모든 이들과 언쟁을 벌인다. "그것은 소동을 위한 소동이 아니었다. 오히려 사람들이 당신을 프랑스로부터, 유럽으로부터 추방해 주기를 바라며, 억지로 완력으로 당신이 심연의 치료를 시작할 수 있기를, 행복의 추적에 나설 수 있기를 바라면서 벌인 소동이었다"고 시에나 설리번은 강조했다. "당신이 그런 심한 취태를 부리고 소란과 난동을 피우며 욕설을 퍼부은 것은 모두 얼른 사파리 대장정에 나서고 싶어서, 모든 두려움을 떨쳐내고 어서 여행에 나서고 싶어서였던 것이다." 이 젊은 이의 돌출 행동을 "모든 감각의 착란", 다시 말해 시적 투시의 시도로 본 기존의 평론가들과 달리, 이 철학자는 그것을 "떠나가기 위한 절차"로 보았다. 시인은 자신의 모든 감각을 착란하려던 것이 아니라 그냥 독자와 주변인들의 감각을 포함한 "모든 감각"의 착란을 시도하였던 것이다. 말하자면 아무런 죄의식 없이 자유롭게 떠나기 위해 모든 방향 감각을 교란하는 '이성적인' 책략이었던 셈이다. "'진정한 삶은 다른 곳에 있다'는 말은 진실한 삶을 맛보기

---

15 랭보의 시 〈꽃에 대하여 시인에게 말해진 것〉에 나오는 구절.
16 폴 드므니에게 보낸 편지 중에 나오는 구절.

원하는 사람은 언젠가 떠나야함을 의미한다. '새로운 애정과 소리로의 출발'('다른 곳', '저 곳'을 향한 출발)[17]은 미리 계획된 '승리'였다. (중략) 그러나 그 전에 먼저 모든 관계를 단절하고, 문학계와도 등을 지고, 후원자들을 화나게 할 필요가 있었다. 그것이 바로 그가 여기저기서 보인 추태에게 부과된 역할이었다. "

더욱이 그전에 그는 시가 갈 수 있는 한계를 테스트해 보고, "새로운 꽃들, 새로운 별들, 새로운 육체들, 새로운 언어들"[18]을 발명함으로써 새로운 행복에 다가갈 수 있는 가능성을 시험해 봐야 했다. 그러면 아무런 미련 없이 후회를 남기지 않고 가벼운 마음으로 '다른 곳'을 향해 훌훌 떠날 수 있을 것이었다. 이것이 시에나 설리번이 랭보식 "영혼의 사냥la chasse spirituelle"[19]에 부여한 새로운 의미다. 싸구려 선술집과 문인들의 세계에서 '정신적spirituellement'으로 내쫓기는 것, 다시 말해 의도적으로 기발한 방법을 통해 혹독하게 쫓겨나는 것을 의미했던 것이다.[20] 시의 제목도, 시인의 태도도 일종의 기만이었던 셈이다. "그래서 결과는 어땠을까? 부정적, 다시 말해 긍정적이었다"고 시에나 설리번은 결론 내린다. "'완전히 실패로 돌아간 인위적 천국'. 이 신비술가는 이제 야생의 상태

---

17 랭보의 시 〈출발Départ〉에 나오는 구절.
18 랭보의 시 〈이별Adieu〉에 나오는 구절.
19 베를렌느가 걸작이라고 격찬한 시지만 그가 베를렌느와 영국에 갔을 때 원고가 분실된다.
20 프랑스어 'chasse'는 사냥, 추적이라는 의미 외에 쫓아낸다는 의미도 내포한다.

로 되돌아갈 수 있었고 또 되돌아가야만 했다. 그는 '취한 배'[21], 그를 데려가 줄 선박의 '거친 천'[22]을 통해 그것을 예감했다. (중략) '나는 정말 솔직히 공장 자리에서 회교 사원을 보았다' 이제야 마침내 그는 보는 것에서 사는 것으로, 계몽주의[23]에서 빛으로, 착란을 통한 사이비 자유에서 '진정한 자유'로, '타자'가 되는 사이비 행복에서 '나'가 되는 새로운 행복으로 이행하려는 것이다."

"자, 이건 너를 위한 것이다! 네가 떠나고 싶다고 하니!" 압생트에 잔뜩 취한 폴 베를렌느는 권총을 들고 랭보를 향해 소리친다. 그가 쏜 첫 발은 아르튀르의 손목을 관통하고, 나머지 한 발은 마룻바닥을 튕겨 나간다. 총상을 입은 랭보는 자신의 연인을 고발하고, 1년 반 동안 징역살이를 하도록 만든다. 그리고 마침내 아르튀르는 〈지옥에서 보낸 한 철〉을 쓰며 파괴를 향한 열렬한 욕망에서 해방된다. 1878년 10월 20일, 24살 생일을 맞이하여 그는 길을 떠난다. "미지의 종착지. 그러나 그것은 오래 전부터 예정된 출발"이라고 시에나 설리번은 강조했다. "인생 제2막, 이제 비로소 '진정한 삶'이 시작되는 것이다."

아르튀르가 그런 단절 지점을 의도적으로 찾았는지는 중요하

---

21 랭보의 시 제목.
22 랭보의 시 〈일곱살의 시인들〉에는 '홀로 거친 천으로 된 이불 위에 몸을 누이면, 그는 그 천으로부터 격렬하게 범포를 그리워했다'라는 구절이 나온다. 랭보의 영혼이 먼 항해를 꿈꾸고 있음을 보여 주는 구절이다.
23 랭보는 〈지옥에서 보낸 한 철〉을 썼을 당시만 해도 사회의 변화, 관습의 개혁이 가능하다고 믿었다.

지 않다. 중요한 것은 그가 방탕함 너머 지향하려고 했던 것이 무엇인가이다. 그것은 바로 "또 다른 행복"이 주는 "초자연적인 능력"이었다. 시를 통해서는 발견할 수 없는 힘이었다. '육체적으로' 직접 찾아가야만 얻을 수 있는 것이었다. 꿈이여, 게으름이여, 이젠 안녕! "나는 이제 나의 상상력과 추억들을 묻어야만 한다! 사라져 버린 예술가와 이야기꾼으로의 화려한 영광이여!" 그리하여 이제 '스타일'[24]은 써야 할 것이 아닌 경험해야 할 것으로 변한다. 오만한 시절은 그것으로 끝이었다. 눈앞에 임박한 탐험은 지난 탐험의 포기가 아닌 연속을 의미했다. 그러나 이전과 달리 이번에는 '다른 곳'으로 떠나는 만큼 마침내 또 다른 행복으로 향하는 길이 활짝 열릴 수 있을 것이다. '자비'가 열어 주는 그 새로운 행복의 길이.

아니, 오히려 그것은 길이라기보다는 도박에 가까웠다. 왜냐하면 아르튀르는 그가 찾는 것이 무엇인지, 그가 추적하는 것이 무엇인지, 이제는 "진정한 삶"으로 변한 자신의 투시력이 지향하는 바가 무엇인지를 알지 못하기 때문이다. 그것은 불확실한 세계, 곧 모험이었다.

150년이 지난 뒤 현대판 노예제도의 위선과 비열함을 혐오하는 자들은 이 시인의 굴곡진 삶에서, 그가 신은 "바람구두"[25] 속에서

---

24 style은 문체, 삶의 양식이라는 이중적 의미를 지닌다.
25 베를렌느는 랭보의 방랑벽을 환기하듯 그에게 '바람구두를 신은 사나이'라는 별

그가 진짜 또 다른 행복을 찾아냈다는 징후를 발견할 수 있기를 기대한다. 그렇다. 랭보처럼, 혹은 내 아버지처럼, 자신들 스스로가 '착란'(망명, 폭력, 오만함 혹은 필연성 등을 통해)시킨 감각을 힘겹게 찾아 헤매는 모든 이들에게 있어, 랭보는 일종의 신화인 셈이다. 그들은 끊임없이 랭보의 생애를, 작품을 해석하려고 한다. 그리고 그것을 자신의 내밀한 신화 속에 친근하게 끼어 넣고 곱씹으려 한다. 그리고 그들은 자신의 꿈에 현혹된 어린아이처럼 랭보에게 경탄한다. 무엇보다도 랭보가 자신의 사냥을 통해 찾고 싶었던 것을 이해하기를 원한다. 시인 르네 샤르[26]가 바로 그런 자들의 가장 대표적인 대변인이었다. "파리 시인들의 우정과 악의와 어리석음, 그리고 너의 아르덴 가문의 약간은 광기 어린, 그 무익하기 짝이 없는 벌의 웅웅거림[27]에 저항했던 너의 18년을 저 바다 바람에 날려 보내기를 너는 참으로 잘했다."

행복한 여자

해피니스트들은 세상 사람들에게 (물론 자기 자신에게도) 행복

명을 붙여 주었다.
26 René Char: 20세기 중반 프랑스의 시인.
27 인습적 삶을 강요하는 어머니의 엄격함을 의미한다.

을 증명해 보이려 무던히도 애를 쓴다. 그와는 달리 랭보주의자들은 지칠 줄 모르고 자신들 우상의 정신적, 실질적 방황 속에서 행복의 가능성을 보여 주는 작은 단서를 찾아내려 기웃거린다.

랭보와 관련하여, 행복의 가능성을 보여 줄 만한 증거가 부족한 것은 그리 낙담할 일이 아니다. 사실상 해피니스트들이나 랭보주의자 모두 행복을 그들 곁에서 춤을 추는 무엇으로 인식하지 못한다는 점에서는 크게 다를 바가 없기 때문이다. 매력 파동은 경험의 대상이지 결코 증명의 대상이 아니다. 중요한 것은 체험하는 것이지 이론을 정립하는 게 아니다.

그러나 종종 우리는 그런 진정한 행복의 예를 여실히 보여 주는 사람들을 만나 보게 된다. 항상 샴페인을 마신 듯한 기분에 들뜬 채 타인에 대해 놀랄 정도로 열린 자세를 보여 주는 사람들 말이다. 그런 진정한 행복의 햇살은 결코 행복을 증명해 보이려 하거나, 자신의 삶에서 행복의 증거를 찾아내는 데 관심이 없다. 그 햇살 자체가 행복의 생생한 증거이기 때문이다. 햇살은 행복 자체인 동시에 행복을 만들어 내는 원동력이다. 그것은 매력 파동을 흡수하고 발산한다. 그것은 타자를, 그리고 삶을 즐겁게 향유한다. 그와 같은 햇살을 가장 전형적으로 구현하는 예가 바로 폴린 크로스, 일명 '포피'다.

마이크 리 감독은 영화 〈비 해피Be happy〉(원제 〈Happy-Go-Lucky〉, 문자 그대로 긍정적이고 만사태평한 태도를 뜻한다)에서 처음으로 '포피'라는 인물을 등장시켰다. 배우 샐리 호킨스는 얼굴에 항상 미소를 가득 띠고, 어떤 시련에도 늘 긍정적인 태도로 살아가는 30살의 초등학교 교사 역을 아주 생동감 넘치게 연기했다. 런던 북부 지역의 한 초등학교에서 선생님으로 일하는 그녀는 막내 동생 수지, 그리고 오랜 지우이자 직장 동료인 조이와 함께 한집에서 살아간다. 이 영화는 시종일관 포피가 지닌 한쪽 면(이 인물은 얼마나 행복이 흘러넘치는지 관객은 영화를 보는 2시간 내내 행복한 기분(혹은 짜증)을 만끽하게 된다)만을 보여 주는 데 '만족'한다. 자전거 도난 사건, 분노한 운전 교습 강사에게 듣는 인성 수업, 트램펄린과 물리 치료, 미치광이 사회 부적응자, 그리고 포피만큼이나 밝고 선한 사회복지사 팀과의 만남은 100% 행복으로 충전된 포피의 삶을 그대로 보여 준다.

이 매력 파동의 요정은 만나는 사람마다 두 가지 상반된 태도를 불러일으키는 재주가 있다. 바로 상대를 매혹하거나 혹은 짜증나게 만드는 것이다. 〈타임스〉지와의 인터뷰에서 마이크 리는 성난 관객들이 포피에게 가장 많이 하는 비판을 다음과 같이 요약했다. "무대책에 유치찬란하기 그지없는 인간의 전형을 보여 준다. 그녀는 너무 자기중심적이고 연기도 너무 과장스럽다. 진짜 어른이라면 당연히 극장 문을 나서면서 실망감과 분노에 휩싸일 것이다. 포피는 언제나 자기만 생각하고, 어린애처럼 군다. 아무리 선의에 의한 행동일지라도 자신의 행동이 어떤 결과를 불러올지, 혹은 타인에게 얼마나 큰 상처를 줄지에 대해선 전혀 관심이 없다. 더욱이 그녀는 30살 노처녀에, 큰언니와도 관계가 좋지 않다. 그녀가 정말로 온전하게 행복한 사람은 아닌 것이다. 진짜 행복의 기운을 발산하는 사람은 연인과도, 가족과도 항상 밝은 관계를 맺으며 살아간다. 그러나 포피는 그렇지가 않다." 그러나 이렇게 혹평하는 관객에게 감독은 다음과 같이 응수한다. "그것은 그저 포피가 겉으로 드러내는 표면상의 행복만을 보고 하는 비판이다. 사회적 기대에 순응하는 태도 속에 자신을 숨기기 좋아하는 사람 앞에 그녀가 보여 주는 거침없는 태도에 대해 내리는 평가들이다. 언니 헬렌이 자신의 선택이 잘못됐다는 진실을 피하기 위해 동생의 면상에 대고 하는 바로 그런 비판과도 비슷하다. 사실 우리는 영화 속 어떤 장면에서도 포피가 스스로를 혹은 타인을 기만하는 경우는 결코 찾아볼 수 없다. (중략) 아니다. 포피는 정말 행복하다. 그 누구도 그녀가 행복하지 않다는 사실을 증명하지 못한다. 그런데도 사람들이 불편함을 느끼는 것은 그녀의 행복이 비열하지도 개인주의적이지도 않기 때문이다. (사실상 자본주의가 강요하는 것은 내 이웃보다 더 많은 것을 소유하는 '행복'이지 않은가.) 오히려 그녀의 행복은 관대하고 또 타인에게 활짝 열려 있다. 덕분에 그녀가 불행한 사람들과 교감하며, 그들을 이해하고, 그들이 다시 행복을 되찾도록 도와줄 수 있는 것이다. 그러나 그녀가 그런 행동을 하는 것이 절대 평판 때문이라고 오해해서는 안 된다. 오로지 그녀는 내면에서 우러나오는 인간성humanity에 의해 그런 행동을 하는 것뿐이다. 과연 우리 중 누가 그녀처럼 할 수 있다고 감히 장담할 수 있을까? (중략) 포피의 사랑은 전복적이다. 그녀의 따뜻한 친절이 소비자로서의 우리가 누리는 그 천박하고도 사사로운 행복을 뒤엎는다는 의미에서 말이다. 아마도 그런 이유에서 〈해피 고 럭키Happy-Go-Lucky〉라는 이 영화는 관객들의 눈에 극도로 폭력적으로 보이는 것이리라!"

이런 '극도의 폭력성'은 어느 아름다운 봄날 오후 자전거 위에서부터 시작된다. 포피는 즐겁게 자전거를 타는 사람이라면 누구나가 느끼는 것들을 경험한다. 자유와 도시, 태양, 따스한 미풍, 사람들과의 마주침을 오롯이 만끽한다. 여기저기서 스며드는 아름다움을 다시 미소로 받아 공중으로 날려 보낸다. 영화가 시작되고 오프닝 크레딧이 올라가면 우리는 대번에 불편하고도 혼란스러운 감정에 휩싸인다. 별로 위급하지도 중요하지도 않지만 나름대로 우리에게 어떤 영향을 미치는 한 사건이 눈앞에 펼쳐지고 있기 때문이다. 그것은 바로 행복한 여자라는 사건이다. (얼마나 많은 광고 속에 행복한 여자의 전형이 등장하는지, 오히려 우리는 현실에서 행복한 여자를 만나는 순간 혹 그것이 사기가 아닐까 의심하게 된다.) 그렇다. 포피가 지닌 결코 범상치 않은 면은 바로 그녀가 행복한, 진정으로 행복한 여자라는 사실이다. 설령 그녀의 행복이 신경에 거슬리고 우리를 좌절감에 빠트릴지라도, 그녀가 행복하다는 '사실'은 결코 부인할 수 없는 진실이다. 첫 장면에서부터 이미 우리는 그녀가 내적으로나 외적으로 에너지를 전개시키는 방식, 매력을 순환시키는 방식을 곧바로 깨닫는다. 그녀는 세상과 에로틱한 관계를 맺고 있다. 타인을 탐식하며, 미치도록 즐긴다. 이런 관능적인 삶의 방식에 대해 어떤 냉소적인 무리들은 그것이 자전거 안장의 요란한 떨림 때문이라고 거침없이 말하기도 한다. 어떤 스토리가 펼쳐지기를 기대했던 관객은 포피가 보여 주는 삶의 떨림을 마주하는 순간 곧바로 이렇게 자문하게 된다. "왜지?" 왜 그녀는 그토록 행복하게 보이는 걸까? 외부적인 원인이 있는 걸까? 무슨 시험에라도 합격한 걸까? 가슴 설레는 만남이라도 앞두고 있는 것일까? 그러나 포피가 행복한 건 전혀 그런 이유들 때문이 아니다. 그리고 이러한 사실은 어느 정도 삶의 평범성에 깊이 침식된 일반 관객들의 눈에 그녀가 상당히 이상한 존재로 비치도록 만든다. 그녀는 사랑과 삶의 순수한 즐거움으로 들떠 있는 듯이 보인다. 그녀는 흡사 임금노동자의 시대, 그리고 그 시대를 특징짓는 이분법적 체계 위를 도도히 부유하는 여왕처럼 보인다. 요컨대 인내 대 초초, 노동 대 여가, 책무 대 무사태평이라는 그 어처구니없는 이분법에서 완전히 자유로운 존재처럼 여겨지는 것이다.

포피는 '무사태평'의 슈퍼히로인이다. 바로 그 점이 그녀를 매혹적인 존재로 보이게도 하고, 또 때로는 짜증나는 존재로 보이게도 하는 것이다. 그러나 그녀의 '무사태평'은 아주 특별하다. 그것은

창조적이고 긍정적이며(우리는 그녀의 무사태평을 부정적으로 규정할
수 없다. 그것은 앞날을 생각하지 않거나 주변에 무관심한 태도와는 전
혀 성격이 다르기 때문이다), 책임감 있고 수용적인 특징을 지닌다
(어린아이가 보이는 태평함과는 다르다). 포피는 결코 타인을 골칫거
리나 문젯거리로 생각하지 않는다. 또한 유달리 자기 중심으로만
사고하지도 않는다. 그것이 그녀가 다른 사람들과 다른 점이다.
이 점은 특히 동생 수지와 친구 조이와 함께 큰언니 헬렌의 집을 찾
아가 함께 나눴던 대화에서도 잘 나타난다. 임신 중인 언니 헬렌
은 그다지 행복해 보이지 않는다. 그녀는 남편 지미를 그다지 사
랑하지 않는 눈치다. 또 정말 엄마가 되고 싶다는 현실적 욕망보
다는 오히려 완벽한 엄마가 되고 싶다는 강박적인 환상에 시달리
는 사람처럼 보인다. 모범적인 삶에 지나치게 집착하는 사람들이
대개 그러하듯, 그녀도 다른 사람들에게 자신의 도식적이 삶을 강
요한다. 그러나 포피와 친구 조이는 바비큐 파티를 마치고 함께
한담을 나누는 자리에서 솔직하고 거침없는 태도로 이런 헬렌의
기대를 무참히 무너뜨린다.

헬렌 | 얘들아, 막상 내 모습을 보니, 너희도 아기를 갖고 싶어
　　　지지 않니?
포피 | 아니, 전혀! (조를 향해) 조이, 너는 어때?
조이 | 나도 별로야! (헬렌을 바라보며) 너무 기분 나쁘게 생각하

지는 마!

헬렌 ┃ 아! 그래도 포피 넌 분명 아기를 원할 거라 생각했는데.

포피 ┃ 아니야. 그나저나 바비큐를 먹고 났더니 왜 더 허기지는 것 같지?

헬렌 ┃ 그래도 하나는 있어야 하지 않을까!

포피 ┃ 글쎄. 모르겠어. 아마도.

헬렌 ┃ 서른다섯이 넘어 아이를 낳으면 위험해!

포피 ┃ 아직 서른다섯이 되려면 한참 남았다고요. 이제 고작 30 살인걸!

헬렌 ┃ 5년은 후딱 지나가는 법이란다! 계획을 꼼꼼히 세워야지!

포피 ┃ 거참, 아기 낳는 게 무슨 스탈린의 4개년 계획도 아니고.

헬렌 ┃ 그나저나 집은 언제 장만할 거니?

포피 ┃ 돈이 아주 많이 모이면.

헬렌 ┃ 하지만 집은 대출받아서도 충분히 살 수 있는걸.

조이 ┃ 뭐하러 미리부터 걱정거리를 만들려고?

헬렌 ┃ 돈을 모았으면 투자를 해야지.

포피 ┃ 아! 나는 그냥 옛날식으로 침대 매트리스 밑에 돈을 묻어 두는 게 더 좋다고!

여기서 헬렌이 횡설수설 늘어놓은 말들(아이를 갖는 문제에서 내 집 마련까지)을 자세히 들여다보면, 그녀의 삶을 지탱하는 원동력이 무엇인지 분명히 깨닫게 된다. 그녀는 어떻게 해서든 타인이 자신처럼 평범해지기를 원하는 것이다. 그녀의 눈에는 자신과는 다른 포피의 모습이 실은 자신의 참모습을 비춰 주는 거울과도 같이 느껴진다. 거울 속에 비친 모습('계획적인' 자아, 스스로가 부과한 역할)은 기만의 붕대를 칭칭 둘러맨 두려움, 진실하지 못한 삶의 선택이라는 진실을 상기시키고 있다. 시간이 흐를수록 등장인물들의 대화는 조금씩 격화된다. 이번에는 헬렌이 포피에게 주택청약저축을 붓고 있는지 묻는다. 포피는 여전히 태평하게 '아니'라고 대답한다. 그러고 나서 포피는 다시 형부인 지미에게도 똑같은 질문을 한다. 그러자 지미는 '그렇다'고 답한다. 포피는 장난스럽게 대꾸한다. "와! 멋지다 형부! 그런데 대체 형부 휠체어는 어디에다 숨겨 놓은 거야?" 헬렌은 다시 공격한다. "포피, 인생을 좀 진지하게 살 수 없니!" 그러자 포피는 더욱 빈정대는 말투로 의미심장한 말을 던진다. 소외와 피상적 삶을 강요하는 요구를 단숨에 묵살시키는 바로 그 말을. "그래, 그래, 또 그 말이지. 언제나 '해야 한다'!" 설교하는 자들, 명령하는 자들을 향해 그 주장의 근거가 무엇인지를 요구하는 저 순진무구한 충돌. 결국 헬렌의 히스테리는 최악으로 치닫는다. 그녀의 태도는 악의적으로 돌변한다.

포피 | 언니! 스트레스 좀 풀고 살아! 스트레스 좀 풀라고!

헬렌 | 스트레스는 무슨 스트레스. 그저 나는 네가 행복하기를

바랄 뿐이라고.

포피 ∣ 나는 더할 나위 없이 행복한걸.

헬렌 ∣ 내 눈에는 전혀 그렇게 보이질 않는데.

포피 ∣ 아, 정말? 왜 그렇지? 나는 정말 내 삶이 만족스러운데! 때론 힘이 들 때도 있지만, 누구에게나 인생은 다 그런 거 잖아! 나는 내 학생들이 너무 사랑스럽고, 내 일도 너무 사랑하고, 내 집도 정말 맘에 들어. 조이를 엄마처럼 보살피는 일도 즐겁고, 친구들도 너무 근사하고. 나는 언제나 자유로움을 만끽하면서 살아가고 있어. 아주 특별한 혜택을 받으며 살아가고 있고, 또 그렇다는 사실을 똑똑히 인식하고 있다고!

포피가 열거한 목록은 불행한 자들에게는 아마도 꿈같은 이야기로 들릴 것이다. 행복, 일상에서 누릴 수 있는 진짜 행복이라니! 특별한 삶을 살거나 병적인 쇼핑을 즐기지 않고서도 누릴 수 있는 행복이라니! 포피가 열거한 내용을 가만히 들여다보면, 헬렌과 포피의 가장 큰 차이점이 무엇인지 대번에 드러난다. 그것은 바로 "나는 자유로움을 만끽하며 살아가고 있어"이다. 그것은 사실 필자가 생각하는 행복의 정의에도 부합한다. 매력 파동 속에 깊이 빠져들어 자유를 만끽하는 것. 한편 목록에 열거된 다른 설명도 포피가 지금 현재 얼마나 생생한 매력 파동 속을 헤엄치고 있는지를 여실히 보여 준다. 그녀가 '나는 아주 특별한 혜택을 받으며 살아가고 있다'고 말할 때 그녀 곁에서는 모든 세상의 비참함이 메아리처럼 울려 퍼지고 있다. 그녀는 세상의 모든 비참함을 부인하지 않고 오히려 그것을 오롯이 인식한다. 그리고 그 비참함마저도 행복의 경지로 끌어올려 '결코 불평하지 않는다'는 마음가짐을 갖기에 이른다. 사실 이런 태도는 우리가 자신의 근심을 객관화해서 들여다보거나 눈을 더 크게 뜨고 주변을 살피며 주변의 만물(사람, 동물, 식물, 사물 등)과 공감에 이르는 가장 좋은 출발점이라고도 할 수 있다. 포피는 자신의 자전거를 도난 당했을 때도 이렇게 말한다. "이런! 마지막 작별 인사도 못 했는데!" 트램펄린 위에서 뛰다 뼈가 탈구됐을 때도 그저 깔깔깔 웃음을 터뜨리고 말 뿐이다. 혹성에 관한 책을 읽어야 할 때도, 그녀는 현대물리학 서적인 《현실로 향하는 길》보다는 오히려 화려한 색채가 돋보이는 《태양의 왕국》을 집어 든다. 사실 포피가 인생의 밝은 면을 본다고 말하는 것은 완곡어법이다. 실은 그녀 자체가 인생의 밝은 면이기 때문이다. 마이크 리는 한 언론과의 인터뷰에서 이 영화를 찍으며 추구한 목표 중 하나는 관객이 포피가 바라보는 식으로 삶을 바라보게 만드는 것이라고 말했다. "우리는 포피의 세계로 더욱 깊숙이 들어갈수록 그녀가 지닌 삶의 태도가 어떤 효과를 낳는지 서서히 깨닫게 된다. 극장 문을 나설 때 쯤엔 자신이 더욱 풍요로운 존재가 된 듯한 기분에 휩싸인다."

포피가 자신의 행복을 증명하기 위해 열거한 목록은 확실히 헬렌에게는 묘한 불편함을 느끼게 한다. 별안간 헬렌은 스스로 희생자 행세를 하며 동생을 오만하고 사악한 사람으로 몰아붙인다.

헬렌 ǀ 그렇게 사람 가지고 노는 거 아냐!

포피 ǀ 무슨 소리야? 가지고 논다니?

헬렌 ǀ 내가 네 말뜻을 모를 줄 알고?

포피 ǀ 무슨 뚱딴지같은 소리지!

헬렌 ǀ 너는 내가 안락한 삶을 선택했다고 생각하잖아.

포피 ǀ 뭐라고?

조이 ǀ 아니야. 포피는 절대 그런 의미로 말한 게 아니야.

수지 ǀ (헬렌을 바라보며) 아니, 오히려 인생을 잘못 선택했다고
느끼는 건 언니 자신인 것 같은데.

헬렌 ǀ 세상에 어떻게 그런 말을 할 수 있니?

수지 ǀ 그럼 언니는 왜 그렇게 타인의 삶을 맘대로 좌지우지 못
해 안달인데?

막내 동생은 이처럼 놀라운 통찰력으로 동생을 오만하다고 몰아붙이며 이 상황을 얼렁뚱땅 넘기려던 헬렌의 책략을 여지없이 무너뜨린다. 꼼짝없이 궁지에 몰린 그녀에게는 이제 문을 쾅 닫고 나가 버리는 길밖에 없다. "너희들은 죄다 나를 못 잡아먹어서 안

달이구나!" 이 외침은 곧 그녀가 아무 말도 듣고 싶지 않아 한다는 걸 의미한다. 자아를 다시 전율하는 존재로 만들거나 자신이 얼마나 편협했는지 반성하는 것을 거부하고 앞으로도 계속 행복한 척하겠다는 걸 의미한다. 헬렌은 자신을 어른처럼 여긴다. 물론 그녀는 아름답다. 그러나 그녀에게는 매력이 없다. 그녀는 결혼을 했다. 그러나 그녀에게는 사랑이 없다. 그녀는 똑똑하다. 그러나 그녀에게는 망설임이 없다. 그녀는 삶의 놀이를 즐겨 본 지가 너무도 오래되었다.

포피의 삶을 그린 첫 번째 에피소드가 개봉됐을 당시 비평가들은 '우울함을 치료하는 해독제'라며 아낌없는 찬사를 보냈다. 그러면서도 "그녀의 톡톡 튀는 성격(bubbly personality)이 어떤 이들에게는 '너무 지나치게' 과장된 것처럼 느껴질 수도 있다"는 지적을 잊지 않았다. 그러나 우리는 그녀 덕분에 샴페인을 마신 듯한 기분을 되찾게 된다. 톡톡 튀는 그녀의 별명처럼, 그녀와 함께 우리는 이제 샴페인 같은 기분을 영속적으로 누릴 수 있다. 샴페인의 거품은 신경증을 부식시킨다. 그러나 만일 신경증이 정신의 붕괴를 막기 위한 필수적인 버팀목으로 굳어진 경우라면, 우리는 결코 숙취를 피할 수 없을 것이다. 물론 스콧을 대할 때에도 그녀는 어김없이 너무 발랄하고 '너무 과도한' 모습을 그대로 드러낸다. 스콧은 포피의 운전 강사인데, 외국인을 혐오하는 앞뒤가 꽉 막힌 음울한 사람이다. 사실 스콧의 이 세 가지 성격은 모두 똑같은 원인에서 비롯되었다. 바로 비대한 '생존 자아'가 그 원인인 것이다. 운전 강습은 어느새 품행 교육으로 돌변한다. 운전을 할 때에는 뾰족구두를 신어서는 안 된다, 눈은 항상 그가 '엔라하'(모든 것을 볼 수 있는 타락 천사: 편집증과 프로이드가 말한 초자아가 결합된 존재로 이해해 볼 수 있다)라고 이름 붙인 사이드미러에 고정해야 한다, '책임감 있는 모습'으로, '어른스럽게' 행동해야만 한다.

스콧 ㅣ 당신이 초등학교 선생이라니 정말 믿을 수가 없군요!

포피 ㅣ 솔직히 저도 믿어지지가 않아요!

스콧 ㅣ 당신은 도대체 질서를 지키는 법이 없어요! 당신은 너무 거만하고, 전복적인, 혼돈의 찬미자라고요(you celebrate chaos)!

그러나 스콧은 강사로서는 구제불능이어서 결국 제자를 제대로 가르치는 데 실패한다. 반면 30명의 사랑스러운 아이들을 맡고 있는 포피는 타고난 천성대로 선생님 역할을 아주 멋지게 해낸다.

언제나 수익성만을 염려하며, 자신에게만 매몰되어 살아가는 자본주의적 삶의 방식으로 인해 발생하는 신경증. 포피의 거품은 바로 그런 신경증을 '극도로 난폭하게' 공격한다. 만일 그녀가 우리가 사는 현실 세계 속에 발을 디뎠다면, 곧바로 사람들의 무례한 언행에 눈살을 찌푸리고, 편협한 편견과 어처구니없는 행동들에 마구 조소를 퍼부었을 것이다. 사실 그녀의 무사태평함은 무관심하고는 정반대되는 성격을 띤다. 그렇기에 그녀는 편안하지만 기민하게 반응하고, 비상식적인 행동에 곧바로 조소를 퍼부으며, 통통 튀는 유머를 구사하는 것이다. 그녀의 자유는 타인에 대한 지대한 관심에서 비롯된다. 그녀의 행복은 결코 불행의 반대어가 아니다. 그것의 반대어는 오히려 '심술궂음'이다. 가령 포피가 스콧의 불행에 더욱 관심을 가질수록 스콧은 그녀가 자기를 유혹한다고 착각하고는 더욱더 깊은 편집증 증세를 보이며 그녀에게 못되게 군다. 마침내 기운이 쭉 빠진 그녀는 말한다. "당신 같은 존재가 되기란 그렇게 쉬운 일은 아닐 것 같군요."

이제 다시 포피의 무사태평함이 지닌 특별한 성격에 관한 이야기로 되돌아가 보자. 그녀는 충격 파동을 맞더라도 그 폭력성을 나약한 모습을 통해 배출하거나, 혹은 게으른 모습을 통해 약화시키지 않는다. 오히려 그 폭력성에 의문을 갖고, 질문을 던지고, 요리조리 샅샅이 살펴본다. 바로 이러한 점이 포피를 행복하고, 용감하고, 통찰력 있고, 책임감 있는 여자로 만드는 것이다. 그럼에도 그것은 그 어떤 명령이나 '당위^{ought}'에 의한 태도는 아니다. 배우 샐리 호킨스의 생동감 넘치는 두 눈이 이러한 사실을 여실히 증명한다. 그녀의 눈은 미소와 따스함으로 초롱초롱 빛나고, 타인의 움직임 하나하나에, 모든 파동의 흐름에, 모든 그림자에 일일이 깜빡거리며 감응한다. 그녀는 이 모든 것에 절대 자신의 망상을 투영하지 않는다. 있는 그대로의 모습을 음미한다. 그녀는 주변 사람들을 열심히 '돌보고', 지켜보며, 그들에게 반응한다. 그녀는 플라멩코 수업을 들을 때에도 이런 식으로 경탄의 눈길로 타인들을 바라본다. "네게는 어른의 도움이 필요해"라고 누군가 말할 때에도 그녀는 "주변에 아는 어른이 없어"라고 응수한다. 그것은 그녀 주변에 온통 서른 살의 미성숙한 인간들만 우글거리고 있기 때문이 아니다. 모든 '어른'의 이면에는 '어린아이'가 감춰져 있다는 사실을 그녀가 정확히 간파하고 있기 때문이다. 그리고 그녀는 행복의 학교를 다녀본 적이 없는 사람들에게 언제나 기꺼이 '속성으로 무사태평함'을 강습해 준다. 그녀의 무사태평함은 프랑수아즈 사강이 말한 바로 그 '재즈'다.

그렇다. 포피는 재즈를 즐긴다. 그녀는 타인을, 그리고 자기 자신을 즉흥적으로 연주한다. 그녀는 모든 음색에 전부 감응하고 모든 이들과 음악적 공명을 이루려고 애쓴다. 그녀의 행복은 서구적인 행복이 아니다. 그녀의 행복은 다른 곳에서 왔다. 어쩌면 미래의 후기산업시대나 혹은 환상성이 가미된 아프리카일 수도 있다. 그럼에도 그것은 전혀 미신이나 지성에 의거하지 않는다. 그녀의 행복은 한 육신에서 출발해 또 다른 육신에게 말을 건다. 포피는 세상을 에로틱하게 만든다. 포피가 가장 강렬하게 저항감을 느끼는 대상은 바로 (앞서 말한 운전 강습 강사나 관객들처럼) 습관적으로 에로티즘에 몸을 내맡기기를 거부하는 존재들이다.

인디언 에너지

"그는 매우 행복하다. 왜냐하면 모든 것을 장밋빛으로 바라보기 때문이다." 랭보는 이렇게 말했다(랭보의 시 〈사르브뤼크의 빛나는 승리〉에서). 이것이 얼마나 조소적인 표현인지는 군이 강조할 필요가 없을 것이다. 물론 랭보가 포피를 봤다면, 얼마나 유치할 정도로 맹렬하게 그녀의 행복을 비판했을지 또한 말할 나위 없을 것이다. 사실 '나(혹은 놀이)$^{Je(u)}$'의 대가로 유명한 캘리포니아 출신의 시인 잭 스파이서$^{Jack\ Spicer}$도 자신의 시 〈7행의 발라드〉에서 랭보에 대해 그에 버금갈 정도로 아주 혹독한 혹평을 퍼부었다.

> 랭보란 철자는 모두 7행으로 발음된다네.
> A E I O U Y
> 죽음으로 불리는 이 대리석 돌덩이 같은 모음,
> 오
> 빌어먹을 랭보여,
> 아름다움이란 철자는 7행에 담긴 모든 모음들로 발음되나니.
> 이제 그 빌어먹을 입 좀 닥치시게.

그러나 포피 크로스를 상대로는 이런 맹렬한 비판을 찾아보기 힘들다. 그리고 설령 그런 비판을 들었더라도 아마 그녀는 눈썹

하나 까딱하지 않았을 것이다. 그녀는 분노한 자들, 충격 파동의 전파자들을 마주치더라도(영어로 포피의 성을 의미하는 cross) 그들로부터 어떤 영향을 받는 일이 없기 때문이다. 그녀는 그들의 힘을 믿지 않는다. 그들이 불평하는 소리를 듣더라도 그들을 동정하지 않는다. 동정은 '고통으로 시름하는 자아'의 위상만 더욱 굳건히 해 줄 뿐일 테니. 삶에 얻어맞고 큰 상처를 입은 채 허공에다가 대고 주먹을 휘두르는 자들을 만나더라도 그녀는 결코 당황하지 않는다. 그녀는 그들과 만나는 것을 두려워하지 않는다. 기꺼이 그들과 대면한다. 요컨대 그녀는 자신에게 그와 '교감할 책임'(비록 짧은 순간일지라도)이 있음을 분명히 인식하고 있는 것이다. 어느 날 상대는 그녀 앞에서 대명사와 동사 '이다être'로 인해 큰 상처를 입은 세상에 대해('그는 ~이다', '그녀는 ~였다', '그들은 ~이다' 등) 더듬더듬 이야기를 꺼낸다. 그러면 그녀는 '정말요?'라고 대답하며 잠시 상대의 곁에 머무른다. 물론 그 사이 그녀는 스스로에게 이렇게 자문하기도 한다. "내가 대체 지금 뭘하고 있는 거지?" 그녀는 인간성humanity에 의해 행동한다. 그의 곁을 지키며 따뜻한 형제애를 나눈다. 멍한 눈빛으로 그가 털어놓는 고뇌를 모두 받아 준다. 그러면 놀랍게도 그의 눈빛이 그녀 덕분에 서서히 생기를 되찾는다. 그 어떤 기만도, 과장도 없이, 그녀는 그의 수많은 '그거 알아요(You know)?'에, 아주 의미심장한 '나는 알아요(I know)'로 화답한다.

아니다. 포피는 모든 것을 장밋빛으로만 바라보지 않는다. 그저 그녀는 모든 것에서 장밋빛(어린 시절의 따스한 손길과도 같은 색깔)을 찾아낼 뿐이다. 한동안 곁에 머무르거나 혹은 이미 사라져버린 그 장밋빛을. 그녀는 무조건 '긍정적으로만 생각'하려 애쓰거나, 기를 쓰고 모든 고통을 장밋빛으로 미화하지 않는다. 애정의 결핍과 사랑의 두려움으로 잔뜩 위축된 채 살아가는 그 광인이나 혹은 스콧 같은 사람과는 다르다. 단지 그녀는 인간적인 전율들을 느끼려고 노력할 뿐이다. 인간적인 전율들을 이해com-prendre하려고 애쓰는 것이다. 그 전율과 혼연일체를 이루고자 하는 것이다. 그리하여 자신의 부드러운 에너지가 과연 그들의 경직된 근육과 힘줄 사이로 조금이나마 매력 파동을 투과시킬 수 있는지 그 가능성을 가늠해 보고자 하는 것이다. '천성적으로' 아나키스트이며 낙관주의자인 그녀는 충격 파동으로 인해 일어난 최초의 진동을 전 생애를 결정짓는 숙명처럼 여기기를 당당히 거부한다.

그러나 분노와 격분에 휩싸인 청년 아르튀르 랭보는 포피와는 다르다. 아직까지 "작은 연인들"[28]을 역거운 관능을 발산하는 '못난이'들로 취급하지 않았을 때, 옛 모델들을, 선배 예술가나 혹은 그의 "골짜기에 잠든 자Dormeur du Val"[29]를 살해하지 않았을 때, 그는 가슴 저미는 고통에 쉽게 빠져들었다. 어쩌면 다음과 같은 표

---

28 랭보의 시 〈나의 작은 연인들Mes petites amoureuses〉에 나오는 구절.
29 랭보가 쓴 시로, 이 시에서는 총을 맞고 죽은 병사를 의미한다.

현이 나온 것도 모두 그 때문일 것이다.

오, 계절이여, 오, 성이여

결함 없는 영혼이 어디 있으랴?[30]

만일 포피의 방식대로 아르튀르를 이해하려 한다면, 이 탄식을 단초로 출발할 필요가 있다. 그렇다면 이 탄식은 대체 무엇을 의미하는 걸까? 그것은 그저 이 세상에 '완벽한 것은 아무것도 없다'는 깨달음과 함께 과거를 그리워하는 한숨 같은 것일까? 아니면 그보다 더 심오한 어떤 다른 뜻을 내포하고 있을까?

대부분의 전문가들은 모두가 천편일률적으로 이 시를 해석한다. 그러나 성상파괴주의자인 시에나 설리번만은 예외다. 그녀는 이 부분에 있어 티모테 그루Timothée Groult [31]의 혁명적인 분석을 한 차원 더 깊이 전개한다. 이 저명한 '반랭보주의자'는 자신의 저서 〈무지개와 그 그림자L'arc-en-ciel et son ombre〉에서 사상 최초로 모든 전문가가 '명사의 4중주'('계절', '성', '영혼', '결함')라며 내리던 기존의 천편일률적 해석에 딴죽을 걸었다.

첫째, '계절'은 그저 단순히 단조롭게 흘러가는 시간, 삶의 연속적 순간들을 의미하는 것이 아니다. 반대로 격렬한 정신적 위기의

---

30 랭보의 시 〈오, 계절이여, 오, 성이여〉에 나오는 구절.
31 필자가 상상력으로 만들어 낸 인물이다.

시기들, 다시 말해 어쩔 수 없이 개인이 변화하기 시작하는 어떤 정점을 뜻한다(〈지옥에서 보낸 한 철〉을 참조할 것). 그것은 때로는 정신착란까지 동반하는 힘겨운 이행 과정이다. 이 시기가 되면 우리는 고통에 시름하며 삶은 아무것도 아니라고 소리친다. 말하자면 그것은 부조리함에도 불구하고 어떻게든 생존하기 위해 일어나는 인격의 갑작스런 변화를 의미하는 것이지, 결코 탄식에 젖은 굼뜬 무기력증을 의미하는 것은 아니다.

둘째, 같은 맥락에서 '성'도 야망이나 초현실적인 꿈을 의미하지 않는다. (만일 랭보가 그저 평범하게 우리의 '스페인 성'[32]을 언급하는 데만 만족했다면 아마도 그는 형편없는 시인에 지나지 않았을 것이다!) 오히려 인간의 인격 속에 내재된 좀 더 '구체적'이고, '지속적'이며, 훨씬 더 '탄탄한' 무엇인가를 의미한다. 우리가 수많은 망루와 탑, 성벽의 총안 구멍, 도개교 등을 통해 보호하고자 하는 쉽게 변하지 않는 어떤 인간의 특성을 의미한다. 결국 '계절'과 '성'은 서로 강렬하게 대비를 이루는 개념이다. 결코 두 가지 모두 탄식을 통해 어떤 멜랑콜리한 감정을 표현하는 것은 아닌 셈이다. 우리의 계절은 우리의 성을 포위하고, 무너뜨리겠다고 협박한다. 우리가 겪는 위기의 시기들은 우리 정서의 성벽을 공격하며, 아무리 높은 방어막 뒤에 숨더라도 우리를 취약한 존재로 만들어 놓는다. 특히

---

32 프랑스어 표현으로 비현실적이고 불가능한 계획을 의미한다.

감탄사 '오'는 결국은 포위된 영혼이 벌이는 '내적 투쟁'을 의미하는 것이지, 결코 지나간 시간, 산산조각 난 꿈 앞에 느끼는 어떤 환멸에 찬 회한을 보여 주는 것은 아니라는 가정에 더욱 무게를 실어 준다.

셋째, '영혼'이다. 영혼은 이 시의 주체이자 매우 중요한 키워드다. 티모테 그루는 여기서 영혼을 "무기이자 갑옷"으로 표현한다. 영혼이 '계절'로 변할 때, 혹은 "외부 세계를 공격하며 사랑하는 이들을 괴롭히는 사이클론"으로 뒤바뀔 때, 영혼은 공격적인 성격을 띤 무기가 된다. 반면 영혼이 내면의 성의 침입과 공격을 막아 내는 역할을 할 때에는 방어적인 성격을 띤 갑옷이 된다. 이때 영혼은 타인의 계절에, 타인이 던지는 창과 포탄에만 저항하는 것이 아니라, 포위당하고 싶고, 함락당하고 싶은 자신의 욕망에도 대항한다. 영혼은 이처럼 '역동적인 살가죽'으로 이해된다. 영혼은 때에 따라서는 내면의 보물(인격을 관장하는 중요한 기관인 '성')을 보호하기도 하고, 외부나 내부의 적(타인의 '계절', 타인의 침투가 가져오는 고통)을 무찌르기도 하며, 우리 자신의 '계절', 요컨대 우리의 '성'을 무너뜨릴 위험이 있는 위기의 시기들, 낙담과 흥분, 신경 과민이 절정에 치달은 순간들에 맞서 싸운다. 시에나 설리번은 랭보의 영혼이 지닌 세 가지 기능을 다음과 같이 아주 간명하게 표현한다. "영혼은 시인의 완전성을 지켜 주는 파수꾼이다. 흡사 우리의 위장이 우리가 소화시킬 수 있는 것이든 혹은 없는 것이든 그 모든 것으로부터 우리를 보호해 주는 파수꾼인 것처럼 말이다. 위장은 내부든 외부든 어디서든지 독이 생성되면 그것을 토해 낸다. 위장은 영양이 풍부한 물질, 넥타르를 추구한다." 아르튀르 랭보는 자신의 시 속에서 청진기를 들이 대고 영혼의 활동을 면밀히 살피고자 했다. '자신의 영혼을 아는 것'은 '투시력'을 갖추기 위한 기본 중의 기본이기 때문이다. 랭보는 눈에 보이지 않는 영혼의 메커니즘을 이해해야 했고, 이를 위해서는 영혼의 깊숙한 곳으로 들어가 영혼에 난 틈을, 갑옷의 '결점'을 찾아내야만 했다. 그러나 영혼은 철통처럼 단단히 스스로를 보호했다. '계절' 속에서는 위기가 얼마나 격렬한지, 영혼이 사방으로 흔들리다 못해 결국 모습을 바꾼 채 시야를 벗어났다. 요컨대 영혼이 (타자로) 변한 것이다. 한편 '성' 안에서 영혼은 얼마나 단단하게 바리케이드를 치고 있는지, 영혼의 모습은 바깥으로 털 끝 하나 비치지 않는다. 바로 이 때문에 시인은 다음과 같이 집요하고도 간곡하게 애원하는 것이리라. "내 영혼의 계절이여, 성이여, 내게 영혼을 보여 주고 가르쳐 주시오! 영혼을 학대하고 가두지 마시오!" 티모테 그루는 이렇게 끝맺음한다. "랭보는 영혼 속으로 들어가기 위해, 영혼의 오메가점[33]을 찾아내고자 했다." 여기서 '오메가점'이란 이 시의 나머지 부분에서 이야기되는 바로 그 행복을 의미한다. 아르튀르 랭보는

---

33 omega point: 우주 진화의 정점.

행복을 욕망의 사멸, 요컨대 '계절'도 '성'도 없는, 중세식 전투가 존재하지 않는, 부르주아적인 평온하고 기분 좋은 감정과 동일시했다. 그것은 1872년[34] 18살이 되던 해 그에게 행복이라는 신성한 문제가 제기되었기 때문일 것이다. 그 이유가 무엇인지는 잠시 뒤에 알게 될 것이다.

넷째, '결함'이다. 티모테 그루는 모든 영혼이 어김없이 다 가지고 있다는 그 '결함'을 도덕적 결함이 아닌, 갑옷의 결함으로 이해했다. 인간의 유한함에서 비롯되는 결함과 약점이 아니라, "우리를 우리의 내면 속 깊은 미지의 세계로 들어가도록 해 주는 비탈진 접근로(투과점)"를 의미한다. 이 책에서 투과[35](혹은 접근^{accès})란 매우 중요한 단어다. 내 철학에서 투과(혹은 접근)는 체내화^{incorporation} 운동, 즉 모든 내면성을 내사[36]하는 능력, 매력 파동을 '삼키는 행위'를 지칭한다. 이런 투과(혹은 접근)의 반대말은 바로 분출^{excès}이다. 체외화^{excorporation} 운동, 즉 외부를 향한 폭발적 감정, 매력 파

---

34 이때부터 랭보는 신혼의 아내를 두고 떠나 온 베를렌느와 런던에서 함께 생활하기 시작한다.

35 필자가 책에서 자신의 사상을 표현하기 위해 특수하게 사용하고 있는 용어다. 필자는 세계가 나의 내면으로 스며드는 현상, 즉 외부의 매력 파동을 수용하는 현상을 투과(혹은 접근^{accès}), 나의 내면이 외부로 표출되는 현상, 즉 매력 파동이 외부로 발산되는 현상을 분출^{excès}이라고 표현하고 있다. 본래 프랑스어로는 accès는 접근, 출입, excès는 과잉, 넘침 등의 의미를 지니지만, 여기서는 에너지나 파동의 투과 및 발산과 관련된다는 점을 감안하여, 투과와 분출로 융통성 있게 번역했다.

36 introjection: 타인 또는 어떤 물체의 특징을 무의식적으로 자신의 성격 특징으로 동일시하는 것.

동의 외적 표출을 의미한다. 그와 반대로 투과시킨다는 것은 나의 내면으로 그것을 받아들이는 것을 의미한다. 타자를 내 속에 투과시키고(타자를 취하고prendre), 타자가 나를 받아들임과 동시에 나도 타자를 받아들일 때 비로소 나도 타자를 투과할 수 있다(타자를 이해할 수 있다com-prendre 이해하다/함께-취하다). 말하자면 그것은 이중의 환대라고 할 수 있다. 사실상 일방적인 만남은 결코 진정한 만남이 될 수 없는 법이다. 일방적인 만남은 자신을 피하고 거부하는 사람에게 가하는 일종의 폭력(아무리 미소를 짓고, 심지어 매력의 힘을 동원하더라도)이기 때문이다. 그가 내게 자신의 '성'을 열어 주지 않는다면, 내가 아무리 그의 성을 폐허로 만든다고 해도 아무런 의미가 없다. 결국 나는 그의 성에 '들어가지' 못한 것이나 진배없을 테니까. 저항하는 자에게 억지로 나를 그의 삶 안에 들어가도록 강압하는 것은 무력으로 그의 삶에 침입하는 것이며, 따라서 그의 삶을 훼손하는 것과 같다. 그 누구도 우리가 타인의 마음에 억지로 들어가도록 강제할 수는 없다.

투과(혹은 접근)와 분출은 서로 비례 관계에 있는 힘이다. 내가 세계에 더욱 큰 외적 폭발을 일으킬수록(분출), 세계는 내 속에 더욱 큰 내적 폭발을 일으킨다(투과 혹은 접근). 내가 세계 속으로 더 깊이 들어갈수록, 세계도 내 속으로 더 깊이 스며든다. 운동선수가 스스로 목표, 적, 상대, 경이적인 기록과 혼연일체가 되어 완전히 세계에 투신할 때, 그는 동시에 자신의 가장 깊숙한 내면에, 가장 완벽하게 내재화된 세계에 도달하게 된다. 가장 강렬한 외적 작용(분출)은 또한 매우 강렬한 관조-집중(투과 혹은 접근)과 쌍을 이룬다. '나(혹은 놀이)$^{Je(u)}$'는 바로 이러한 투과(혹은 접근)와 분출의 격차를 나타낸다. '나(혹은 놀이)$^{Je(u)}$'는 나의 내적-외적 에너지를 완성하는 세트이자, 내 감정의 팔레트인 셈이다. 내가 어떤 욕망이나 사건에 몰아의 상태로 몰두할 때 나는 '나(혹은 놀이)$^{Je(u)}$'를 단숨에 완전히 주파한다. 반면, 내면의 심판관이 나의 행동과 생각을 심판하고, 나의 자아를 미리 결정된 행동이나 생각들에 억지로 짜 맞추려 할 때, 나는 '나(혹은 놀이)$^{Je(u)}$'를 뭉텅 뜯어내거나 혹은 조각조각 잘라낸다.

'나(혹은 놀이)$^{Je(u)}$'의 정령, 아르튀르. 시를 쓰던 젊은 날 그에게는 내면의 심판관과 자아라고 해 봐야 오로지 경멸밖에는 없었다. 그는 스스로에게 미세한 제동을 거는 일이 결코 없었다. 그때그때 튀어 오르는 '충동'에 몸을 맡겼다. 설령 그것이 죽음으로 향하는 길일지라도.

그동안 랭보의 시 〈취한 배$^{Bateau\ ivre}$〉에 나오는 "떠들썩한 인디언"[37]은 파리 코뮌 봉기를 일으킨 민중을 의미한다는 해석이 지배적이었다. 그러나 티모테 그루는 이런 해석에 반기를 든다. "인디언의 기의는 훨씬 더 광범위하다. 그것은 압제에 저항하는 자, 교

---

[37] 요란한 인디언, 떠들썩한 붉은 피부 등으로도 해석된다.

리와 도덕을 타파하려는 자(배를 호위하는 "예인자들")³⁸를 의미하는 동시에, 특히 놀이에, 방랑하는 삶에, 시에 광적인 열정을 쏟아붓는 자들을 의미한다. 그것은 중요성과 실용성에 견주어 볼 때는 지나치리만큼 거대한 광적인 열정이다. 신성한 열정이다." 그것은 창조적 행위로 뜨겁게 달아오른 발명가나 음악가의 광적인 열정이자, 예술에 완전히 몰입한 랭보의 광적인 열정을 의미한다. 랭보의 전기 작가인 티모테 그루는 이와 관련하여 앙리 그랑피에르가 쓴 《미국에서 보낸 몇 달Quelques mois de séjour aux Etats-Unis》(1854년작)을 잠시 언급한다. 그것은 흔치 않은 일이지만 랭보의 아버지인 프레데릭 랭보가 아들에게 건네 준 책 중 하나였다. 그러니 어린 아르튀르는 아마도 지극한 효심으로 이 책을 열독했을 것이 분명하다. 작가는 이 책에서 인디언의 관습에 대해 다음과 같이 간략히 소개한다.

때로는 편견 때문에, 또 때로는 현재 이 나라를 지배하는 자들에게 느끼는 선천적인 혐오감 때문에 인디언들은 복음서의 영향을 받기 전까지는 절대 백인이 사는 집에는 발도 들여놓지 않았다. 그들은 차라리 야외에 누워 밤하늘의 별을 동무 삼아 노숙했다.

---

38 〈취한 배〉에 나오는 표현으로, 항해가 어려운 강을 따라 오르내리는 배들을 밧줄로 끌어 주는 사람들을 의미한다.

이 설명을 읽다 보면 얼핏 랭보의 탈주가 떠오른다. 그에게 종교적 (혹은 어머니의) 규범은 정신을 경직시키는 유폐와도 같았다. 그러나 정작 우리의 흥미를 끄는 대목은 작가의 불평이 담긴 다음 구절이다.

인디언들의 성격이나 습관은 정말이지 어린아이 같다. 그들은 내일을 걱정하지 않고, 게으름 속에서 하루하루를 소진한다. 그들은 먹고 자는 것만을 생각한다. 그들이 몸을 일으키는 때는 오로지 화살을 쏘거나 가장 좋아하는 놀이를 즐길 때뿐이다. 그들은 이런 놀이들에는 거의 광기에 가까운 열정을 쏟아 붓는다.

작가가 유치하다고 표현한 능력. 아르튀르는 사실 그 능력을 아주 완벽하게 이해했다. 그도 역시 어린아이였기 때문이다. 미지의 세계 저편에서는 아직도 어른들이 아무런 죄책감 없이 자유롭게 놀이를 즐길 수 있다는 사실이 그에게는 더할 나위 없이 매혹적으로 느껴졌다. 이 책의 영향으로, 그리고 조숙한 투시력 덕에, 아르튀르는 다른 세계에서 연원하는 이 인디언의 에너지를 포착하게 된다. 말하자면 이제 인간적 힘들의 새로운 연금술이 가능해진 것이다. 아버지처럼 유럽으로부터, 종교로부터 멀리 멀어지기만 한다면 말이다. 〈지옥에서 보낸 한 철〉에 나타난 '나(혹은 놀이)Je(u)'에 대한 찬가는 이런 새로운 발견에 대해 이야기하고 있다. "자아!

모두 함께 속여 보자! 어영부영 게으름으로 살자. 얼마나 가련한 꼴이냐! 그리고 우리들은, 즐거운 생각을 하면서 해괴망측한 애욕이며 황당무계한 우주를 꿈꾸면서, 중얼중얼 불평을 늘어놓으면서 살아가자."[39]

얼마 뒤 무역상으로 변신한 아르튀르는 숱한 사업 실패와 혹독한 시련에도 불구하고 자신의 '나(혹은 놀이)$^{Je(u)}$'에게 즉흥 연주와 광적인 방랑의 능력을 부여하기만은 멈추지 않는다. "그토록 즐겁고 이토록 손쉬운 기교를 배웠다. 그것은 파도이며 꽃들이다. 그리고 친근한 가족들이다!" 에르네스트 들라에[40]는 그 누구보다도 먼저 랭보에게서 "강렬함의 탐구자"로서의 모습을 알아본다.

물론 쓰라린 희생을 치른 뒤 랭보는 "그곳에는, 그 기분 좋은 활주, 그 시원한 구름과의 융화 속에는 진정한 행복이 존재하지 않는다"는 사실을 깨달았다고 시에나 설리버은 지적한다. "그 활주는 영혼과 육체를 눈부시게 매혹했지만, 영혼과 육체 속에 완전히 스며들지는 못했다." 삶을 변화시키기 위해선 단순히 다른 언어, 다른 꽃들을 관통하는 것만으로는 부족하기 때문이다. 내가 다른 육신을 관통해야 하고, 다른 육신도 내 안으로 활주해 들어와야만 하기 때문이다. "이것이 "본질적인 건강"[41]의 비결이다. 그것

---

39 〈랭보시선〉(이준오 역, 책세상, 2001.) 참고.
40 Ernest Delahaye: 프랑스의 작가로 랭보의 오랜 지우였다.
41 랭보의 시 〈콩트〉에 나오는 구절.

은 바로 랭보의 시 〈콩트^{Conte}〉의 중요한 주제이기도 하다. 자선의 세속화, 영혼과 영혼의 교감 말이다. 그러나 랭보가 그 보물을 발견했을 때는 이미 시간이 너무 늦어 버린 뒤였다. 왜냐하면 베를렌느와 함께 시도했다가 끔찍한 경험만 하고 만 그는 이후로 두 번 다시 그 놀이에는 빠져들지 않았기 때문이다." 그 놀이란 바로 '타자'와 함께하는 '나(혹은 놀이)^{Je(u)}'를 말한다. 아르튀르는 더 이상 그 놀이를 하지 않기 위해, 아니, 그 놀이를 하고 싶은 욕망에서 벗어나기 위해 자신이 가장 좋아하는 놀이, 다시 말해 시, "거의 광기에 가까운 열정"에 몰입한다.

"저기 저 사람들은 내게 선행을 베풀려는 정직한 사람들이 아닌가…… 이리 와 줘요……." '지옥의 밤'에서 무기력증을 앓으며 시름시름 죽어 가던 랭보는 이렇게 썼다. "저들은 내 소리를 못 듣는다. 그건 환영이다. 누군들 다른 사람 생각을 하랴. 다가오지 마라. 누린내가 난다, 정말이다." 그는 지옥에 도달한다. "삶의 시계가 방금 멈춰 버렸다. 나는 이 세상 사람이 아니다." 왜냐하면 그는 더 이상 타자 속에 존재하지 않기 때문이다. "소리도 안 들린다. 감촉도 사라졌다. 오, 나의 성이여!" 랭보의 '지옥'은 타자가 없는 세상으로의 추락을 의미한다. 금속을 금으로 변화시키는 그의 위대한 작업, 그의 저 처절한 연금술을. 이로써 타자와 연관된 모든 것(분노, 오만, 애무)은 조직적으로 파괴된다.

나는 선과 행복으로의 개심을, 구원을 어렴풋이 예감했다. (중
략) 그것은 수많은 매혹적인 피조물들, 그윽한 종교 음악회, 힘과
평화, 고귀한 야망들, 기타 등등이었네!

고귀한 야망들! (중략)

나는 몽환의 대가다.

들어 보시오!

나는 모든 재능을 갖고 있다! ─ 여기에는 아무도 없고 그리고
누군가 있다. 다시 말하면 나는 내 보물을 퍼뜨리고 싶지 않다.[42]

수지가 울다

포피에게는 젊은 아르튀르가 즐겼던 그 광적이 열정이 없다. 그
녀에게는 삶에 대한 맹렬함이나 사랑에 대한 맹렬함이 없다. 그녀
는 언제나 '부드러움'을 향하기 때문이다. 부드러움은 그녀가 모
든 충격을 매력으로 변화시키도록 돕는다. 이 연구 작업을 시작할
때 앞서 우리는 인간적 파동을 만들어 내는 주요 원동력은 반향동
작, 즉 행동적 측면의 영향(모방이나 에너지 전파)에 있다는 사실을
확인한 바 있다. 두려움은 두려움을 촉발하고, 폭력은 폭력을 일

---

42 〈랭보시선〉(곽민석 역, 지식을만드는지식, 2012.) 참고.

으키며, 매력은 매력을 자극한다고 말이다. 이러한 현상에 의거해 포피는 자신에게 스트레스를 주거나 자신을 지치고 불행하게 만드는 소용돌이는 아예 전면 차단하기로 '결심'한다. 그리고 오로지 삶의 즐거움을 고양하는 것들에만 몰두한다. 그러한 태도는 결코 타고난 본성도, 잠재된 성향도 아니다. 2018년 마이크 리가 제작한 후속편[43]에서도 이런 사실이 잘 드러난다.

본래 마이클 리는 〈해피 고 럭키Happy-Go-Lucky〉의 후속편을 만들 계획이 없었다. 그러나 그는 마음을 바꾸었다. 그는 〈프리덤 프롬 케어Freedom from care〉가 개봉되었을 당시 그 같은 결정에 대해 다음과 같이 설명했다. "나는 전편에서 포피의 어린 시절에 대한 단서는 아무것도 남겨 놓지 않았다. 포피에 관한 대학 논문이나 강연, 심리학 저널에 실린 기사나 자기계발 관련 블로그 등을 보다가 이에 대한 관객의 불만이 많다는 걸 알게 됐고, 불현듯 '포피의 태도'가 어디서 연원하는 것인지에 대해 좀 더 깊이 천착해 보고 싶어졌다. 그와 관련한 안이한 추측이나 판에 박힌 평가들을 모조리 목졸라 없애고 싶었다." 여기서 잠시, 전편과 달리 후편은 '지적'인 성격이 더욱 강하다는 점을 미리 지적할 필요가 있겠다. 사실 2편은 속편이 아니라 오히려 프리퀄에 가깝다. 전편의 줄거리가 나오기 전 포피가 어떤 삶을 살았는지에 대해 다루고 있기 때문이다. 영

---

43 저자가 허구로 만들어 낸 후속편임을 잊지 말자.

화는 1993년으로 거슬러 올라간다. 어린 세리 브린$^{Ceri Breen}$이 소녀 시절의 포피 크로스 역을 맡아 열연을 펼쳤다. 포피는 런던 중산층 가정 출신의 소녀로, 파경 직전인 부모님과 언니, 그리고 여동생과 함께 살고 있다. 어머니는 청교도처럼 엄격하고 음울한 사람이다. 그런가 하면 아버지는 은행원으로, 보통은 업무나 열정적인 비서들 때문에 공사다망하여 번번이 집을 비우기 일쑤지만 일단 식탁에 앉는 순간 삶의 노하우나 처세술, 절약 정신에 대해 한도 끝도 없는 설교를 늘어놓는다. 한편 포피와 그녀의 언니는 집안에 감도는 이런 심상치 않은 기운을 잘 감지하고 있지만, 각기 현실에 대응하는 방식은 서로 다르다. 먼저 맏이 헬렌은 마케팅 공부를 열심히 하며, 아버지의 환심을 사기 위해 노력한다. 반면 둘째 포피의 관심사는 오로지 동생의 병을 고칠 방도를 찾아내는 것뿐이다. 그녀의 동생 수지는 5실 때 정신과 전문의들로부터 '자폐증' 진단을 받았다.

　이 영화의 오프닝 장면은 전편 〈해피 고 럭키$^{Happy-Go-Lucky}$〉에 등장했던 자전거 위에서 부르는 환희의 찬가와는 벌써 분위기부터가 다르다. 비가 추적추적 내리는 크리스마스 전야. 꽉 막힌 도로. 크로스 가족은 최근에 뽑은 최신 사륜구동차를 타고 있지만, 외할머니 에비게일의 집으로 향하는 길은 몹시도 더디기만 하다. 부모님은 이내 서로 티격태격하며 짜증을 부리기 시작한다. 헬렌은 이어폰을 꼽고 세상과 단절된다. 포피와 수지는 차창 너머로

광적인 맹렬함에 사로잡힌 차가운 도시를 멍하니 바라다본다. 눈앞에는 온통 충격 파동으로 가득 찬 도시가 펼쳐져 있다. 운전대를 잡은 이들은 분노를 발산하고, 보행자들은 서로를 거칠게 밀어낸다. 어린아이들의 안전을 신경 쓰는 사람은 아무도 없다. 산타 할아버지도 실은 변장한 거지에 불과하다. 오로지 폭력과 사기, 초조와 경멸만이 존재하는 세계다. 한마디로 그들은 자동차 문화(모두가 엇비슷한 모습의 차체 속에 갇힌 고장 난 '나(혹은 놀이)$^{Je(u)}$'의 한복판에 덩그러니 놓여 있는 셈이다. 주인공 포피는 도무지 이런 자동차 문화에는 익숙해지지가 않는다. 아무리 자전거를 도둑맞고, 운전면허학원에 다녀 봐야 소용이 없다.

드디어 트라팔가 광장. "조심해요! 앞에 새가 있어요!" 별안간 포피가 소리친다. 하지만 이미 한발 늦었다. 가녀린 새는 끝내 바퀴 밑에 깔려 버렸다. 아버지는 하늘을 올려다보며 원망을 하려다가 불현듯 사이드미러에 비친 딸의 눈빛을 발견한다. 세리 브린(어린 포피 역)의 강렬한 눈빛. 전기가 찌릿찌릿 흐르는 듯 강렬하지만, 비애감이나 적대감은 전혀 찾아볼 수 없는 모순적인 눈빛. 그 짧은 찰나의 순간, 그녀는 아버지에게 눈으로 이렇게 말하고 있는 듯 했다. "아버지는 결코 우리를 실망시키는 법이 없죠!" 그녀는 머릿속에 메모한다. 앞에 있는 사람이 누구인지, 절대 닮아서는 안 되는 사람이 누구인지 똑똑히 기억한다. 물론 부자연스러운 몸짓으로 '오, 하느님 맙소사!'를 외치고 있는 어머니도 그렇게 본보기로 삼을 만한 인물은 아니다. 사실 포피에게 이런 일은 그리 새삼스러울 것도 없는 일상이다.

지프차 안에 탄 수지는 질겁하며 차 문을 열고 바퀴 밑에 깔린 비둘기를 찾아 차도로 와락 뛰어든다! 그러나 정작 아버지는 동생을 따라 차에서 내릴 생각을 하지 않는다. 그저 신차 기능이 얼마나 엉망인지, 어린이 안전 대책이 얼마나 미비한지에 대해 온갖 불평불만만 늘어놓고 있을 뿐이다. 한편 어머니는 좀 전보다 더 크게 아버지에게 언성을 높인다. 헬렌은 음악 속으로 침잠한다. 결국 포피가 다급하게 뛰쳐나간다. 여기저기서 짜증 섞인 클랙슨 소리가 요란하게 울려 댄다. 수지는 본능적으로 만신창이가 된 비둘기를 손바닥 위에 얹어 보지만 대체 무엇을 해야 할지 몰라 당황한 채로 머뭇거릴 뿐이다. 돌연 하늘에서는 장대비가 쏟아진다. 포피가 도착하자 수지는 죽은 새의 시체를 도로 위에 다시 내던지며 그 자리에서 울음을 터뜨리고 만다. 포피는 아무 말 없이 그녀를 품에 꼭 안고 이마를 쓰다듬어 준다. 그녀를 경이로운 시선으로 바라본다……. 그러다 뜬금없이 깔깔깔 웃음을 터뜨린다! 승리에 찬 포피의 웃음소리는 동생의 울음소리와도, 이 괴기스러운 상황과도 너무나 강렬한 대조를 이룬다. 이 장면에서 관객은 당황스러운 감정을 느끼며 정상적인 판단에 혼란을 겪는다. 그러나 잠시 뒤에 비로소 관객들은 포피가 왜 그런 기인한 행동을 한 것인지 이유를 깨닫게 된다. 그러니까 수지는 그날 난생 처음으로 다른 누군가를 위해 눈물을 흘렸던 것이다. 이제 수지의 병을 치유할 수 있는 한 줄기 희망이 생긴 것이다. 포피는 빗물과 슬픔이 함께 흘러내리는 동생의 머리를 기쁜 마음으로 끌어안는다. 동생을 다시 차에 태운 포피는 차가 달리기 시작하자 개폐 장치를 작동시켜 차의 지붕을 활짝 연다. 때마침 우산을 챙겨 온 사실이 생각난 것이다.

우리는 이 첫 장면부터, 내향적이고 전투적인 15살 소녀 포피와 15년 뒤 모든 이들을 시도 때도 없이 깜짝 깜짝 놀라게 만드는 유쾌 발랄한 어른이 된 포피 사이에 얼마나 큰 간극이 존재하는지 여실히 깨닫게 된다. 그리고 대체 어떤 이유로 이런 믿을 수 없는 변신이 가능했는지 문득 궁금해진다. 이것이 〈프리덤 프롬 케어 Freedom from care〉의 이야기를 이끌어 가는 주요 동인이며, 한 장면 한 장면 사건이 새로운 국면을 맞이할 때마다 짜릿함을 더해 가는, 심리적 탐정소설에 버금가는 서스펜스를 자아내는 장치다. 결국 포피는 병약한 동생 수지를 돌보고care, 그녀의 감정과 근심, 내면의 작동 원리를 보살피면서care, 서서히 타자에게 마음을 열게 된다. 그리고 '자폐적이거나' 혹은 무뚝뚝한 겉모습 이면에 숨겨진, 인간이라면 누구나 지니고 있는 모든 이들의 가장 좋은 면을 찾아볼 수 있는 눈을 갖게 된다. 이런 통과제의를 통해 그녀는 진정한 자유freedom에 도달하게 되는 것이다.

그럼에도 그녀가 자유로 향하는 길에는 커다란 걸림돌이 하나

놓여 있다. 바로 부모님이다. 부모님이 가하는 오만 가지 압박과 오만 가지 협박 말이다. 그것은 그들이 나쁜 의도를 가졌거나 독재적이어서가 아니다. 단지 현 시스템이 낳은 순수한 산물인 그들에게는 '어떤 매력'도 존재하지 않기 때문이다. 현 시스템에서는 모두가 충격에 충격으로만 응답할 뿐이다. 더 이상 여유로운 시간도 즐길 수 없다. 꼭두새벽에 일어나 온종일 일터에서 권태로운 하루를 보낸다. 다시 생생하게 되살아나는 것은 오로지 휴가철뿐이다. 우리는 모두가 하나같이 음울한 복장을 하고, 설탕과 고기를 걸신들린 듯 섭취한다. 때로는 온갖 식이요법을 시도해 보기도 한다. 가끔은 개가 차라리 인간보다 더 나은 식사를 하기도 한다. 우리는 TV 앞에서 휴식을 취하고, 어린 청소년들에게는 돈과 명성이라는 꿈으로 최면을 건다. 우리는 예술가들을 돈으로 사고, 불행한 자들에게는 마약을 제공하며, 빈곤층과 이민자를 무참히 착취한다. 감옥을 죄수로 가득 채우고, 전쟁에 자금을 지원하며, 청년과 여성, 노인을 혐오한다. 아이들이 바깥에서 자유롭게 뛰노는 것을 두려워하며, 도시를 자동차들을 위한 쓰레기통으로 바꾸어 놓는다. 더욱이 현 시스템 하에서는 '모든 것이 서로 연결'되어 있다. 그러니 포피에게 있어 부모님과 거리를 둔다는 것은 곧 현 시스템을 송두리째 산산조각 내는 것과도 같은 일이다. 그러나 그것은 그녀의 능력을 초월한 과제다. 그러나 다행히도 포피에게는 앨더스(포피 할머니가 '최악의 친구'라고 부르는 인물)라는 인물로 구현된, 천군만마 같은 소중한 동맹군이 나타난다.

몽환적 오나니즘

반면 아르튀르에게는 그런 동맹군이 없었다. 그의 호소에도 불구하고. "나에겐 기도가 필요 없다. 당신들이 믿어 주기만 해도 나는 행복할 것이다." 베를렌느의 가혹한 고문, 어머니의 고리타분한 사상, 종적을 감춰 버린 아버지. 랭보에게 타자는 늘 위험을 의미했다. 그는 타자 없이 살기 위해, 그러나 타자에서 벗어나더라도, '나(혹은 놀이)$^{Je(u)}$' 혹은 그 마약 주사 같은 감정들로부터 완전히 단절되지는 않기 위해 자신만의 시 세계를 구축하기에 이른다. 그는 손님들로 바글바글한 흥겨운 잔치가 없이도 샴페인을 마신 듯한 기분을 누릴 수 있기를, 함께 잔을 부딪칠 사람 없이도 가벼운 도취감을 느낄 수 있기를, 사람들과 직접 관계하지 않고도 융화의 행복을 느낄 수 있기를 갈망했다. 그는 자신의 시 세계를 '나는 타자다'라는 말로 표현했다. 랭보는 '나는 타자다'라는 이 문장을 쓰면서 타자라는 단어를 단수 정관사(Je est l'autre)나 복수 부정관사(Je est des autres)로 표현하지 않았다. 그는 단수 부정관사(Je suis un autre)를 사용했다. 말하자면 주체를 둘로 분할한 것이다. 또 다른 자신과 스스로를 융화하기 위해, 혼자서 저

"터무니없는 오페라"⁴⁴가 되기 위해, 다시 말해 '현실 속에서 타자 없이 살아가기' 위해서 말이다. 이 나르시즘적이고 정신분열적인 분할(그는 나르시스가 되기 위해, 타자성을 배제하기 위해 정신을 분열한다)을 실행하는 것이 바로 그의 시 세계다. 그것은 장엄한 거울이자 유리 보호막이다. 영혼은 자신의 계절은 오롯이 견뎌 낼 수 있지만 타인의 계절로부터는 스스로를 단단히 방어해야만 한다. 타인의 계절을 방어하지 못하면 영혼은 지옥으로 하강할 수밖에 없기 때문이다. 게다가 정신분석학자들에게는 참으로 미안한 이야기지만, 시인은 동일자의 타자성('나는 타자다')을 가정하면서도, 진정한 만남에 대한 욕구에서 자유롭기 위해 타자의 동일성('타자는 나다')만은 전제하고 있지 않다. 그랬다가는 공감을 강요당하고 말 것이기 때문이다. 그에게 타자는 결국 초월적 존재로 남는다. 다행히도 손에 쥘 수 없는 신적 존재다. 그가 공감하는 것은 오로지 자신의 '나(혹은 놀이)Je(u)', 내재성뿐이다. 처음에는 즐거움을 향유하는 내재성뿐이다. 그러나 불현듯 자위의 시간이 끝나면 즐거움은 이내 실망으로 바뀌고 만다. 그런 의미에서 시에나 설리번은 시인의 행위를 '몽환적인 오나니즘' 혹은 '광신적인 오나니즘'이라고 표현한다. "랭보의 영혼은 '사냥 중'이며, 또한 발정 중인 것이다. 그의 영혼은 절정의 순간을, 다이아몬드들이 분출되

---

44 랭보의 시 〈굶주림Faim〉에 나오는 구절.

는 순간을 희구한다. 그러나 그의 에로티시즘은 그 어떤 다른 영혼도 겨냥하지 않는다. 그저 자기 자신하고만 상호적으로 작용할 뿐이다."

나는 예전에 썼던 연구 논문 '랭보, 흔들리는 타자성'에서, 이미 이 시인의 자기만족(그의 자기만족감은 짜릿한 절정의 순간이 지나자마자 곧바로 좌절감으로 바뀌어 버린다)이 십대 나이에 걸맞은 청소년의 미성숙한 자위의 경험에 이어지는 감정 상태임을 입증해 보인 바 있다. "자가 타자성, 자가 애무, 그리고 자가 출산. 그것이 바로 랭보의 시인 것이다. 랭보에게 있어 시는 존재의 철저한 변화를 가능케 하는 일종의 도구처럼 인식되곤 한다. 그러나 실상 그것은 '사춘기 시절을 통과'하면서 얻은 열매에 불과하다. 또한 그의 철학도 자위 축제에 대한 찬양일 뿐이다." 나는 이렇게 썼다. "그의 시들은 수액이 차오르는 데서 비롯된다. '저는 뭔진 잘 모르겠지만…… 제 속에 있는 무엇인가가 자꾸만 위로 올라오려 하는 걸 느낍니다…… 저는 그것을 봄이라고 부르지요'." 그러면서 다음과 같이 왕년의 포르노 스타 로코 시프레디[45]가 했던 증언을 함께 곁들였다.

내가 처음 자위를 경험한 것은 10살이었다. 처음으로 사정이란

---

45 Rocco Siffredi: 이탈리아의 포르노 배우.

걸 경험한 날 나는 마치 천국이라도 발견한 듯한 기분이었다! 나
홀로 내 몸을 애무하는 것만으로도 충분히 즐거움을 느낄 수 있다
니. 나는 마음이 이는 만큼 자위를 즐기고 또 즐겼다. 모든 것이
내 마음에 달려 있었다. 나는 완전히 자율적이었다. 그것은 즐거
우면서도 동시에 자유로운 기분이었다!

랭보의 '나는 타자다'는 시인이 자신만의 세계에 홀로 유폐된 채
오로지 자가 잉태에 대해서만 이야기하는 그 시들을 통해 오나니
즘과 창작의 불을 꽃피울 수 있도록 해 준다. 그러나 그 무엇도 아
르튀르를 잉태하지는 못한다. 아르튀르도 종국에는 오로지 자기
에게로 향하게 될 황홀경에 빠진 매개자들만을 잉태하고 있을 뿐
이다. 그는 오르가슴에 도달하기 위해 시를 쓰고, 또 우리도 오르
가슴에 오르게 해 준다. 단, 조건이 있다. 우리가 절정의 순간에
오르기 위해서는 그의 육신과 삶을 그대로 재현하며 온전히 그와
혼연일체가 되어야만 한다. 그것이 바로 그의 연금술이 작동하는
방식이다. 그의 쾌락을 통해 그를 체험하고 향유하는 즐거움은
자극하면서도, 정작 자신의 성은 다른 이들의 침입으로부터 철저
히 보호하는 것. 시에나 설리번은 한 인터뷰에서 다음과 같이 솔
직한 속마음을 털어놓았다. "랭보를 보세요. 그의 방랑과 편지,
그리고 시들을요. 그는 언제나 오로지 자기 자신에 대해서만 말
하고 있답니다. 그는 결코 누구의 속에도 들어가지 않아요. 아마

도 그래서 그의 모든 열광적인 팬들^{aficionados}, 특히 랭보주의자들이 그의 속에 들어가기를 열렬히 꿈꾸는 것인지도 모르죠! 그는 사람들이 그를 '욕망'하도록 만드는 재주를 지녔어요. 지인들도, 독자들도, 베를렌느도 모두 하나같이 그를 욕망했죠. 그의 나르시스적인 암호 장치, 그가 되는 도취감은 우리의 갈증을, 우리의 히스테리를 촉발합니다. 그러나 그는 오로지 자기 자신으로만 목을 축일 뿐입니다. 그리고 그에게 갈증은 끝내 '희극'으로 남게 되지요. '아니다, 이제는 순결한 음료도/ 유리잔에 채울 물의 꽃도 없다/ 전설도 인물들도/ 내 갈증을 풀어 주지 않았다.'[46]" 그러나 인생 말년에 그는 '타자 살해적' 관념에서 벗어나 마침내 타자(사랑해야 할 아내, 교육해야 할 아들)를 꿈꾸기 시작한다. 그러나 이내 암종이 그의 목숨을 앗아 간다. 그는 행복의 비결이 무엇인지 알아내기를 원했고 또 그 비결을 찾아냈다. 그것은 바로 타자성에 대한 목마름이었다. '나(혹은 놀이)Je^(u)'가 되는 것만으로는 부족했다. 내가 융화할 수 있는 타자가 필요했다. 설령 그것이 페티시즘이나 허구, 혹은 상상의 산물이라 할지라도 말이다.

아르튀르가 시집 〈일뤼미나시옹〉에서 '도취의 아침'에 대해 이야기할 때, 그는 분명 타자를 배제한 자족의 경험이 초인적인 능력뿐만이 아니라 동시에 '정신착란'도 함께 '약속'하고 있다는 사실

---

46 랭보의 시 〈갈증의 희극〉에 나오는 구절.

을 분명히 인식했다. 대체 '나는 타자다'가 그에게 가능하게 해 준 것은 무엇이었을까? 아르튀르는 주체의 분열(그것은 광적인 '고문'인 동시에 영원불멸의 '독약'이다)을 통해, 비로소 홀로(나는……)인 동시에 둘이서(……타자다) 춤을 출 수 있었고, 또 자기의 자화상과 동시에 타인의 초상화를 그릴 수가 있었다. 한마디로 어린아이의 웃음이 지닌 순수함과 자연스러움을 재료로 삼아, 한껏 도취감에 취할 정도로 열렬히 새로운 하모니를 창조해 낼 수 있었다.

오오, '나의 선'이여! 오오, '나의' 미! 조금도 비트적거리지 않는 잔인한 팡파레! 몽환적인 받침대여! 미증유의 작품과 놀라운 육체를 위해, 최초의 새벽을 위해! 만세! 그것은 아이들의 웃음소리 아래 시작되어 그들에 의해 끝날 것이다. 이 독은 팡파레가 멀어지고 우리가 이전의 부조화에 다시 끌려와도 우리들의 혈맥 전체에 남아 있을 것이다. 오오, 지금이야말로 우리는 그와 같은 고문에 얼마나 당당한가! 열심히 모으자. 창조된 우리들의 육체와 영혼에 다짐된 이 초인적인 약속을, 이 약속, 이 광기![47]

---

47 〈랭보시선〉(이준오 역, 책세상, 2001.) 참고.

"보 펜 양!"

　스스로 만들어 낸 타자성auto-alterity을 통해 '정신착란'에 이르더라도 아르튀르가 '초인적'이라고 여긴 타자에 대한 '약속'은 결코 실현되지 않는다. 그것은 분명 그에게는 치명적인 독이 된다. 그는 결코 시를 통해 '예전의 불협화음', 평온한 공모 관계(교감)에 이르는 능력의 결함, 그의 '나(혹은 놀이)Je(u)'와 타자의 '나(혹은 놀이)들Je(ux)' 사이의 단절을 극복할 수가 없다. 언어도, 여행도, 그에게 잃어버린 어린아이의 웃음 같은 행복은 절대 돌려주지 않는다. 아르튀르가 세상을 떠나기 전 간신히 의식을 회복한 환각 상태에서 배[48] 이야기를 꺼낸 것(내가 몇 시에 승선할 수 있는지 알려 주오!)[49]은 결코 우연이라고 보기 힘들다. 그것은 그가 여전히 예전과 똑같은 꿈에 매달려 있음을, 똑같은 해방을 꿈꾸고 있음을 여실히 깨닫게 해 준다. 그 꿈이란 바로 '타자의 배에 승선'하는 것이었다. 헤르메스[50]가 되는 것이었다. 말하자면 여행자와 웅변가와 도적들의 수호자, 글과 춤과 별빛과 경계석을 건네 준 자, 장사꾼들의 신,

---

48 정확히 말하면 '해운회사의 선박bateau de Messagerie'이라고 적혀 있다. 여기서 Messagerie란 단어는 운송이란 의미도 있지만 메시지라는 의미도 내포하고 있어 뒤에 나오는 전령의 신 헤르메스를 연상시킨다.
49 그는 간신히 의식을 회복한 상태에서 누이에게 선박회사에 보내는 편지를 받아 적게 했다. "나의 몸은 완전히 마비되었으니 일찍 출항하고 싶소. 내가 몇 시에 승선할 수 있는지 알려 주오!"
50 그리스 신화에 나오는 올림포스 12신 중 하나로, 신의 사자 역할을 하는 동시에 목축, 상업, 도둑, 여행자 등의 수호신이다.

신들의 전령이 되기를 갈망한 것이다. 그러나 아르튀르는 끝내 배에 승선하지 못한다. 타자는 영원히 그에게 미처 그리다 만 미완의 이상향으로만 남는 것이다. 말하자면 보물 지도에 보물이 묻힌 곳을 표시해 둔 가위표 표식, 아직 검증이 완료되지 않은 발명품, 창조해야 할 육체와 성신, 환상으로 향하는 물결로 남은 셈이다. 결국 그는 콩셉시옹[51] 병원에서 마지막 숨을 거둔다.

모든 배는 일종의 메타포다. 〈해피 고 럭키Happy-Go-Lucky〉의 결말에도 작은 배 한 척이 등장한다. 포피는 친구 조이가 노를 젓는 동안 밝은 미소를 지어 보인다. 별안간 노를 젓는 친구가 이 행복한 여인에게 충고한다. 우리는 절대 사람을 변화시킬 수 없다고. 그러자 이 행복한 여인은 대답한다. "그렇더라도 한번 시도해 본다고 손해 볼 건 없잖아." 어쩌면 이것은 우리가 찾던 행복에 대한 해답일지도 모른다. 이제 관객들은 이해할 것이다. 행운이란 우리 각자가 스스로 만들어야 하는 것임을. 행복이 우리에게 활기를 불어넣으면(happy), 곧이어 행운이 뒤따른다는 것을(go lucky). 반면 행복이 결핍된 경우라면, '언어'만으로는 부족하다. 이 경우에는 언어가 아닌 '태도attitude'가 우리를 매력 파동에 던져 놓고, 타자에 대한 두려움을 물리치도록 도와줄 것이다. 아르튀르 랭보가 실수한 것이 있다면, 그는 오로지 언어의 지배력, 언어의 성대한 미사

---

51 Conception: 수태 혹은 구상, 발상 등의 뜻을 가지고 있다.

가 지닌 주술적 힘만을 너무도 맹신했다는 것이다. '언어 혼자서' 만 위엄한 주교의 의식을 집행했던 것이다. 그러나 언어의 마법은 허구였다. 언어는 모든 것에 대해 이야기^{causer} 하지만, 결코 아무런 결과도 야기^{causer}하지 못하기 때문이다. 타자에게 활짝 열려 있고 싶다는 욕망에서 우러나온 것이 아닌 언어는 그저 아무것도 생산해 내지 못하는 부질없는 위업으로만 끝이 난다. 영향력 없는 도약이자, 도발성 없는 현실의 환기에 그치는 것이다. 언어는 그 어떤 새로운 태도도 유발하지 않는다. 반면 태도는 말을 고르고, 직조하고, 거기에 생기를 불어넣는다. 우리의 태도는 우리가 감정, 사건과 관계를 맺는 방식이다. 우리의 태도는 우리가 변화하는 존재임을 인증해 주고, 우리만의 어법을 만들어 낸다. 감정이 배제된 양식(스타일)은 결코 실존하지 않는다. 그것은 오로지 문학적인 영역에서만 존재한다. 그러한 종류의 양식은 언제나 상대에게 제시되고, 강요될 뿐, 정작 자신을 내려놓고 상대에게 굴복하는 법은 없다.

포피의 언어는 그의 태도가 음성의 형태로 가지를 뻗은 것이다. 그녀의 말은 그 자체로는 그 혼자만으로는 별다른 의미를 지니지 못한다. 그 자체만으로 그 혼자만으로 가장 본질적인 문제와 가장 강렬한 감정, 구마의식, 열정 따위를 응축해 놓은 아르튀르의 말과는 완전히 성격이 다른 것이다. 포피는 언어를 '우습게' 생각한다. 끊임없는 유머의 활주 속에서 그녀는 타인의 말은 물론 자신의 말에도 그다지 큰 중요성을 부여하지 않는다. 그녀가 믿는 것은 오로지 태도뿐이다. 그녀는 공허한 말에 지나지 않는 것들은 모두 일종의 사기일 뿐이라고 인식한다.

영화 〈해피 고 럭키Happy-Go-Lucky〉의 도입부에는 주인공들이 함께 클럽을 다녀온 뒤 이야기를 나누는 뒤풀이 장면이 등장한다. 한창 대화가 오가던 중 포피는 누군가의 질문에 팝 그룹 디페쉬모드 Depeche Mode의 노래, '침묵을 즐겨라Enjoy the silence'로 화답하는데, 이 대목은 상당히 의미심장하다. 물론 이 노래의 가사는 여자들끼리 술을 나누면서 맞이하는 새벽녘의 관조적 분위기와도 매우 잘 어울린다. 그러나 특히 이 노랫말을 잘 음미해 보라. 그러면 그것이 언어의 연금술이 지닌 힘을 맹신하는 랭보의 태도에 철저히 반한 다는 사실을 깨닫게 될 것이다.

맹세는 깨어지기 위해 있는 것

감정은 강렬하고

말은 불필요해

쾌락은 남고

고통도 남는데

말은 의미 없고

그저 잊히기 쉬운 것일 뿐

말과 글의 중요성을 반박하는 이 노랫말은 일종의 감정을 찬양하는 찬가이다. 감정이란 말로는 표현할 수 없는 것이지만 우리에게 반드시 필요한 것이라고 찬양하고 있다. 이 노랫말이 사람들에게 즐기라고 권유하는 침묵은 바로 타인과 융화가 '이루어질 때' 일어나는 바로 그 의미의 침묵이다. 우리는 뒤로 주춤 물러서거나, 약삭빠르게 손익을 따져 보거나, 타인에게 날카로운 심판의 잣대를 들이대지 않을 때 비로소 마음속 깊이 서로의 파동이 스며들며 공명을 이룰 수 있다. 이때의 침묵은 내 안에 타자가 존재할 수 있는 가능성이며, 타자 안에 '나(혹은 놀이)$^{Je(u)}$'가 존재할 수 있는 가능성이다. 아르튀르 랭보가 미친 듯이 찾아 나섰던 바로 그것이다.

어느 날 서점을 찾은 포피가 책을 파고드는 데 만족하지 않고, 입에 지퍼를 채운 무뚝뚝하고 과묵한 서점 주인의 마음속에도 어떻게든 파고들어 가 보려고 애쓰는 장면은 그래서 매우 의미심장하다. 서점은 언어의 성전이지만 정작 서점 주인은 굳게 침묵을 지키고 있다. 심지어 미소도 짓지 않는다. 포피는 그에게 말을 건넨다. "안녕하세요! 이곳은 바깥세상과는 영 딴판이네요. 평화의 안식처 같아요!" 그러나 주인은 그녀의 말에 아무런 대꾸도 하지 않는다. 그 젊은 남자는 벌레를 씹은 듯한 표정을 짓고 컴퓨터 화면을 들여다보며 도서 번호를 조회하느라 정신이 없다. 그는 타인과 단절된 사람들에게서 찾아볼 수 있는 표정을 하고, 침묵을 즐길 줄 모르는 사람들에게서 찾아볼 수 있는 침묵만을 굳게 지키고 있을 뿐이다. "오늘은 어쩌나 날씨가 화창한지 외출을 안 할 수가 없더군요. 그나저나 이 서점에 발걸음 한 건 처음이네요." 오늘날 컴퓨터는 타인을 무시하는 데 더할 나위 없이 훌륭한 알리바이가 되어 주고 있다. 만일 아르튀르 랭보가 손에 마우스를 쥐고 태어 났다면, 아마도 그는 천재 해커나 혹은 어린 나이에 일찌감치 불법 복제를 일삼는 조숙한 사기꾼이 되었을 것이다. "많이 바쁘신 가 봐요?" 그러나 여전히 주인은 고개를 들지 않는다. "여기요!" 그래도 주인은 계속 무시한다. 그러자 이번에는 그녀가 슬쩍 장난을 건다. "오, 아주 일진이 사나운 날이셨나 보네요." 마침내 남자가 포피를 쳐다본다. 그러나 입을 굳게 다문 채 무뚝뚝하게 고개만 가로저을 뿐이다. "아, 그러시구나. 그럼 저는 이만 가 볼게요. 그러면 되겠죠? 그저 저는 헤드라이트 불빛에 놀란 토끼일 뿐이에요! 절대로 사장님을 물지는 않아요. 자, 긴장 푸세요. 그럼 저는 이만 갑니다! 좋은 하루 보내시고요! 그리고 스마일! 저는 이곳에서 아무것도 훔쳐 나가지 않아요. 저는 아주 정직한 여자거든요!" 그러더니 이내 포피는 마지막으로 쐐기를 박듯, 서점 문을 나서다 말고 갑자기 '삐삐삐삐! 삐삐삐삐!' 하며 입으로 경고음을 낸다. 그러나 서점 주인은 그가 세운 말의 성채 안에서 자아는 잠시 꺼둔 채 컴퓨터 속에만 깊이 빠져 있을 뿐이다.

대체 왜 포피는 자꾸만 그에게 집요하게 말을 걸려는 것일까? 왜, 어떻게든 충격 파동(서점 주인의 무관심은 타자의 부정이라는 상당히 커다란 충격이다)을 매력 파동으로 변화시키지 못해 그토록 안달인 것일까? 그에 대한 대답은 철학적인 접근을 통해 '포피식 태도'의 연원을 다룬 〈프리덤 프롬 케어Freedom from care〉에서 더 자세히 찾아볼 수 있다.

포피와 '자폐증'을 앓고 있는 동생 수지는 부모님을 잠시 떠나, 해안가에 자리한 할머니 애비게일(샤를로트 램플링이 연기)의 집에서 휴가를 보낸다. 굉장히 우아하고 기품 넘치는 미망인인 할머니는 인간들 사이의 관계나 정치적 문제, 동시대인의 불행의 원인 등을 명철한 눈으로 꿰뚫어 볼 줄 아는 사람이다. 그녀는 더 이상 세상의 그 어떤 것에도 환상을 가지고 있지 않다. 그러나 그녀는 성품만큼은 몹시도 선해서, 경직된 성격을 지닌 포피의 부모님과는 완전한 대비를 이룬다. 그녀는 손녀들에게 편안하게 말하고 행동할 수 있는 자유를 선사한다. 가령 손녀들이 자전거를 타고 자유롭게 호브Hove 지역을 돌아보거나, 신나게 침대 위에서 방방 뜀을 뛰거나, 경찰관을 골려먹는 재미를 경험하게 해 준다. 틈만 나면 산통을 깨고 잔소리를 늘어놓는 보수적인 어머니, 이기심을 조장하는 장황한 설교를 입에 달고 사는 아버지. 그런 모습에만 익숙했던 포피나 수지에게 할머니는 잠시 숨통을 틔어 주는 신선한 한 줌의 바람과도 같다.

자매는 브라이튼 부둣가에서 이리저리 춤추는 새들의 뒤를 쫓으며 즐거운 한때를 보낸다. 그런데 저만치서 한 남자가 이름 모를 이들과 체스 게임을 하다가 자매의 모습을 흘끗 바라다본다. 몰락한 귀족 같은 분위기를 풍기는 65살의 이 남자는 자매에게 그 새들의 이름이 각각 갈매기, 바다제비, 유럽쇠가마우지, 북양가마우지라며 슬며시 말을 건넨다. 남자는 두 자매에게 자기 이름이 올더스라고 알려 준다. "이 이름을 가진 동명이인의 작가가 있지"라고 남자가 말하지만, 정작 포피는 그 이름이 〈멋진 신세계〉를 쓴 작가 올더스 헉슬리라는 것을 떠올리지 못한다. 남자(카리스마 넘치고 매력적인 존 말코비치가 열연을 펼쳤다)는 걸어 다니는 도서관이라고 불릴 만큼 박학다식한 데다, 어딘지 모르게 신비술가 같은 능력도 겸비하고 있다. 어느새 남자와 크로스가의 자매들은 마음을 터놓는 친숙한 사이가 된다. 그러나 남자는 자매들에게 자기와 함께 들판을 산책하고, 비주류 하층민들이 사는 곳을 거닐고, 불법제류사와 밤을 보낸 사실을 절대 비밀로 해 달라고 당부한다. 남자는 원래 30년 동안 라오스 사라반 지역에서 살았는데, 유산 상속 차 최근 고향 마을인 호브로 돌아왔다고 털어놓는다. 그는 귀국한 뒤에도 라오스에서 배운 표현을 입에 달고 산다. 누군가 자신을 자극하거나 혹은 일이 잘 풀리지 않을 때마다 마치 마법의 주문처럼 이 말을 외치곤 한다. "보 펜 양!" 우리말로는 "괜찮아요!", "문제없어요!", "별거 아니에요!"라는 뜻이다. 그것은 손으로 얼굴을 가릴 때 쓰는 그런 표현이 아니다. 타인들의 까다로운 요구나 노이로제 반응에 대처하는 일종의 철학적 태도다. 올더스는 보펜양에 대해 열변을 토한다. "누군가 네게 귀찮은 일을 시키거나, 비난을 퍼붓거나, 바보 같은 생각으로 귀찮게하려고 한다면? 그럴 땐 '보 펜 양!'이라고 외치는 거야. 그가 네 영역을 침범하고, 톡톡 튀어 오르는 산뜻한 기분bubbly mood을 망치려 한다면? 그럴 때도 '보 펜 양!'을 외치는 거지. 그가 너를 사랑하려 한다고? 그래도 '보 펜 양!' 너에게 해를 끼치려 한다고? 그래도 '보 펜 양!' 사실 이 세 마디 말만 있으면 너는 누구든 더 이상 너를 방해하지 않고 조용히 내버려 두게 만들 수 있지. 이 말을 들은 사람들은 처음에는 네가 순종한다고 믿을 거야. 그러나 이 말은 오히려 네게 잠시 생각하고, 이해하고, 또 불복할 수 있는 용기를 불어넣어 준단다. 사실 정말 중요한 건 상대가 원하는 것을 너도 똑같이 원하느냐가 아니야. 다른 사람이 보는 것을 너도 함께 볼 수 있는가가 중요하단다. 사실 세상 모든 이들이 그런 관심을 받을 만한 자격이 있지(anybody deserves such a care)."

겉보기엔 한낱 단순한 라오스 말처럼 보여도, 올더스에게 '보 펜 양'은 타인으로부터 나오는 충격 파동을 피하는 일종의 기술인 셈이다. 그것은 충격 파동을 매력 파동으로 바꿔 놓기 위해 미리 연주해야 하는 전주곡이다. 겉으로 속 편한 척하는 무사태평한 태도는 결코 위선이 아니다. 일종의 전략이다("사람들은 네가 순종한다고 믿겠지"). 이 말의 목적은 거짓말을 하거나, 누군가를 속이기 위한 게 아니다. 차후에 그 사람과 '현실에서도 뒤끝 없는 무사태평한' 관계로 지내기 위한 것이다. 다시 말해 공감("상대가 보는 것을 나도 보는 것")과 편안함("'방해'받지 않고"), 그리고 용기 ("생각하고, 이해하고, 불복할 수 있는 용기")가 뒤범벅된 상태를 계속 유지하기 위한 것이다. 사실 이 세 가지는 나중에 포피가 보여 주는 '샴페인 같은 기분'을 이루는 가장 주요한 특성이라고도 할 수 있다. '보 펜 양.' 그것은 정면충돌이나 여러 의지들의 대결을 피하고, 상대의 호전적인 비판이나 공격에 감염되지 않기 위한 기술이다. 타인의 감정 상태를 있는 그대로 수용하는 태도다. 설령 그 상대가 오로지 자기 세계에만 갇혀 살아가는 언니, 모든 것이 곧 몰락할 것이라는 염세적인 시선으로 세계를 바라보는 운전면허 강사, 미쳐 버린 사회의 낙오자, 로봇처럼 무뚝뚝한 서점 주인이라고 할지라도 말이다. 그것은 타인의 감수성에 더욱 예민하게 반응하는 것, 그래서 만남의 모험을 더욱 멀리, 더욱 깊이 밀고 나갈 수 있는 에너지를 끌어내는 것을 말한다. 설령 상대가 알아차리지 못할지라도 (사실 상대는 알아차리지 못한다!) 상대를 길들이기 시작하는 것을 뜻한다.

그러나 동시에 그것은 자기 자신을 위해서도 바람직한 태도다. '보 펜 양'은 결코 세계에 대해 환상을 지닌 사람이 "그래, 잘 될 거야!" "아무 문제없어!"라며 위선적으로 던지는 거짓 위로의 말이 아니다. 그렇다고 에밀 쿠에의 긍정적인 자기 암시도 아니다. 오히려 우리의 내면이 여전히 무엇인가를 욕망하고 만사에 호기심을 유지할 수 있도록 도와주는 말이다. 이미 모든 것은 끝났다며 미래를 패배주의적인 시각으로 바라보는 관점과는 정반대의 시선을 갖게 해 주는 태도다. 올더스는 미래에 대한 자신의 견해를 다음과 같은 간명한 말로 표현했다. "네 인생의 정말 중요한 부분은 아직 시작도 되지 않았단다." 그리고 영화 말미에서 포피가 그에게 "보 펜 양"이라는 말로 작별인사를 건네자, 남자는 "Take care!"라는 말로 화답한다. 여기서 이 말은 문자 그대로 해석될 수 있다. "(너와 네 동생, 그리고 네가 만나는 모든 이들을) 잘 보살펴라." "세상의 떨림을 잘 들여다봐라." "매력 파동을 절대 놓치지 마라."

〈해피 고 럭키Happy-Go-Lucky〉에서 '보 펜 양'이란 말은 포피와 거의 한 몸을 이룬다. 굳이 그녀가 이 말을 입으로 내뱉을 필요조차 없을 정도다. 이 말은 요컨대 그녀가 말한 '즐겨야 할(음미해야 할)' 침묵을 의미한다. 그것은 이미 은연중에 그녀의 존재 속에 널리 퍼져 있다. 그녀의 웃음과 유머, 말 속에. 가령 '보 펜 양'과는 담을 쌓은 운전강사 스콧은 "로마는 불타고 있다"고 주장하거나 "다문화주의의 질병"을 비판하곤 한다. 그런 그에게 포피의 내면에서 우러나오는 '보 펜 양'은 이렇게 말해 준다. "인생이란 쉽고도 근사한 것이다!" 강사는 포피를 산만하다고 생각하며 그녀에게 "경청하라고", "책임감 있는 사람이 되라"고 집요하게 지적한다. 그러나 정작 이 젊은 여자의 주의를 흩트리고 스트레스를 주는 것은 자신의 신경질적인 태도라는 사실을 그는 까맣게 알지 못한다. 한편 사람들이 남자 친구가 없는 걸 걱정해 줄 때에도, 포피는 괜찮다고 말한다. 그럴 때에도 그 속에는 그녀의 '보 펜 양'이 작동하고 있다. 사람은 누구나 애인을 사귀어야 한다는 관습적 사고에 얽매인 관객은 물론 그녀의 말이 진실인지 의심의 시선을 거둘 수가 없을 것이다. 그러나 "나는 남자 없이도 행복하답니다!"라는 유쾌할 정도로 전복적인 그녀의 말은 승리의 외침처럼 울려 퍼진다.

그러나 〈프리덤 프롬 케어Freedom from care〉는 행복의 입문서 노릇을 톡톡히 하는 영화다. 그것은 가족, 휴가, 쇼핑, 오락과는 다른 종류의 행복을 알려 준다. 그러니 우리는 행복을 오로지 올더스가 가르쳐 준 이 '보 펜 양'이라는 표현 하나만으로 환원할 수는 없다. 그것이 설령 깊은 철학적 울림을 주는 표현일지라도 말이다. 사실 올더스가 한 말 중에는 이것 말고도 다른 주옥같은 말들이 많다. 우리는 엘리자베스 브라우닝Elizabeth Barrett Browning, 에밀리 디킨슨Emily Dickinson, 파키안 비라봉Pakian Viravong[52], 아르튀르 랭보를 비롯한 여러 시인들의 번득이는 표현들을 무수히 살펴볼 수 있다. 이를 테면 개양귀비가 만발한 들판에서 피크닉을 즐기는 동안, 올더스는 랭보가 쓴 〈지옥에서 보낸 한철〉에 나오는 시 한 구절을 인용하며 주인공 폴린의 별명이기도 한 포피의 의미를 은밀히 비틀고 있다. 샴페인의 톡톡 튀는 청량감을 지닌 이름이 갑자기 양귀

---

52 라오스의 작가.

비poppy로 만든 아편의 기묘한 몽롱함으로 뒤바뀌는 것이다.

> '너는 언제나 하이에나이리라, 등등……'
>
> 그토록 멋진 양귀비꽃으로 나에게 화관을 씌어 준 악마가 소리
> 지른다.
>
> 'You will always be a hyena, etc……'
>
> protests the devil who crowned me with such pleasant pop-
> pies![53]

올더스에게 시는 언어에 돌연변이 작용을 일으키는 존재다. 시
는 어떤 단어를 다른 뜻으로 변질시킨다. 때로는 심지어 완전히
정반대 뜻으로 바꿔놓기까지 한다. 가령 포피Poppy가 지닌 취기의
의미는 새로운 토템 양귀비를 매개로 새로운 종류의 취기, 즉 나
태, 관조, 느린 몽상의 의미로 변화한다. 올더스가 본인이 직접 개
발해 수지에게 전수해 준 그 '서섹스Sussex'라는 체스 놀이도 비슷하
다. 본래 체스에서는 폰을 놓는 자리 바로 뒤에 놓는 8개의 말 자
리가 미리 정해져 있다. 그러나 이 새롭게 변형된 체스 놀이는 게임
을 하기에 앞서 미리 서로 순서를 번갈아 가며 이 8개 말의 위치를
자유롭게 정할 수 있다. 남자는 본격적인 경기에 앞서 말을 놓는

---

53 《지옥에서 보낸 한 철》(김현 역, 민음사, 2014.) 참고.

이 시간을 일컬어 '꿈'이라고 부른다.

올더스 ı 타워(룩) 하나를 모서리에 놓으면 캐슬링이란 걸 할 수 있어. 그리고 흰말이 먼저 첫 수를 놓는다면, 검은 말이 더 유리한 입장에 서게 되지.

수　지 ı 그런데 대체 '꿈'은 왜 있는 거죠?

올더스 ı 게임을 좀 더 인간적으로 만들어 주기 때문이란다. 인생에서는 결코 우리가 직접 말을 놓을 위치를 정할 수 없잖니. 그러나 네 마음속에서는 엄마나 아빠, 언니의 자리를 네 꿈을 통해 선택할 수가 있는 거지.

수　지 ı 다른 사람들의 자리는요?

올더스 ı 그것도 마찬가지란다. 네 꿈을 통해 원하는 대로 선택할 수 있지. 모든 사물과 말과 추억의 자리도 마찬가지란다. (중략) 너는 네 꿈속에서 네가 경험한 사건들을 모두 뒤섞고, 네 말을 새로 놓을 수 있어. 낮에는 이기고 승리하기 위해 놀이를 한다면, 밤에는 다시 놀이를 즐기기 위해 네 말을 놓는 것이지. 네가 새로운 대국에 좀 더 잘 적응하도록 말이야.

수　지 ı 저는 차라리 밤에는 이기기 위해 놀이를 하고, 낮 동안에는 줄곧 마음의 각오를 다질래요.

올더스 ı 그래도 네가 행복해지려면 직접 개입하는 기회를 갖는

게 좋을 텐데…….

　수지는 잠시 뾰로통한 표정을 짓고 골똘히 생각에 잠긴다. 그러나 이내 활짝 미소를 지으며 말한다. '보 펜 양!' 그녀가 이 말을 직접 소리 내서 사용한 것은 그날이 처음이었다. 그녀는 서섹스 체스에 더욱 몰입할수록 체스 놀이에 놀라운 재능을 드러낸다. 앞으로 그녀가 자신의 감정을 더욱 자유롭게 표출할수록, 아마도 그녀의 밤은 더 길어지고 강렬한 꿈들로 가득 찰 것이다. 이처럼 서섹스는 그녀 내면의 변화와 감정의 해방을 상징하는 메타포이자 동시에 도구이다. 더욱이 올더스가 체스 말을 정리하는 상자에는 서섹스 백작령을 상징하는 문장이 그려져 있지 않은가. 푸른 바탕 위에 황금색 암 티티새가 맨 위에 3마리, 그다음 2마리, 또 그다음 1마리, 마치 카운트다운을 하며 날아오를 채비라도 하듯이 말이다.

　올더스는 이처럼 '보 펜 양'을 통해, 혹은 시적 의미의 변용을 통해, 혹은 변형된 체스 놀이를 통해, 우리가 게임의 규칙을 바꾸더라도 세상에는 전혀 '문제될 것이 없다'는 사실을 증명해 보이고 있다. 언제나 자신의 규칙을 바꾸는 것은 '나(혹은 놀이)', 즉 창조적 자발성이다. 반면 '자아Moi'는 스스로를 한계 짓고 스스로를 규정한다. 그럼에도 어쨌든 올더스에게 있어서 '보 펜 양'은 우리가 생각하는 것만큼 그리 단순하지는 않다.

사실상 올더스는 고향을 떠나 온 지 30년 만에 다시 영국으로 돌아왔다. 당연히 두렵기도 하고 또 한편으로는 과거에 대한 진한 향수를 느끼고 있을 터이다. 그는 마음속으로 배신과 유폐로 점철된 자신의 과거를 되돌아보며 삶을 결산해 본다. 그리고 두 자매에게 자신은 열지 못했던 문을 열어 줄 열쇠를 쥐어 주고, 결코 따르지 말아야 할 길을 알려 준다. 남자는 포피가 활짝 핀 인생을 살 수 있도록, 수지가 삶의 즐거움을 느낄 수 있도록 도와준다. 그러나 그는 다른 한편으로는 옛 애인이자 동업자인 자매의 할머니 애비게일에게 다기가 용서를 구하고 싶다는 속마음을 감추고 있다. 관객들은 본격적인 경기가 시작되기 전 마이크 리가 서섹스 게임을 하듯 미리 놓아 둔 퍼즐 조각을 하나씩 끼워 맞춰 본다. 그리고 진정한 이야기는 존 쿠퍼 포이스John Cowper Powys 재단에서부터 시작된다는 사실을 깨닫는다. 사실 이 재단은 포피식의 행복론을 성립한 한 영국의 철학자 이름에서 따 왔다. 물론 이런 사실을 깨닫는 것은 관객의 몫이다. 어쨌든 과거에 올더스는 애비게일과 함께 아주 훌륭하게 포이스 재단을 운영했다. 그러던 어느 날 올더스가 난데없이 돈이 든 금고를 가지고 라오스로 튀어 버렸고, 그것으로 두 사람 사이의 약속된 행복과 무사태평한 사랑은 무참히 짓밟히고 만다.

거울의 나(놀이)

"다른 사람이라면 30년도 더 걸렸을 일을 오빠는 단 4개월 만에 내게 모두 가르쳐 주었다. 오늘날 내가 세상과 인생, 행복과 불행에 대해 알고 있는 모든 것은 오빠 덕분이다." 1891년 마르세유의 콩셉시옹 병원. 이자벨 랭보는 죽어 가는 오빠의 병상을 지키며 그의 고난을 곁에서 함께 지켜본다. 훗날 이자벨은 이 젊은 시인의 주변에는 항상 마법 같은 후광이 뿜어져 나오곤 했다고 회고했다. "오빠의 내면에는 무엇이라 규정할 수 없는 매력이 있어. 오빠는 어떤 말로도 형언하기 힘든 선한 기운을 주변에 발산하지. 오빠가 지나는 곳마다, 우리는 달콤하고 미세한, 강렬하게 스며드는 향기를 맡을 수 있어." 여기서 우리는 매력 파동과 그 파동이 지나는 곳마다 퍼지는 샴페인 같은 기분을 다시 한 번 조우하게 된다. 동생이 말한 아르튀르는 매력 파동에 있어서라면 남들보다 더 탁월한 재능을 가지고 있었다. "오빠는 마법사인 걸까? 그처럼 사람들의 마음과 의지를 정복하다니 대체 어떤 비밀스런 능력을 지니고 있는 거지?" 여기서 이자벨이 알아본 마법의 힘은 결코 빛나는 시의 광채가 아니었다. 그녀가 말하는 매력은 언어의 조합이 아닌 관계의 파동, 즉 "강렬하게 스며드는 향기"였다. 이자벨은 그 파동의 기원이 어디인지 누가 가르쳐주지 않았는데도 스스로 깨닫는다. "오빠는 선한 사람이야. 모든 마법의 힘은 바로 거기서

나오는 거지." 아르튀르는 타인의 내면 깊은 곳에서 자비를 찾아
내기를 간절히 희망했다. 아르튀르는 자비란 타인의 내면에 있다
고 굳게 믿었다. 그러나 정작 그가 찾던 자비는 본인의 내면에 있
었다. 아르튀르는 굳이 이자벨처럼 기독교의 안경을 쓰지 않아도,
선함-자비가 매력 파동을 추동하는 가장 중요한 힘이라는 사실
을 잘 알았다. 사람들의 마음을 강렬히 파고드는 '정확히 무엇이
라 정의하기 힘든' 자비로운 선은 이내 '나(혹은 놀이)들Je(ux)'이 춤
을 추고 주위에 '행복의 기운'을 발산하게 해 준다. 아르튀르는 '타
자Autre' 때문에 화를 내고 분노하기 전까지만 해도, 시를 통해 천
성적으로 타고난 선한 기질을 모두 없애 버리기 전까지만 해도(선
이란 무지개 마술에 대항할 수 있는 유일한 마법이다), 외부의 떨림에,
타인의 전율에 쉽게 감응하고 공감하는 재능을 갖고 있었다. 랭
보의 어머니도 아들이 "다정다감한 아이였다"고 말하지 않았던
가. 그랬던 그가 왜 돌연 타자에 대해 그토록 무정하게 변해 버린
것일까? 어찌하여 그 어떤 '보 펜 양'도 그의 고통을 덜어 줄 수 없
었던 것일까?

흠잡을 데 없이 완벽한 '나(혹은 놀이)Je(u)'로서의 아르튀르. 그는
일찌감치 자기 자신으로 사는 야성적인 즐거움과 자유로운 존재
로 살아가는 '인디언식' 행복에 눈을 떴다. 그의 고독은 점점 더 크
게 부풀어 올라 그를 완전히 매료했다. 그 시절 사진만 봐도 당시
아르튀르의 얼굴에는 무엇으로도 굴복시키기 힘든 불굴의 진실성

이 그대로 묻어나고 있음을 살펴볼 수 있다. 사실상 아르튀르는 '나(혹은 놀이)Je(u)'의 진정한 우상이 아니었을까? 생기나 자신감, 놀이를 즐기는 데 필요한 모든 어린 시절의 자원을 내면에 충분히 지니지 못한 이들을 치료해 주는 신적인 존재가 아니었을까? 대체 저 위풍당당한 '초인적' '나(혹은 놀이)Je(u)'는 어디서 기원한 것일까? 정확히 말하면, 그것은 타자에 대한 두려움에서 기원한 것이다. 어린 시절 포피 크로스도 어머니의 청교도적인 엄격함과 아버지의 높은 기대가 뱀파이어처럼 자신의 생명력을 흡수해 버리는 것은 아닌지 두려움에 떨지 않았던가. 아르튀르도 자신이 영혼을 잃고 내면의 욕망에 반하는 명령에 무릎을 꿇게 되는 것은 아닌지, 자신의 자유를 저 달콤한 초콜릿 메달이나 혹은 사회적 지위와 맞바꾸게 되는 것은 아닌지 몹시도 두려워했다. 그는 본능적으로 질서나 모든 정형화된 삶을 조롱했다. 요새처럼 단단히 무장한 '자아' 뒤에 숨지 않고 당당히 '나(혹은 놀이)Je(u)'로서 존재하기 위해선 언제나 '나(혹은 놀이)Je(u)'를 잃는 두려움에 전전긍긍해야만 한다. 역설적이게도 약간의 방어벽은 오히려 '나(혹은 놀이)Je(u)'를 좀 더 편안하게 해 주기도 한다. 단, 그 딱딱한 방어벽이 '나(혹은 놀이)Je(u)'를 완전히 덮어 버리지만 않는다면 말이다.

어린아이의 경우, 타인에 대한 두려움은 인위적인 자아에 감염될 수 있다는 두려움에서 비롯된다. 거짓 자아가 그들을 조종하는 조타기 역할을 하며, 그들을 순종적인 바보로 만드는 것은 아닌지, 난처하고 지루한 상황에 처하게 하는 것은 아닌지 두려워하는 것이다. 사실 어른들의 어리석음이 만들어 낸 온갖 가슴 아픈 결과들은 모든 어른이 절대 잊지 말아야 할 교훈이다. 아르튀르와 포피도 그와 비슷한 종류의 혐오감을 공유했다. 그들은 스스로 '구습'을 따르는 짓은 절대 하지 않겠다고, 결코 책임감이라는 코르셋 속에 그들의 '나(혹은 놀이)$^{Je(u)}$'를 옥죄지는 않겠다고 다짐했다. 사실 타자에 대한 두려움이 사춘기를 지나서도 해소되지 않으면, 그것은 곧 그들의 삶 대부분을 지배하는 일종의 철학으로 자리 잡는다. 그때부터는 타자에 대한 두려움을 해소하기란 더욱 어려워진다. 물론 포피는 15살 나이에 올더스의 '나(혹은 놀이)$^{Je(u)}$'를 만나 마침내 타자에 대한 두려움을 해소할 수 있었다. 방법은 보편적이었다. 내가 경애하고 사랑하는 사람, 동시에 나를 경애하고 사랑해 주는 사람을 만나는 것이다. 그리하여 상대가 둘 사이를 왕복 운행하는 매력 파동을 음미하도록 나를 격려해 주고, 그와 혼연일체가 되도록 이끌어 준다면 타자에 대한 두려움은 충분히 해소될 수 있을 것이다. 그러니까 그저 걷는 법을 배우는 것만으로는 별 의미가 없다. '타인을 향해' 걸어가는 법을 함께 배워야만 하는 것이다. 그러나 아르튀르에게는 전율하는 존재, 햇살 같은 진리의 모델로 삼을 만한 존재가 아무도 없었다. 초롱초롱 빛나는 눈으로 그를 바라봐 주는 타자는 단 한 명도 만날 수가 없었다. 그렇다고 그가 전혀 애를 쓰지 않은 것은 아니었다. 오히려 그는 그런 타자를 열심히 찾아 다녔다.

가장 먼저 그는 수사학 교사인 조르주 이장바르Georges Izambard에게 손을 내밀었다. 그러나 친구 같은 스승이었던 그도 어머니들의 의견이나 위계 서열을 중시하는 천생 교사일 뿐이었다. "선생님은 다시 교수가 되셨군요. 예전에 우리에게는 사회를 위해 헌신할 의무가 있다고 말씀하셨죠. 그런데도 선생님은 다시 교수의 세계에 발을 들이셨어요. 선생님도 구습에 얽매여 살아가는 분이신 거예요." 결국 이 타인도 '나(혹은 놀이)Je(u)'는 아니었던 셈이다. "선생님은 애당초 아무것도 하려고 하지 않았기에 끝내 아무것도 해낸 것이 없는 데도 불구하고, 쉬이 만족하는 자로 남으실 겁니다. 물론 선생님이 쓰신 그 주관적인 시도 평생 지독히 시시한 시로 남을 테고요."

랭보는 이어 시인이자 편집자인 폴 드므니Paul Demeny에게도 손을 내밀었다. 랭보는 그에게 자신이 쓴 시들을 보냈다. "그래요. 당신은 행복한 사람입니다. 분명해요. 그러나 세상에는 그것이 여자이든 혹은 사상이든, 자비의 자매를 만나지 못한 불쌍한 자들도 수두룩하답니다." 여기서 그가 말한 '자매Soeur'란 바로 타자, 영혼의 동반자, 여러분을 혼연일체의 행복으로 인도해 줄 존재를 의미한다. 그러나 폴 드므니는 아르튀르가 보낸 원고를 끝내 잡지에 실어 주지 않는다. 이 타자 역시 '나(혹은 놀이)Je(u)'가 아니었던 셈이다. "제가 보낸 원고들을 모두 불살라 주세요. 제 마음이 그렇게 하길 원합니다. 선생님께서도 제 의지를 존중해 주시리라 믿습니다. 제가 두아이 지역에 머무르는 동안 아주 어리석게도 선생님께 그 시들을 보내는 우를 범하고 말았군요. 부디 그 시들을 모두 불태워 주십시오."

그런가 하면 아르튀르의 벗 샤를르 보들레르가 '행복의 시인'이라고 불렀던 저 저명한 테오드르 드 방빌Théodore de Banville은 또 어떠했는가. 아르튀르는 1870년 봄, 자신의 모든 '나(혹은 놀이)Je(u)'를 다 바쳐 가며 그에게 절절히 호소했다. "친애하는 나의 스승이시여. 저를 조금만 일으켜 주소서. 저는 젊습니다. 부디 제게 손을 내밀어 주세요……." 심지어 아르튀르는 '풍요로운 자연'이란 곧 우리가 혼연일체가 되어야 할 타자라는 매우 범신론적인 행복관까지 들먹이며 그에게 열렬히 구애를 보냈다.

> 태양으로 향해 오르는 행복 가득한 노래!
> ― 이것이 구원이다! 사랑이다! 사랑이다!
> 오, 육체의 광휘여! 오, 이상의 빛이여!
> 오, 승리의 서광인 사랑의 부활이여[54]

이 시에는 훗날 〈태양과 육체〉라는 제목이 붙었다. 티모테 그

---

54 〈지옥에서 보낸 한 철〉(《태양과 육체》, 최완길 역, 민족문화사, 2000.) 참고.

루에 따르면, 태양과 육체라는 두 단어는 "절정의 상태에 이른, 영혼의 '계절'과 '성'을 의미했다. 젊은 랭보는 행복이란 다음과 같다고 생각했다. 첫째, 행복은 암울한 '계절'을 '태양', 다시 말해 명명백백함과 빛, 그리고 풍요로움의 시절로 바꾸어 준다. 둘째, 행복은 단단한 성을 부드러운 육신으로 바꾸어 준다. 그러면 부드럽게 변한 육신은 타인의 육신이 자신을 애무해 주기를 열렬히 갈망하며, 매력 파동에 한층 더 쉽게 다가가게 된다."

> 대지는, 반쯤 헐벗은 채, 소생의 행복에 젖어,
>
> 태양의 입맞춤으로 환희에 전율한다. [55]

'태양'은 순수한 분출이다. 그러나 궂은 계절이 타자의 내면에 따스한 햇살이 스며드는 것을 가로막는다. 에로티시즘의 봉쇄다. '육신'은 순수한 투과(혹은 접근)다. 열정적으로 활짝 피어 서로의 육신을 반갑게 맞아 주는 꽃이다. 그러나 이런 육신도 누군가 침입하거나 폭풍우가 몰아치기라도 하면, 단단한 돌로, 독재적 자아로 변한다. 다시 말해 카드로 지은 허약한 성이 아닌 영주의 위풍당당한 성으로 돌변한다. 이른바 요새 전술을 펼치는 것이다.

아르튀르가 부르짖던 행복감에 젖게 만드는 '사랑'은 타자와

---

55 〈나의 방랑〉(《고아들의 새해 선물》, 한대균 역, 문학과지성사, 2014.) 참고.

혼연일체가 되는 것(그것이 자연이든 혹은 여자이든), "무한한 생명의 순결한 흐름"이었다. 유익한 몰아의 체험, 영혼의 본질을 찾아 나서는 '사냥'이었다. 그것은 랭보가 일찍이 흘끗 발견하여 즐기다 결국에는 기피하게 된 바로 그 보물이었다.

나는 말하지 않으리라, 아무 생각하지 않으리라.
그러나 무한한 사랑이 내 영혼 속에 차오르리라,
그리고 나는 가리라 멀리, 아주 멀리, 어느 집시처럼,
자연 속으로, − 여자와 함께인 듯 행복하게[56]

그는 결국 그가 시를 통해 찾으려 했던 그 혼연일체가 되는 행복을 찾아 직접 아프리카까지, 타자의 나라까지 찾아간다.

아르튀르가 절절한 호소를 전한 지 수개월 뒤, 끝내 테오도르드 방빌은 (그 달콤한 시를 통해) 아르튀르의 표적으로 돌변한다. 인디언 시인의 화살은 장미 향을 풍기는 만큼 더욱더 날카로웠다. 〈꽃에 대하여 시인에게 말해진 것〉이라는 시에서 그는 과거의 우상을 다음과 같이 살해한다.

방빌이 그 장미들을 핏빛으로, 회오리치며,

---

56 〈나의 방랑〉(《감각》, 한대균 역, 문학과지성사, 2014.) 참고.

별로 호의적이지 않은 독서를 하는

이방인의 미친 눈을 멍들게 하면서,

눈처럼 내리게 하더라도!

(중략)

목신의 목초지를 가로질러, 긴 양말도 없이

달리고 있는, 오, 창백한 사냥꾼[57]이여,

그대는 그대의 식물학을 조금은

알 수 없는가, 알아야 하지 않는가?

(중략)

특히, 감자의 병에 관한

해설에 운을 맞춰라![58]

결국에는 이 타자도 '나(혹은 놀이)$^{Je(u)}$'는 아니었던 것이다. "양해해 주십시오. 저는 18살입니다. 저는 언제까지나 방빌 선생님의 시를 좋아할 것입니다. 작년에는 17세였습니다! 그렇다면 저는 발전한 것일까요?"

여기서 발전이란 말은 곧 자신이 연인 베를렌느처럼 발전했느

---

57 〈랭보시선〉을 번역한 역자 이준오는 위 시에서 '창백한 사냥꾼(혹은 하얀 사냥꾼으로도 번역됨)'은 각운을 찾아, 목신이 통치하는 초원을 가로질러 달리는 시인이라고 해석한다. 그러면서 시인은 관례의 식물학 묵계에 갇혀 있기에, 그가 자신의 본질을 다시 새롭게 해야 할 것이라고 지적한다.

58 〈나의 방랑〉(《꽃에 대하여 시인에게 말해진 것》, 한대균 역, 문학과지성사, 2014.)

냐는 의미다. 베를렌느는 잃어버린 '나(혹은 놀이)$^{Je(u)}$' 때문에 징징 짜는 데 있어서라면 일가견이 있는 존재였다. 27살에 이미 그의 '나(혹은 놀이)$^{Je(u)}$'는 '자아^{Moi}'로 변해 버렸다. 인습적인 결혼 생활에 얽매인 그는 술독에 빠져 '계절'을 보냈다. 그의 '성'은 도무지 함락시킬 수 없는 난공불락이었다. 그로 인해 그의 '성'을 해방시켜 주려던 자의 머리는 그만 불타 사라질 것만 같았다. 이러한 시간들은 결국 아르튀르가 타자에 대한 두려움만 더욱 키우는 계기가 되었다. 끝내 타자에 대한 두려움은 대리석처럼 단단하게 굳어 버린다. "다른 이는 지금 저를 때릴 수 있습니다!" 시집 〈지옥에서 보낸 한 철〉에 실린 〈착란 I〉이란 시에서 아르튀르는 이렇게 절규한다. "게다가 저는 그이가 다른 사람과 같이 있는 걸 생각해 본 적이 없어요. 누구나 자기의 천사를 보는 것이지, 다른 이의 천사를 보는 건 아니니까요." 1875년 그는 마침내 감옥에서 출소한 옛 애인이 얼마나 자아의 껍데기에 단단히 갇혀 있는지 보고는 놀라지 않을 수가 없었다. (그토록 감수성이 풍부했던 이가 이토록 변하다니.) 베를렌느는 자신은 '예전 그대로'라고 항변했다. 그러나 그는 애국주의 가톨릭을 찬양하고 다녔다. 또한 "3년 전 자신의 삶이 치욕스럽고 어이없었다"고 욕하며 아르튀르에게 연락처도 알려주려하지 않았다. 이 타자도 결국 '나(혹은 놀이)$^{Je(u)}$'는 아니었던 셈이다. 아르튀르는 〈지옥에서 보낸 한 철〉에서 다음과 같이 고백했다.

저는 그이에게 무기를, 다른 모습을 마련해 주었어요. 저는 그이와 관계가 있는 모든 것을 보았어요. 얼마나 그이는 자신을 위해 그것을 창조하고 싶어했는지 몰라요. 저의 정신이 둔해지는 것 같으면, 저는 좋건 나쁘건, 이상하고 복잡한 행동 속으로, 그이를 멀리 뒤쫓아 갔어요. 하지만 저는 그이의 세계 속으로 들어갈 수는 없다는 것을 잘 알고 있었어요.[59]

아르튀르에게 그는 "분별없는 처녀"[60]였다. 이제 그것으로 미사 시간은 끝이 났다. 타자는 결국 '나(혹은 놀이)$J^{c(u)}$'가 아니었다. 젊은 시인의 직관은 정확했다. 우리가 혼연일체를 이룰 수 있는 대상은 오로지 자기 자신뿐이었다. 사실 내 아버지도 이와 같은 진리를 공유했다. 아버지는 정염에 의해 혼연일체가 되는 것 말고, 다른 방식으로 타인과 교감하는 것을 불편해 했다. 기껏해야 그런 것들은 위선적인 가면극 내지는 배우들의 거짓 연기에 불과하다고 여겼다. 그러나 타인에게 아첨하거나 공공연히 전쟁을 선포하는 행위의 이면에는 유년 시절의 트라우마, 몰아의 상태에 빠지지 못하는 끔찍한 무력함이 자리 잡고 있기 마련이다. 랭보는 훌륭한 안내자로서 나의 아버지에게 따뜻한 구원의 손길이 되어 주었다. 지금도 여전히 그가 어린 시절의 상처로 시름하는 자들, 살아 숨

---

59 〈지옥에서 보낸 한 철〉(《헛소리 I》, 김현 역, 민음사, 2014.) 참고.
60 랭보의 시 〈헛소리 1〉에 나오는 표현.

쉬는 비극의 주인공들, 배신의 희생자들에게 한줄기 구원의 빛이 되어 주고 있는 것과 마찬가지로 말이다. 그러나 그런 종류의 상처는 오로지 빛이나 완벽하게 '자비로운' 존재와의 만남을 통해서만 아물 수 있는 법이다. 그러나 안타깝게도 우리 아버지에게는 오로지 전쟁과 유배, 모친의 죽음만이 함께했을 뿐이다! 흔히 학대의 희생자는 자신의 상처를 완전히 치료하지 못할 경우 스스로 학대를 가하는 가해자로 돌변한다. 가령 우리 아버지는 이복형제 두 명을 가차 없이 내버리는 씻을 수 없는 죄악을 저질렀다. 사랑을 향해 걸어가서 타인과 융화되는 법을 이제 막 익힌 아이보다 세상에 더 유약한 자가 어디 있을까? 어떻게든 마음의 문을 활짝 열고 희생자의 곁을 지키며 그들의 수줍은 시도를 지지하고 그들이 불안을 느끼지 않고 학습을 모두 마칠 수 있도록 도와주는 올더스의 책임감보다 세상에 더 고결한 것이 무엇일까?

아르튀르에게는 올더스 같은 존재가 없었다. 그래서 자기를 수없이 만들어 내며, 가능한 모든 삶 속에 번식하게 했다. "선원들에는 관심도 없는"[61] 그는 원무를 함께 춰 줄 사람도, 무릎을 꿇고 싶은 상대도 없이, 부질없이 '나(혹은 놀이)$Je(u)$'만을 공회전시키고 있을 뿐이었다. 시에나 설리번에 따르면 그것이야말로 랭보의 가장 "큰 장애"였다. 그것은 문학적인 실패가 아닌, '에너지'의 결함

---

61 랭보의 시 〈취한 배〉에 나오는 구절.

을 의미했다. 타자 속에 들어가는 것(타인의 육신과 융화되는 것)을
제외한 모든 분출이 가능한, 타자를 초대하는 것(타인의 육신이 자
기 속으로 미끄러져 들어올 수 있도록 하는 것)을 제외한 모든 투과
(혹은 접근)가 가능한 아르튀르. 그는 결국 자기 곁에 있는 존재들
을 더 멀리 밀쳐내기 위해 초월적인 타자를 직접 창조해 내기에 이
른다.

그 타자란 바로 신을 의미했다. 그것은 결코 '가 닿을 수 없는'
지평선이었다. 그것은 기독교도들의 '사랑', '자비'와 같이 직·간
접적으로 성경과 연관된 모든 것, '행복Bonheur', '매력Charme', '남편
Epoux' 등 그의 시에 대문자로 장식된 모든 것들을 의미했다. "랭보
에게서는 확실히 반교권주의적인 면이 드러나는데, 그것은 사실상
타자성, 연민, 관대함과 거리를 두려는 태도로 해석해 볼 수 있다"
고 시에나 설리번은 지적했다. 랭보는 중학교 졸업 학년부터 무신
론자가 되면서 사제들과 싸우는 데는 더 이상 관심을 두지 않았
다. 그러나 그가 다시 복음서에 관심을 갖기 시작한 것은 복음서
로부터 완전히 해방되기 위해서가 아니었다. 이미 그는 해방된 상
태였기 때문이다. 그가 원했던 것은 복음서의 메시지와 신의 지위
를 전복하는 것뿐이었다. "신을 육신의 제단 위에 얹어 놓고 전율
하도록" 만들고 싶었던 것이었다. 그는 타자를 신격화했다. 다시
는 타자와 만나지 않기를 바라면서. 그는 타자를 조롱했다. 다시
는 타자와 융화되지 않기를 바라면서. 타자는 그에게 지옥이고,

곧 사탄이었다. 〈지옥에서 보낸 한 철〉부터, 그는 타자 밖으로의
여행을 '서원'한다.

> 내 영원한 영혼이,
>
> 밤이 홀로 있고
>
> 낮이 불타는데도
>
> 너의 서원을 관찰한다.
>
> 그래서 너는 벗어난다.
>
> 인간의 기도와
>
> 평범한 충동으로
>
> 너는 어디론가 날아가 버린다…… (중략)
>
> 재발견!
>
> ─뭘? ─영원을.
>
> 그건 태양과 섞인 바다[62]

자기 자신과 영원토록 영혼의 합일을 이루는 환상, (타자 밖에
서의) 투과(혹은 접근)("바다")와 분출("태양")의 결합. '나(혹은 놀
이)Je(u)'를 자기충족적 정신착란 속에 가둬 놓은 밀폐 항아리. "광
기─사람들이 감금한 광기─에 관한 어떤 궤변들도 나는 잊지 않
았다. 그래서 나는 그 모든 것들을 다시 말할 수 있을 것이다, 나

---

62 〈랭보시선〉(《굶주림》, 이준오 역, 책세상, 2001.) 참고.

는 그 체계를 장악하고 있으니."[63] 결국 "누구도 피할 길 없는" 행복은 우연에 몸을 맡긴 탐색이 아니라 일종의 '숙명'이 되어 버린다. "행복은 나의 숙명, 나의 회환, 나의 벌레였다. 그래, 나의 삶은 언제나 너무 거대해서 힘과 아름다움에는 헌신할 수가 없을 것 같았다."[64]

혼히 랭보주의자들은 '무지개'(가령 〈취한 배〉에 등장하는)를 창세기 대홍수 이후 하느님이 보여 주신 언약의 상징으로 해석한다. 무지개Rainbow라는 단어가 그 이면에 아들과 아버지를 유일하게 이어 주는 끈인 그들 공통의 이름(즉, Rimbaud)을 암시하고 있다고 이해한다. 그러나 티모테 그루는 "무지개란 폭우와 태양, 물과 불을 이어 주는 거대하고 멋진 다리"라고 강조한다. "랭보Rimbaud는 스스로 무지개 때문에 영벌에 처해진 존재라고 여긴다. '무지개'는 그의 이름이기도 하기 때문이다. 그를 버린 아버지가 남긴 유일한 유산 말이다." 형형색색으로 빛나는 명명백백한 천상의 행복. 그것은 기지의 사실이자 최종 목적지이자 그의 '숙명'이었다. 그는 이 행복을 다시 만들어 내기 위해서 그 어떤 노력도 마다하지 않는다.

연금술은 이 숙명적인 행복을 하나의 체계로 만드는 과정과도 같았다. 그래야만 자기 분열적 영혼이 부리는 마법을 통해, 이 행복을 '주술적인' 탐구의 대상으로 삼을 수 있을 터이니 말이다. 일

---

63 〈랭보시선〉(《굶주림》, 곽민석 역, 지식을 만드는 지식, 2014.) 참고.
64 같은 책.

단 분열된 영혼은 혼자서도 스스로 파동을 발산하고 흡수할 수 있게 된다. 계절과 성, 태양과 육신, 욕망과 자기만족이 모두 가능해진다. "그는 진실을, 본질적인 욕망과 만족의 시간을 보고자 원했다."[65] 이 영혼과 영혼을 오가는 재귀적 흐름, 자기 안을 빙빙 맴돌며 타인의 도움 없이도 오로지 분열의 힘을 통해 핵에너지를 생산해 내는 이 매력 파동. 그런 것이 바로 아르튀르 랭보의 시 세계였던 것이다. 타자에 대한 갈증을 앗아 가는 고양된 언어. 자기 소유, 안전, 매일같이 자가 생성되는 그만의 '행복'.

> 그러나! 이제 나에겐 갈망이 없으리라,
> 행복이 내 삶을 짊어졌으니,
> 이 '마력', 혼과 육신을 취하고
> 온갖 노력을 흩날려 버렸구나.
> 내 언어에서 무엇을 이해할 수 있을까?
> 그것은 내 언어가 달아나 사라지게 하는구나!
> 오, 계절이여, 오, 성이여![66]

타자와의 관계, 타자를 고려한 행동과 사고, 도덕은 이제 안녕! "나는 터무니없는 오페라가 되었다. 나는 모든 존재들이 행복의

---

65 같은 책, 〈콩트Conte〉 참고.
66 〈나의 방랑〉(한대균 역, 문학과지성사, 2014.) 참고.

숙명을 갖고 있다는 것을 알았다. 행복은 삶이 아니라 어떤 힘을 허비하는 방법이며, 신경질이다. 도덕은 뇌의 나약함이다."[67] 아르튀르는 '타인에 대한 욕구'를 물리쳤다. 그는 타인이 없이도 충분히 살 수 있고, 전지전능한 '나(혹은 놀이)$^{Je(u)}$'를 '영원토록' 향유할 수 있다고 생각했다. 그러나 이 같은 확신은 〈일뤼미나시옹〉에 이르러 여지없이 휘청인다. 그리고 너무나도 수수께끼 같은 시 〈콩트^{Conte}〉의 마지막 구절에 가서는 더욱더 무참히 무너진다.

〈콩트〉는 랭보의 영혼의 분열을 우화적으로 표현한 시다. 랭보의 '나^{Je}'는 자신과 합일하기 위해 '나'의 놀이터에서 타자들을 몽땅 내쫓고 스스로 타자가 된다. 아르튀르는 자신을 타인들이 가하는 도덕적 중압감에 끝내 지쳐 버린 왕자라고 상상한다. 그는 "사랑에 의한 놀라운 변혁"을 꿈꾼다. 바로 나르시스적인 사랑 말이다. 타자를 점령하지도 못하고 그렇다고 타자가 우리의 '나(혹은 놀이)$^{Je(u)}$'를, 우리의 인간 왕국을 점령하도록 내버려 두지도 않는, 언제나 스스로에게만 회귀하는 재귀적 사랑.[68] 이 장엄하고 자기 지시적인 행복, 거울 속에 비친 '나(혹은 놀이)$^{Je(u)}$'에 이르기 위해, 왕자는 타자에 대한 파괴를 시도한다. 그것이 여자이든, 시종이든, 짐승이든, 군중이든 모조리 죽여 없앤다. 그러나 타자는 끊임없이 다시 나타나 그의 화를 더욱 돋우기만 할 뿐이다. 그는 결코 쉽게

---

67 〈랭보시선〉(곽민석 역, 지식을만드는지식, 2012.) 참고.
68 변혁을 뜻하는 프랑스어 révolution은 회전이란 의미로도 쓰인다.

타자를 벗어날 수가 없었던 것이다. 시에나 설리번에 따르면, 왕자는 끝내 성공한다. 정신의 마법을 써서 타자가 자신에게 굴복하게 만든다. 그리하여 나르시스적인 황홀경에 도달한다. 아르튀르가 자아의 분열을 어떻게 설명하고 있는지 다음 구절을 한번 살펴보자.

어느 날 저녁, 그는 당당하게 말을 타고 질주하고 있었다. 한 정령이 나타났다, 이루 말할 수 없는[69], 심지어 언급하기조차 힘든 아름다움으로. 그의 표정과 그의 태도에서 다양하고 복잡한 어떤 사랑의 약속이 생기고 있었다! 표현할 수 없고, 참을 수조차 없는 어떤 행복의 약속이! 왕자와 정령은 틀림없이 기본적으로 건강한 상태santé essentielle에서 사라졌을 것이다. 어떻게 그들이 그로 인해 죽지 않을 수 있단 말인가? 그러니까 함께 그들은 죽었다.

그러나 이 왕자는 자기 궁전에서 보통 나이에 서거했다. 왕자는 정령이었다. 정령은 왕자였다.

우리의 욕망에는 기묘한 음악이 결여되어 있다.[70]

시에나 설리번은 여기서 정령을 "나는 타자다"의 바로 그 타자로 해석했다. 재귀하는 사랑, 다시 돌아오는 매력 파동의 아찔한

---

69 원문을 직역하면 ineffaçable, '지울 수 없는'이란 뜻이다.
70 《랭보시선》(곽민석 역, 지식을만드는지식, 2012.) 참고.

물결. 이 시에서 왕자는 정령('일반적인' 시간 밖, 삶의 밖에 존재하는 초자연적인 힘을 지닌 타자)에게 몸을 내맡기고 죽음을 맞이한다. 다시 말해 그는 정령과 합일을 이루는 것이다. 이렇게 동일자('왕자Prince', '원칙principe'……)에 의해 생성된 타자성('정령Génie', '유전자gène'……)은 죽는 날까지 영원토록 동일자가 자기 자신을 오롯이 향유할 수 있게 해 준다. 결국 여기서 "기본적으로 건강한 상태(본질적인 건강)"란 단 하나의 유일한 본질, 즉 '나(혹은 놀이)Je(u)' 속에서 비로소 욕망과 충족이 합일을 이루는 바로 그 순간을 의미하는 것이다.

"타자성이란 그 누구도 홀로 스스로를 쓰다듬으며 웃음 짓지 못하게 가로막는 무엇이다"라고 철학자 장 보드리야르Jean Baudrillard는 우스갯소리를 했다. 그러나 아르튀르는 무려 5년 동안이나 그것을 해낸다. 시에나 설리번도 자신의 견해를 뒷받침하기 위해 다음과 같은 또 다른 재미있는 비유를 곁들인다. "왕자 아르튀르는 두 개의 샴페인 잔을 들고, 스스로에게 '건배!'를 외친다. 한 잔은 '나'의 손에, 다른 한 잔은 '타자'의 손에 들리고서." 어떤 이들은 여기서 마침내 자신과 평화로운 합일에 이른 영혼의 평온함을 읽기도 한다. 그러나 그것은 이 시의 마지막 결론에 해당하는 "욕망"의 "결여", 즉 "기묘한 음악"을 무시하는 처사다. 여기서 "기묘한 음악"이란 실상 합창, 즉 정령-왕자로 표현되는 "우리"의 반대말이 아니고 과연 무엇이겠는가.

사실 이 부분부터 나는 더 이상 시에나 설리번의 의견에 동조할 수가 없다. 나는 여기서 정령이란 '실제' 타자(아르튀르가 두려워하는 대상이자, 왕자가 조각내 버린 타자)를 상징하는 것이지, 결코 '나'의 나르시스적인 생산물로서의 인위적 타자라고는 생각하지 않기 때문이다. 정령은 손에 넣을 수 없는 타자, 타자가 약속한 결코 손에 넣을 수 없는 행복이다. "지울 수 없고", "차마 말할 수 없는" 타자. "표현할 수 없고", "참을 수 없는" 행복. 아르튀르에게 욕망을 불러일으키는 타자. 더 이상 아르튀르는 그런 타자와 거리를 두거나, '시'를 통해 그런 타자를 향유할 수가 없었다. 그의 작품 속에 번번이 반복되는 실패와 포기. 그것은 시적 '오나니즘'의 피로를 여실히 증명한다. 아르튀르는 항상 타자를 그리워했다. 육신을 지닌 햇살 같은 타자를. 그는 고독한 창조를 거듭할수록, '기묘한 음악'이 없는 욕망의 결힘을, 불협화음을 내지 못하는 독주의 고통을 더욱더 격렬하게 느낀다.

1875년 12월 12일자 편지에서 폴 베를렌느는 아르튀르가 지닌 기질 가운데 변치 않는 고유한 특징 하나를 언급한다. 그것은 바로 아르튀르가 항상 무엇인가에 대해 "만성적인 분노를 지니고 있다"는 것이었다. "그의 마음속 깊은 곳에는 언제나 원인 모를 분노"가 깊이 자리하고 있었다. 〈콩트〉에 등장하는 정령은 다름 아닌 바로 그런 분노의 종식을 의미한다. 그 역시 "원인 모를" 종식인 셈이다. 정령은 호소와 침입, 투과(혹은 접근)와 분출의 힘을 지닌 타자다. "그는 사라지는 장소들의 매력이고, 머무는 곳들의 초인적인 지복"(랭보의 시 〈정령〉 중에서)[71]이다. 정령, 그것은 바로 실현가능한 타자다. 마침내 왕자가 융화에 이르고 충만한 존재로 거듭나게 해 주는 존재다. 그것은 초자연적이고 마법적인 타자다. 왜냐하면 그때까지 시인이 타자를 불러내는 건 언제나 그를 좀 더 제대로 내쫓기 위해서일 뿐이었다. 마치 만나는 타자마다 모조리 조각을 내는 〈콩트〉의 왕자처럼 말이다.

아르튀르 랭보는 타자로 인해 상처 입은 자들의 위대한 스승이다. 융화의 욕망을 위대하게 승화시킨 자다. 철학자 가스통 바슐라르는 아주 현명하게도 그의 시에서 "잃어버린 언어를 찾아내 줄 인도자"의 모습을 발견했다. 타자와 깊이 소통하고, 정서적 교감을 나눌 수 있는 바로 그 (잃어버린) 가능성을 되찾아 줄 인도자 말이다. "랭보의 시는 억압된 꿈과도 같았다. 그의 시는 '초-유년기 sur-enfance', 즉 자기 인식이 가능한 유년 시절의 가능성을 보여 주었다." 바로 그 점이 그의 시에 마술 능력과 치유 능력을 부여하였다. 명명백백함과 융화를 이루는 유년기, 본능적으로 타자에 친화적인 '나(혹은 놀이)Je(u)'가 지배하는 유년 시절. 끝없는 몰아의 상태를 가능하게 해 주는 어린 시절. 아르튀르는 "자신의 시를 통해" 이러한 '초-유년기'를 복원해 내고자 했다. 그럼으로써 그는

---

71 같은 책.

자신이 공공연히 선언한 원칙과는 무관하게, 그런 '초-유년기'를 자신의 '삶 속에서도' 계속 유지할 수 있기를 간절히 갈망했다. 그에게 시가 곧 삶인 것은 바로 시가 삶을 잠식하고, 삶을 언어 속에 침몰시킨 뒤, 언어의 소통을 통해 바로 그 삶을 다시 찾아 나서고 있기 때문이다. 그의 시는 온 마음과 온 열정을 다해 삶을 '보려' 했다. 하지만 문제는 언제나 그는 그것을 종이 위에서만 보려고 했다. '초-유년기'는 '메타-유년기$^{\text{méta-enfance}}$'다. 즉 스스로를 통제하고 "스스로를 사유"하는 유년 시절이었다. 왕자와 합일된 정령은 아르튀르의 숭고한 꿈이다. 몰아의 상태에 빠져 마침내 타인과 합일을 이루는 꿈이다. 그러나 주술^{incantation}은 결코 육화^{incarnation}가 아니다. 언어의 육신은 만질 수 있는 육신이 아니다. 시는 삶이 아니다. 〈일뤼미나시옹〉에서 시인은 이 사실을 깨닫고 이 같은 현실을 고통스럽게 체험한다. 초-유년기, 즉 나/다지의 분열은 끔찍한 시도였고, 결국 작가는 이 시도로부터 본전도 찾지 못하고 실패한다. 결국 아르튀르는 시를 포기한다. 그러나 그것은 어디까지나 지금껏 박탈당했던 그 "지울 수 없는 아름다움"을, "말로 표현할 수 없는 그 행복"을, 그리고 그 "기묘한 음악"을 다시금 자신의 욕망 안에 불어넣기 위함이었다.

그렇다면 대체 "기묘한 음악$^{\text{musique savante}}$"이란 무엇을 말하는 것일까? 그것은 기발함이나 학문이나 어떤 인간적 기술을 의미하는 것이 아니다. (설리번은 'savant(학식 있는, 학술적인, 현학적인)'라는 형용사에서 끌어 낸 이러한 상징을 비판했다.) 오히려 그것은 진정한 융화를 의미한다(음색, 리듬, 멜로디 등). 기묘한 음악은 〈콩트〉 서두에 나오는 "저속한 아량"을 의미하지 않는다. 오히려 이런 위선적인 태도는 왕자의 화를 더욱 부채질하며 급기야 그가 타자를 살해함으로써 모든 위선적 자아를 무화시키고, 모든 의지를 박살내게만 만들었을 뿐이다. 아르튀르는 분열된 '나(혹은 놀이)$^{Je(u)}$'를 즐길 때조차도 "기묘한 음악"을 그리워했다. 그것은 정령의 존재가 약속한 "다양하고 복잡한 사랑"이었다. 그것은 지켜지지 않은 약속이었다. 왜냐하면 다중음성, 다중리듬, 대위법, 심도 깊은 조합 따위가 "우리의 욕망에는 결여"되어 있기 때문이다. 기묘한 음악은 랭보가 살던 시대에 대중적 음악이 보여 주던 '단순한' 멜로디를 잊게 하는 음악이었다. 기쁘지도 슬프지도 않은 음악이다. 왜냐하면 그 음악은 모든 미묘한 인간 감정과 모든 영혼의 계절을 전부 표현하고 있기 때문이다. 심지어 '결함'을 그대로 드러낼 정도로. 사실 우리는 아르튀르가 작곡과 피아노에 아주 관심이 많았다는 사실을 잘 알고 있지 않은가.

"우리의 욕망에는 기묘한 음악이 결여되어 있다." 〈콩트〉에 나오는 이 마지막 구절은 분명 일종의 도덕적인 반성을 내포하고 있다. 그것은 자기비판적인 도덕이다. '나(혹은 놀이)$^{Je(u)}$'의 방황과 '타자 살해'를 멈추게 한 정령-왕자의 융화를 바라보며, 기묘한 음악은 아르튀르에게 이렇게 이야기한다. "왕자를 따르라. 너를 내

려놓게 만들 너의 타자를, 너의 정령을 찾아내라!" 시적 오나니즘
으로부터 벗어나고자 하는 이 격심한 정신적 위기(《일뤼미나시옹》
에 실린 나머지 다른 시들처럼)는 아르튀르가 얼마나 새로운 타자
성, 즉 진정한 타자성에 목말라했는지를 여실히 보여 주는 두 번
째 사례인 것이다.

그렇다면 첫 번째 사례는 과연 무엇일까? 그것은 바로 〈지옥에
서 보낸 한 철〉의 대단원을 이루는 시 〈이별〉이다. "우리가 성스러
운 빛을 발견히는 데 뛰어들었다면 무엇 때문에 영원한 태양을 그
리워하겠는가─계절들과 함께 죽는 사람들로부터 멀리 떨어져."[72]
바야흐로 때는 가을이다. 겨울로 이행하는 계절. 사실 겨울은 "위
안comfort의 계절", 시인이 두려워하는 계절이다. 타자와 몸을 덥히
다 보면 오나니즘을 통한 언어적 고양이 들어설 자리가 좁아질 것
이기 때문이다. 결국 타자와의 융화는 삶과 진실을 더욱 단순화
한다. 시인은 그처럼 타자를 거부하는 이의 정서적 공허함을 '비참
함'이라고 표현했다. 그는 일단 온갖 아름다움만 취하고 나면 그
뒤에는 타자를 '증오'한다. 그러나 그는 시 〈단장Phrase〉에서 "나는
결코 사랑을 창문으로 쫓아낼 수는 없을 것"이라고 시인한다. 그
가 아무리 부인해도 꿋꿋이 저항하며 무엇인가가 그를 기다리고
있기 때문이다. 혹은 누군가가. 그것이 바로 타자이다. 타자, 실

---

72 〈랭보시선〉(곽민석 역, 지식을만드는지식, 2012.) 참고.

존적 발전을 가늠하는 유일한 잣대, 현대성의 유일한 척도. "절대적으로 현대적이어야 한다." 있는 그대로의 세계와, 있는 그대로의 타자와 끊임없이 융화해야 한다. 프로메테우스적이고 데미우르고스[73]적인 야심. 이제 아르튀르는 그 야심을 타자에게로 겨냥한다. 분노와 복수와 치욕감을 모두 내려놓고. 그는 그저 "초자연적인 힘을 얻어야 한다고만 생각"했겠지만, 중요한 것은 실질적인 힘을 획득하는 것이었다. 비참함과 착란은 모두 없애 버리고, 기묘한 음악과 위대한 관현악이 이루는 불협화음을 수용해야만 했다. 설령 "노동자"와 도시의 계절들을 위해 "젊음의 비참함"[74]을 떠나보내야 할지라도.

오오, 또 하나의 다른 세계, 하늘과 나무 그늘에 축복되는 보금자리여! '남풍'은 내게 회상토록 해 주었다. 소년기의 비참한 일, 여름의 거듭되는 절망, 숙명이 항상 내게서 멀어진 힘과 학문과의 무서운 양을, 그렇다! 우리는 이렇게 궁색한 나라에서 여름을 보내지는 않으리라. 여기서는 우리가 영원히 약혼한 고아에 지나지 않을 것이다. 나는 이젠 이 굳어진 팔로 '사랑스런 모습'을 데리고 갈 수는 없는 것이다.[75]

---

73 데미우르고스는 우주를 창조한 조화신을 의미.
74 〈랭보시선〉(〈노동자〉, 이준오 역, 책세상, 2001.) 참고.
75 같은 책.

"인간의 실제 전투만큼이나 격렬한" 정신의 싸움, 타자-우상의 시대는 이제 막을 내린다. 이제는 "또 다른 세계"가 시작된다. 우리의 융화 능력을 단련시키는 도취와 축제, 승리와 드라마의 세계. "수많은 사랑"의 시대. 사랑은 더 이상 우리를 십자가에 걸어 고통스럽게 괴롭히지 않는다.[76] 오히려 우리가 반대로 타자를 향해, 현실을 향해 열려 있도록 해 준다. 우리가 진실을 더 잘 흡수하도록 해 준다. 어쩌면 마침내 자비라는 이름에 걸맞은 존재가 될 수 있도록.

나! 모든 도덕에서 면제되고, 마법사나 천사라 자청하는 나, 나는 찾아야 할 어떤 의무와 껴안아야 할 거친 현실을 지니고 이 땅에 왔다! 농부여!

나는 속았나? 내게 자비란 죽음의 자매인 걸까?

결국, 나는 거짓으로 나를 키워 온 일에 대해 용서를 구할 것이다. 자, 가자.

그러나 친구의 손 따위는 없다! 그리고 어디에서 도움을 얻는단 말인가?

(중략)

생기와 현실적인 애정의 모든 흐름들을 받아들이자. 그리고 새

---

76 랭보의 시 〈이별〉에 나오는 구절을 환기하고 있다.

벽에, 불타는 듯한 인내로 무장한 채, 우리는 눈부신 도시들로 들어갈 것이다.

　나는 친구의 손에 대해 무엇을 말하고 있었던가! 훌륭한 좋은 점 하나는 바로 내가 오래된 거짓 사랑들에 대해 비웃고, 저 거짓말쟁이 부부에게 창피를 줄 수 있다는 것이다, ―나는 거기서 여자들의 지옥을 보았다; ―그래서 내게는 하나의 영혼과 하나의 육체 안에 진리를 소유하는 것이 허용될 것이다.[77]

인간적인, 그러나 충분히 인간적이지는 않은

　진실해라, '나(혹은 놀이)Je(u)'가 되라. 많은 행복의 강사들은 대개 이렇게 주장한다. 때로는 여기에 새로운 유행 색을 덧입히거나 그때그때 상황에 맞는 이데올로기를 양념처럼 곁들이면서. 그러나 나는 이렇게 마음속에서 자유롭게 우러나오는 자발성만으로는 결코 행복해질 수 없다고 생각한다. 달콤한 도취감을 발견하고, '나(혹은 놀이)Je(u)'에게서 즐거움을 느낄 수 있어야만 진정으로 행복이 가능하다고 믿는다. 그러기 위해선 무엇보다도 타인과 함께해야만 한다. '함께'. 이 말은 곧 흉금을 털어놓는 관계, 서로를

77 〈랭보시선〉(〈이별〉, 곽민석 역, 지식을만드는지식, 2014.) 참고.

보완해 주는 관계를 의미한다. 단순히 손에 손을 맞잡고, 마음과 마음을 맞대는 정도를 넘어, 기포와 기포가, 떨림과 떨림이 서로 감응해야 하는 관계다. 나의 행복은 나를 더욱 매력적으로 만든 다. 그래서 나의 행복은 타인의 이목을 끈다. 나의 행복은 밖으로 표출되고 만개하기 위해 타인을 필요로 한다. 그래서 나의 행복은 타인에게 호소한다. 무엇인가 흥분을 자아내는 경험을 하면, 우리는 남들과 그 경험을 공유하고 싶다는 뿌리치기 힘든 열망을 느낀다. 그리고 마침내 타인이 함께할 때 비로소 내 행복은 절정의 순간을 맞이한다. 왜냐하면 이때부터 비로소 매력의 순환이 가능해지기 때문이다.

〈프리덤 프롬 케어Freedom from care〉의 엔딩 장면은 '상호적인' 행복의 욕망을 매우 절제된 방식으로 잘 보여 주고 있다. 올더스는 크로스 자매에게 의도적으로 다가가, 옛사랑 애비게일 크로스와의 재회를 모색한다. 그는 30년 전 애인과 함께 사업을 하다 공금을 횡령해 도주했고 결국 재단의 문을 닫게 만들었다. 그런데도 어떤 해명도 하지 않은 채 긴 세월 동안 침묵만을 지켜 왔다. 그러나 그는 언제부터인가 죄책감으로 인한 번민에서 해방된다. 라오스로의 망명과 내면의 여행이 그를 새로운 사람으로 변화시켰기 때문이다. 그는 포피의 할머니에게 자신의 유산을 남겨 주기 위해 영국으로 돌아온다. 125헥타르에 걸친 드넓은 정원에 둘러싸인 어크필드Uckfield의 작은 성을 옛 애인에게 물려주기 위해서. 아마도 그것만 있으면 예전에 그들이 함께했던 재단을 다시 세울 수도 있으리라. 그렇지만 너무도 기나긴 세월이 흘러 버렸다. 대체 어떻게 과거의 실수를 뒤로할 수 있을까? 대체 무슨 낯짝으로 애비게일을 만나러 간단 말인가? 어떻게 하면 그는 그녀와 정면충돌하지 않고, 예전처럼 그녀에게서 매력 파동이 흘러넘치도록 만들 수 있을까? 문을 노크하지 않고도 자신이 돌아왔음을 알리기 위해, 올더스는 그들만의 내밀한 게임을 활용한다. 그가 만들어 낸 변형된 체스 게임, '서섹스Sussex' 말이다. 이 게임은 이미 이름에서부터 둘이 함께했던 세월(그들의 땅, 정열적 사랑, 성공 등)을 환기하고 있다. 올더스는 수지에게 이 놀이를 가르쳐 주면서 그녀가 연락용 비둘기 역할을 하게 한다. 수지는 자신도 모르는 사이 애비게일에게 과거의 매력 파동을 전달하게 된다. 애비게일은 수지가 하는 놀이를 대번에 알아본다. 그리고 해일처럼 밀려드는 매력 파동에 휩쓸린다.

애비게일 ┃ 어머, 수지! 대체 그 게임은 누구한테 배웠니?

수 지 ┃ 저…… 말할 수 없어요. 그냥 베일에 싸인 어떤 아저씨요!

애비게일 ┃ 오, 맙소사! 그가 돌아왔구나!

포 피 ┃ 어머! 올더스 아저씨를 아세요?!

애비게일 ┃ 세상에나 그가 돌아왔다니!

포 피 ┃ 할머니?

애비게일 ┃ 그는 내 인생 최악의 친구였단다…… 이제 어느 편을
선택할지 결정해야 할 때가 온 것 같구나(It's a pick-a-
side time)!

수 지 ┃ 저는 흰말을 선택할래요.

애비게일 ┃ 우리가 함께 창조한 행복을, 우리의 행복을…… 그
인간이 모두 훔쳐 갔어. 대체 왜 그랬을까?

그리고 몇 차례 실랑이가 오간 끝에 애비게일은 마침내 팔메이
라 스퀘어Palmeira Square에서 올더스와 재회한다. 더 이상 말은 필요
치 않았다. 이미 그들이 함께 '창조한 행복'이 넘쳐흐르고 있었으
니까. 마이크 리는 애비게일과 올더스의 행복을 3분에 걸친 멋진
플래시백으로 관객의 눈앞에 펼쳐 보인다. 방랑의 시각과 한바탕
소동, 시련, 비극, 진한 우정, 샴페인 같은 순간들, 신뢰, 그리고 그
에 이은…… 배신까지. 그들이 함께한 12년의 세월은 얼마나 강
렬한 것이었는지, 남은 생을 모두 정당화하기에 충분했다. 사실
우리가 함께 '창조한 행복'은 결코 도난 당할 수가 없다. 그 행복
은 절대 우리를 떠나는 법이 없기 때문이다. 그러나 우리는 '나(혹
은 놀이)Je(u)'의 파트너, 공모자들과 화해에 이르러야만 비로소 다
시금 행복을 춤추게 만들 수 있다.

"올더스는 내면에 수많은 균열을 간직한 신비술가 같은 철학자

다." 올더스 역을 맡았던 존 말코비치는 〈뉴아레바New Areva〉와의 인터뷰에서 올더스란 인물에 대해 이렇게 평가했다. "그는 이를테면 응용 행복을 가르치는 늦깎이 교수 같은 인물이다. 사실상 그는 포피와 수지에게 세상에서 가장 중요한 용기, 바로 자유를 사랑할 용기를 불어넣어 주었다." 여기서 배우가 사용한 표현은 상당히 의미심장하다. '응용 행복', '불어넣다', '용기', '사랑하다'. 이것은 올더스가 단순히 이론 강의의 영역, 멘티와는 객관적 거리를 둔 멘토링의 영역이 아닌, 태도나 감정의 영역에 서 있다는 사실을 잘 보여 주기 때문이다. 이를테면 물 흐르듯 인생을 살 권리를 조용히 주장하는 라오스어 '보 펜 양'과도 비슷하게. 올더스는 그의 모든 감수성을 다시 새롭게 부활하는 데 사용한다. 그래서 크로스 가의 자매들 눈에 그는 인생의 모범적인 롤모델처럼 비쳐진다. 게다가 그는 소녀들의 발전에 대해 어떤 평가도 내리지 않는 만큼 더욱더 카리스마 있는 스승으로 다가온다. 사실 올더스는 호브로 다시 돌아옴으로써 정신 치유를 위한 30년의 유배 생활에 종지부를 찍은 참이었다. 그 시간 동안 그는 어떻게 하면 두려움을 해소하고, 타자에 대한 원한을 풀고, 매력 파동을 자기 속에 받아들일 수 있는지 방법을 찾아냈다. 이처럼 올더스가 치료 과정을 오롯이 겪어 낸 덕택에, 어린 두 소녀는 평온함을 찾아내기 위한 그의 탐색의 소중한 과실을 손쉽게 나눠먹을 수 있었던 것이리라. 그렇다면 올더스는 대체 어떤 깨달음을 얻은 것일까? 그는 어떤 종류의 행복을 찾아낸 것일까?

그의 탐색에 단초를 제공해 준 것은 바로 그 이름, 올더스였다. 그 자신도 지적했듯 헉슬리라는 성이 붙는 작가 올더스(그가 잠자리에 들기 전 머리맡에 놓고 읽은 책도 바로 반-충격 파동에 관한 위대한 소설, 〈가자에서 눈이 멀어Eyesless in Gaza〉[78]였다. 그러나 그의 탐색에 중요한 단초를 제공해 준 그보다 더 중요한 이름이 또 있으니, 그것이 바로 존 쿠퍼 포이스John Cowper Powys다. 포이스는 올더스가 동남아시아로 도주하기 전 애비게일과 함께 차렸던 재단의 이름이다. 사실상 이 두 명의 영국 철학자는 올더스의 행복론에 큰 영감을 불어넣어 주었다.

극 중에서 올더스는 세상에 있는 온갖 향정신성 약품을 모두 맛봤다고 자처한다. 특히 가짜 아편papaver mirabilis이나 피파phi fa라고 불리는 젤라틴까지 체험해 봤다고 말한다. 올더스의 이러한 면모는 사실상 작가 올더스 헉슬리를 떠올리게 한다. 사실 그도 일종의 실험을 위해 LSD[79], 메스칼린[80], 그 외 각종 '성스런 의식을 위한' 물질들을 널리 체험해 본 인물로 유명하지 않은가. 작가는 환각 물질을 이용해 "화학적 환각 상태에 이르는 비법"을 발견해 낼

---

78 올더스 헉슬리의 반 자전적인 소설이다. 주인공 안토니가 청년 시절의 퇴폐적 생활을 청산하고, 남을 사랑하는 것 외에는 자신의 영혼을 구제할 길이 없음을 스스로 깨달은 뒤, 평화주의 운동에 몸 바칠 것을 결심한다는 내용이다. 프랑스어 제목은 〈심연의 평화La Paix des profondeurs〉.

79 환각제의 일종.

80 페요테 선인장에서 추출한 천연 환각 물질.

수 있기를 갈망했다. 그래서 "내면의 세계"를 탐험하고, 환각에 관한 기존의 모든 연구들을 한데 통합하기를 원했다. 그의 이러한 노력은 한 권의 책으로 출간되기도 했는데 그 책의 이름이 바로 〈인식의 문The Doors of Perception〉이다. 그런가 하면 그는 디스토피아를 다룬 저서에서 마약을 민중의 평화를 유지하기 위한 수단으로 이용하기도 했다. 그것이 진정한 국교, '마약중독교'라도 되는 듯이. 가령 그는 〈멋진 신세계〉에서 '소마'라는 행복의 넥타르를 발명해 대중들에게 널리 처방한다. 소마는 요컨대 "눈물이 없는 기독교 정신, 병에 담긴 도덕성"이라고 할 수 있다. 존 말코비치는 1961년부터 이 작가가 미래에는 "약물요법을 이용해 대중이 예속 상태를 좋아하게 만들거나 혹은 전 사회를 위한 고통 없는 강제 수용소를 실현함으로써 눈물 없는 독재를 실행하게 되는" 세상이 찾아올 것이라 예언했던 사실을 지적했다. 한편 헉슬리는 마지막 소설 〈섬〉에서도 모크샤라는 재배용 버섯을 등장시키며 섬사람들을 신비한 체험에 빠뜨리기도 한다.

〈프리덤 프롬 케어Freedom from care〉의 올더스는 마침내 환각에서 깨어난다. "나는 반 타오 푼Ban Tao Poun에서 신을 만났단다." 올더스는 별빛이 초롱초롱한 밤하늘을 올려다보며 포피에게 말한다. "마약 가루는 너를 예수 그리스도로 바꾸어 줄 수 있어. 그물 침대에 누운 채로, 너는 물 위를 걸어 다닐 수도 있고, 이적을 행할 수 있고, 또 네 주위의 친구를 사랑할 수도 있지. 그러나 그것은 어디까지나 네가 친구라 믿는 것이 실은 밥공기에 불과했다는 사실을 깨닫기 전까지란다." 그러면서 그는 이렇게 이야기를 매듭짓는다. "사실 네가 마주치는 존재들의 자비로운 선, 그것이야말로 세상 최고의 마약이지, 포피! 그것은 합법적이고, 거저 얻을 수 있고, 또 저장도 가능하잖니. 그리고 네가 원하는 복용량에 따라 그것은 고통을 완화시켜 주는 진정제가 되기도 하고, 행복감을 느끼게 해 주는 약물이 되기도 하고, 환각을 일으키는 환각제가 되기도 한단다. 네가 그 약을 더 많이 복용할수록, 너는 더 많은 에너지를 얻을 수 있을 거야. 그러니 마음껏 즐기고 또 감사하렴 (feast and praise)." 말하자면 신, 마약, 타인이 바로 올더스의 영적 도정이었던 것이다. 그것은 아르튀르 랭보가 거쳐 온 길과는 정반대의 길이었다. 랭보는 먼저 타인에 대한 좌절감으로부터 출발해, 스스로의 힘으로 천국을 일구려던 계획에 '실패'하고, 끝내 잃어버린 타자성을 신격화하며, 그것을 되찾기 위해 죽을 때까지 방랑하지 않았던가. 올더스는 선이란 부작용이 없는 기적의 마취제라고 이야기했다. 이로써 그는 동명이인의 작가 올더스 헉슬리의 철학과 조우한다. "사랑은 최고의 정치다." 헉슬리는 소설 〈가자에서 눈이 멀어Eyesless in Gaza〉에서 이렇게 말한다. "왜냐하면 사랑은 스스로 에너지를 만들어 내기 때문이다. 사랑은 사랑의 정치를 완수하기 위한 수단을 생산해 낸다. 사랑을 지속하려면 인내와 용기, 그리고 끈기가 필요한데, 사랑하는 행위는 그 수단을 생산해 내며 사랑이 지속되도록 만들어 준다." 이러한 사랑의 작동 원리는 포피의 마르지 않는 유쾌한 기분이 대체 어디서부터 기원하는지를 잘 설명해 준다. 위와 같은 관점 덕에, 그녀의 이름 '크로스Cross'는 이제 기독교의 십자가, 가문의 이름을 의미(신을 통한 자비)하던 데서 벗어난다. 그리고 활력이 샘솟게 만드는 타인과의 만남, 타인과의 교배cross(에너지를 발산하는 동시에 에너지를 만들어 내는 자기 동력적인 성격을 지니는 세속의 자비)라는 의미로 이행하게 된다. 인위적으로 만들어 낸 천국이나 종교적 의미의 천국이 아닌, 타인에 대한 중독, 그것이 바로 '올더스 & 올더스'가 내놓은 행복의 처방이었던 것이다. 극 중 인물 올더스는 이 중독증의 가장 큰 덕목이 중산계급화gentification를 예방하는 것이라고 지적했다. 다시 말해 타인과 합일되는 두려움, 융화 공포증을 막아 준다는 것이다. 왜냐하면 타인에 대한 중독은 선을 겸비한 자와 그렇지 않은 자를 분류하는 것이 아니기 때문이다. 인본주의 철학자로서 헉슬리는 이 부분과 관련하여 자신의 생각을 더욱 명확히 밝히고 있다. 그는 문제의 사랑이 "모든 인간(심지어 선의 실행을 가장 적극적으로 거부하는 인간까지도)의 실질적이거나 혹은 잠재적인 선을 향하는 한, 사랑의 정치는 '최고'의 정치"일 수밖에 없다고 주장한다. 그것은 존재를 선별하지도, 도덕을 강요하지도 않는다. 모든 인간이 그 자체로 사랑 받을 특권이 있다고 여긴다. 중독환자들 사이에 통용되는 전문 용어를 빌린다면, 모든 인간이 누구나 전부 "완벽히 뻥 간 기분"을 느낄 자격이 있다는 말이다. 심지어 자동차라는 무기 속에, 두려움이라는 벽 속에 단단히 갇힌 스콧마저도. 포피는 스콧에게 인생 최초로 마약을 주사해 준다. 그러자 이내 모든 것이 폭발해 버린다. 스콧이 사랑에 빠진 것이다. 스콧은 금속으로 된 자아의 껍질을 벗고, 오랜 호흡 정지 상태에서 벗어나, 완전히 도취된다. 그것은 그에게는 매우 고통스러운 일이다. 그러나 포피는 그런 것쯤은 아랑곳하지 않는다. 어차피 그녀는 해야 할 일을 했을 뿐이다. 언제나 그렇듯 그녀는 자신이 만나는 사람에게 생기를 불어넣어 주고, 그들의 내면에 잠재된 혹은 실재하는 선으로 자기 자신도 흠뻑 도취되었을 뿐이다. 선은(헉슬리에 따르면 "모든 생각과 감정의 시스템") 모든 인격 속에 함유된 향정신성 에너지와도 같은 것이다. 그러나 그것은 어느 정도 봉쇄된 떨림이다. 그럼에도 별안간 누군가 자신의 매력을 주입해 주는 순간, 그 봉쇄됐던 떨림은 마치 샴페인을 딸 때처럼 확하고 터져 나온다. 흥겨운 기분과 생생한 활력, 온화한 열정과 함께. 그것은 독주처럼 강렬한 축복의 순간과도 같다. 그렇다. 포피에게 타자는 일종의 아편인 것이다. 단, '아편'이란 것이 몰아 상태에 빠져 기분 좋은 도취감을 느끼도록 만드는 바로 그 힘을 의미한다면 말이다.

그러나 올더스의 행복관은 헉슬리 말고, 또 다른 사상가에게서 더욱 결정적인 영향을 받는다. 올더스가 공금을 횡령해 라오스로 달아나기 전에 운영하던 재단의 이름. 바로 존 쿠퍼 포이스John

^{Cowper Powys, 1872~1963}년다. 감독 마이크 리도 고백했듯이, 그는 이 다작으로 유명한 작가의 작품으로부터 신의 계시와도 같은 번득이는 영감을 받게 된다. 감독은 〈프리덤 프롬 케어^{Freedom from care}〉로 오스카상 시상식에서 최우수 작품상과 각본상을 수상하고 다음과 같이 소감을 발표한다. [81] "지인 모린 크리스도티어^{Morine Krissdottir}에게는 아무리 감사를 해도 모자랄 것입니다. 그 친구 덕분에 저는 존 쿠퍼 포이스의 철학을 더 제대로 이해할 수 있었으니까요. 우리끼리는 그냥 편하게 JCP라고도 부르지요. 〈해피 고 럭키^{Hap-py-Go-Lucky}〉를 제작하고 5년이 지난 뒤 저는 책으로 된 포피의 철학을 발견했습니다! (중략) 그러니까 모린, 제가 이 일을 해낸 건 전부 당신 덕분이에요!" 물론 마이크 리의 7번째 영화 〈뒤죽박죽^{Topsy-Turvy}〉도 JCP가 쓴 단편을 환기하고 있다. 그러나 그는 자신의 영화에 나오는 여주인공과 이 작가의 연관성을 인식하는 순간, 포피의 어린 시절을 정말이지 한번 제대로 다루어 봐야겠다는 생각이 불현듯 스쳤다. 〈타임스〉지와의 한 인터뷰에서 그는 모든 스태프들이 이 철학자에게 얼마나 열광했는지에 대해 다음과 같이 털어놓았다. "세리(세리 브린), 존(존 말코비치), 샤를로트(샤를로트 램플링), 그 외 스태프들과 식사를 하며 그에 대해 이야기를 나누었어요. 〈그럼에도 불구하고^{In Spite Of}〉, 〈감각에 대한 옹호^{Defense of}

---

[81] 물론 이것도 모두 필자가 상상한 가상의 상황이다.

Sensuality〉, 그 외 서간문 몇 개를 함께 살펴보며, '엘리멘털리즘Elemen-talism'82이나 '범에너지panergy'에 대해 의견을 나누었지요. 우리의 머릿속은 정말이지 얼마나 뜨거운 지적 열기로 달아올랐던지요! 그날 밤 저는 JCP에 완전히 홀려서, 다음날 찍을 대본을 수없이 고치고 또 고치며 날밤을 새웠답니다! (중략) 말하자면 제 감독 인생 최고의 형이상학적인 2개월이었습니다!" 감독의 열렬한 사랑 고백 덕에 존 쿠퍼 포이스는 사후 반세기가 지난 뒤 다시 선풍적인 인기를 구가하게 된다. 포이스가 쓴 〈행복의 기술The Art of Happiness〉은 미국에서 베스트셀러에 올랐고, 심지어 이 무명 사상가의 존재는 뒤늦게 프랑스인에게까지 알려지게 된다. 심지어 이 같은 열풍을 설명하기 위해 '포이스매니아'라는 말까지 등장할 정도였다.

그러나 마이크 리가 말한 것과 달리, 나는 'JCP-포피'라는 유산 (올너스가 매개자 역할을 한)은 어느 정도 반론의 여지가 있다고 생각한다. 이 철학자의 저술이 감독에게 영감을 준 것은 사실이지만 좀 더 자세히 작품을 분석해 보면 여주인공 포피의 햇살 같은 자유분방한 태도가 단순히 포이스의 세계에서 나왔다고 보기는 힘든 면이 있다. 그래서 나는 여기서 잠시 포피가 포이스의 철학과 완전히 일치하는 부분과 이질적인 이론적 토대들을 서로 구분해서 살펴보고자 한다.

---

82 삶의 가장 기초적인 요소들에 집중할 때 행복해질 수 있다는 사상.

"나는 모든 인간적 경험을 체험하지 않을 수가 없다. 또한 그것을 경험하는 '나 자신'을 인식하지 않을 수가 없다!" 이것이 소설 〈몰윈Morwyn〉에서 JCP가 표명한 '코기토', 즉 그가 가장 최고의 진리로 생각하는 것이다. 나는 체험한다, 고로 나는 나를 안다. 조금이라도 자신을 인식하는 주체가 없다면 체험이란 것은 결코 존재할 수가 없다. 말하자면 몰아의 상태라고 해서 우리가 내면의 심판을 완전히 중단시킬 수 있는 것은 아닌 셈이다. 우리는 우리가 느끼는 것 속에 아무리 미세할지라도 어느 정도 의지를 간직하고 있기 마련이다. 그리고 바로 그 의지를 기반으로 우리는 행복의 마법에 입문할 수 있다.

대부분의 불행한 사람은 다른 사람을 불행에 빠뜨리기 위해 스스로의 불행을 자처한다. 그것은 참으로 기괴한 복수가 아닐 수 없다. 타인이 연민을 느끼거나, 죄책감에 시달리거나, 우리를 더 잘 보살펴 주기를 바라는 마음에서 스스로를 망가뜨리다니. 그런 눈물의 파동 앞에서는 그 누구도 승리자가 되어 돌아올 수 없다. 나는 이것이야말로 존 쿠퍼 포이스의 가장 중요하고도 가장 풍요로운 사상이라고 생각한다. 그러나 포이스는 〈행복의 기술〉에서 이러한 생각을 아주 피상적으로만 다루었다. 이러한 사고로부터 어떤 결과가 초래되는지에 대해서는 자세히 다루지 않았다. 그럼에도 어쨌거나 이러한 점을 유념하고 스스로 피해자인양 자처하는 주변 사람들의 탄식을 지켜보노라면, 이러한 현상이 얼마나 우리 주변에 널리 퍼져 있는가를 여실히 깨닫게 된다. 틈만 나면 징징 짜는 수백만 명의 인간들은 친구나 부모, 애인으로부터 더 나은 대우를 받기 바라며 기꺼이 스스로가 만들어 낸 불행 속을 허우적거리며 살아간다. 관심이나 사랑을 받기 위해 앙앙 울음을 터뜨리는 아기처럼, 어떤 어른들은 그들이 원하는 것을 얻기 위해 일부러 불행을 자초한다. 물론 그들의 슬픔은 진짜가 맞다. 거짓으로 징징 짜는 것이 아니다. 다만 그들은 자신이 바로 그 불행을 만들어 낸 장본인이고, 따라서 그들이 짊어진 음울한 짐으로부터 자유롭게 해 줄 수 있는 것도 바로 자신이라는 사실을 무시하고 있을 뿐이다. 그들은 화가 나서 자기를 망친다. 그러나 그들은 자기를 망치기 때문에 화가 나는 것이다. 이 과정이 얼마나 반복되는지, 그들은 눈덩이처럼 불어나는 불행의 진짜 원인이 무엇인지를 까마득하게 잊어버리고 만다. 타인을 자신의 불행에 끌어들여 벌주려는 유치한 욕망, 그것이 원인인데 말이다. "타인을 징벌하기 위해 스스로 불행을 자초하는 것…… 그것은 매우 인간적인 본능이다! 그러나 이 얼마나 어처구니없는 비극인가!" JCP는 이렇게 비웃었다. 〈프리덤 프롬 케어Freedom from care〉의 한 감동적인 장면도 이런 메커니즘을 극단까지 밀고 나간다. 할머니 애비게일은 크로스가의 두 자매가 호브에 아는 사람이 아무도 없는 것을 안타깝게 여겨, 수지의 생일날 이웃 사람들을 초대해 파티를 열어 준다. 거기서 처음으로 조이는 포피를 알게 된다. 그리고 포피는 여기서 만난 첫 사랑 앤드류와 데이트를 나간다. 앤드류는 유명한 동네 건달이다. 에일리언 섹스 핀드Alien Sex Fiend[83]의 음악을 즐겨 듣는 그는 친구들과 온갖 말썽을 부리며 살아가는 한량이다. 그러나 포피는 이 젊은 남자의 혈기 왕성한 모습과 말재주에 마음이 끌린다. 그럼에도 정작 그녀는 앤드류가 작업을 걸어오자 그 특유의 '보 펜 양!'으로 이를 물리친다. 그녀를 유혹하려는 앤드류와 친구로 남기를 바라며. 그러나 상황은 정반대로 흘러간다. 앤드류가 진짜로 포피에게 푹 빠져 버린 것이다. 앤드류는 온갖 매력을 발산하며 그녀에게 정열적인 고백을 한다. 평소 앤드류에게 연정을 느낀 조이는 이 모습을 곁에서 지켜보며 깊은 상처를 입는다. 며칠 뒤 올더스는 소녀들과 랭보의 시를 낭송하며 즐거운 피크닉을 갖는다. 그런데 별안간 조이가 남몰래 따온 신비의 버섯[84]을 삼키고 자살을 기도한다. "죽어 버릴 테야!" 황급히 병원으로 향하는 밴 안에서 그녀는 미친 사람처럼 고래고래 고함을 친다. 올더스는 그녀를 이성적으로 설득하려 한다. "네가 죽는다고 앤드류가 너를 사랑하게 되는 건 아니란다!" 그러나 아무런 소용이 없다. 조이는 환각 상태에서 이렇게 소리친다. "상관없어요! 그 나쁜 자식에게 본때를 보여 주겠어요!"

여기서 우리는 존 쿠퍼 포이스가 말한, 스스로 불행한 존재가

---

83 영국의 데스 록death rock 밴드.
84 Magic Mushroom: 환각 효과를 일으키는 버섯.

되어 타인을 벌하려는 욕망을 아주 잘 보여 주는 훌륭한 예를 만나게 된다. 이를테면 매일 지지고 볶고 사는 무덤덤한 연인들이나 무뚝뚝한 직장인의 웃음기가 싹 가신 얼굴, 혹은 언제나 자기 문제에 대해서만 이야기를 늘어놓는 사람, 열정이 없는 미적지근한 감정, 옹졸하기 짝이 없는 퉁명스러운 태도 등에서 흔히 찾아볼 수 있는 것과 비슷한 성격의 욕망을 말이다. 눈물 파동, 즉 자가-좌절이 만들어 낸 좌절 시스템을. 그것은 흔히 근시안적인 사람들에게서 찾아볼 수 있는 태도다. 그들은 쉬이 매력에 몸을 내맡기지 못한 채, 무엇이라도 시도해 보려고 노력하는 대신 무조건 핏대부터 세우고 본다. 눈물 파동을 전파하는 자들은 이럴 바엔 차라리 이판사판 너도 나도 다 엿 같은 인생을 살자는 식으로 나온다. 사실 현대 국가에는 사회 전반에 이런 반달리즘[85]적인 심리 상태가 만연해 있다. 이런 파괴적 행위가 의학적인 규제를 받으며 완전히 합법화되어 있다. 혹여 불평불만이 가득한 대중 속에서 별안간 샴페인 같은 기분에 젖은 사람이 튀어나오기라도 하면, 그 사람은 금세 비정상적인 인간이라며 손가락질을 받기 일쑤다. 그들은 모두가 동그랗게 맴을 돌며 구슬피 우는 것을 방해하는 자, 잿빛의 음울한 시민성을 위반한 범죄자, "두 어깨를 무겁게 짓누르는", "이기적이고" "수상쩍은", 행복을 능란하게 다루기에는 아직

---

85 vandalism: 무지로 인해 문화나 공공예술을 파괴하는 행위나 경향.

미숙한 자로 낙인이 찍힌다. 사실 가련한 조이는 언제나 불평불만을 입에 달고 사는 부모님 밑에서 자라났다. 조이의 부모는 일이며, 축구, 겨울의 추위, 여름의 뜨거운 태양, 거리를 점령한 펑크 뮤직 밴드 '피터 앤 더 테스트 튜브 베이비즈'의 음악, 그리고 '버릇없이 자란' 자신들의 외동딸에 이르기까지 온종일 끊임없이 불평불만을 늘어놓곤 했다. 마침내 몸을 추스리고 회복기에 들어선 조이에게 올더스는 그녀와 가장 잘 어울릴 법한 소설책 한 권을 선물한다. 그것은 바로 프로이트의 증손녀 에스더 프로이트Esther Freud가 쓴 〈무서운 킨키hideous Kinky〉(프랑스어 번역판 제목은 〈마라케시 익스프레스Marrakech Express〉)였다. 영국의 관습적인 분위기에 염증을 느낀 한 여자가 두 딸을 데리고 모로코에 가서 새로운 인생을 살아간다는 내용이다.

진정 행복한 자는 매력 파동을 더욱 강렬하게 만들고 자신이 아닌 타인을 행복하게 해 주려 노력한다. 반면 불행한 자는 그 누구도 행복하게 해 주기를 '원하지' 않는다. 그러나 스스로 불행을 자처한 사람이 탄식을 멈추게 할 방법은 심리 코칭도, 웃음 강의도, 안락한 소파에 누워 내면의 상처를 털어놓는 정신 치료도 아니다. 오히려 그 무엇에도 흔들리지 않을 만큼 굳건하면서도 놀라움을 선사하는 행복을 만끽하며 살아가는 친구를 만나 마음을 터놓는 사이가 될 때, 비로소 그들은 불행의 늪에서 벗어날 가능성을 모색할 수 있다. 사실 불행에서 벗어나는 것은 우리가 체계적으로 빈틈없이 계획을 세운다고 되는 일이 아니다. 스스로에게 고통을 주며 타인을 고통스럽게 만들고 싶다는 욕망은 흔히 충동적인 경향을 띠기 때문이다. 우리가 아무리 결연한 마음으로 불행에서 벗어나야겠다고 다짐해도 언제든 불쑥 또 다시 욕망에 휩싸일 위험이 있다. 반면 진정으로 행복한 사람을 사랑하게 되면, 불행한 사람도 매력 파동에 어느 정도 풍덩 빠져 볼 용기를 내게 된다. 그리고 바닥에 발이 닿지 않더라도 완전히 익사하는 게 아니라 그 속을 충분히 헤엄칠 수 있다는 사실을 비로소 깨닫게 된다. 타인의 선에 익사할 위험은 한낱 허구에 불과하다는 사실을 말이다. 오히려 선은 우리를 짊어지고, 지탱해 주고, 심신을 가볍게 하며, 몽롱한 우울에서 벗어나게 해 준다. 비록 독한 마약처럼 때로는 우리를 휘청거리게 만들 수도 있을 테지만 말이다. 그리하여 타인과 서로 융화되는 합생concrescence[86]을 통해, 순간적으로 상대와 마음이 통하고 저도 모르게 그를 따라하게 되는 그 기이한 모방 행동을 통해, 불행한 자는 조금씩 자아의 껍질을 벗어던지고, 번민으로 우글거리는 음울한 땅에 비로소 '보 펜 양'을 활짝 꽃피우게 된다.

존 쿠퍼 포이스는 눈물 파동에서 벗어나려면, 다시 말해 이 징벌적인 자기징벌을 멈추려면, "종종 진정으로 영웅적인" 정신에서

---

86 65쪽, 각주 참조.

비롯된 행동이 필요하다고 주장한다. 그는 이 행동을 '범에너지적인panergic' 행동이라고 표현한다. 그리고 "이러한 행동을 통해 우리는 어떻게든 행복해지려고 끈질기게 노력한다"고 지적한다. 그는 무엇보다 우리가 "우리의 주된 즐거움의 원친인 삶의 가장 기초적인 요소들"에 집중해야만 한다고 주장한다. 사실 미래의 소소한 기쁨들을 미리 머릿속에 그려 보는 것만으로 우리는 지금 현재 행복으로 충만한 존재가 될 수 있다. 포근한 이불 속에서 뒹굴며 나태함을 즐긴다든가, 자동차가 지나다니지 않는 아름다운 거리를 산책하는 상상을 한번 해 보자. 혹은 점심을 먹은 뒤 읽다 만 〈샴페인 같은 기분〉이란 책을 마저 읽는 자신의 모습을 머릿속에 그려 보자. 미래에 느끼게 될 기분 좋은 감정들을 미리 즐기는 것만으로도 우리는 충분히 그 감정을 어느 정도 느낀 것이나 마찬가지라고 할 수 있지 않을까? 한편 JCP는 '범에너지panergy'를 설명하기 위해 다음과 같은 말도 안 되는 소리도 거침없이 늘어놓고 있다.

매번 여러분이 억지로라도 힘을 내어 불행해지기보다는 행복해지기 위해 의식적인 노력을 다하기로 마음먹는 순간, 여러분은 세상의 창조에 함께 참여하게 된다. 반면 매번 여러분이 이러한 노력을 거부한다면, 불행한 삶에 안주하려 한다면, 여러분은 자신을 적대시하는 그 감정 상태에 빠지게 될 것이다. 그렇게 된다면 그 음울하고 복잡한 감정 상태를 통해 여러분은 세계를 파괴하는 데 기여하게 될 것이다.

JCP의 주장에 따르면, 행복은 '의식적인 노력'에 달려 있기에 불행이란 분명 파괴적이거나 혹은 '자기파괴적'인 비열한 행위에 불과하다. "마음을 먹다", "억지로라도 힘을 내다", "거부하다"와 같은 말은 모두 결연한 의지의 영역에 속하는 표현들이다. 이 부분에서 포피는 JCP와는 매우 상반된 태도를 보여 준다. 사실상 그녀에게 행복은 그 어떤 '노력'도 요구하지 않기 때문이다.

영화 〈해피 고 럭키Happy-Go-Lucky〉에서 그녀는 마치 샴페인 거품이 터지듯, 자연스럽게 매력을 발산한다. 그녀의 행복이 전복적이 될 수 있는 것은 그 행복이 저항의 의지에서 비롯되는 것이 아니라, 바로 '내면에서 발산되는 밝은 빛'에서 연원하기 때문이다. 이 빛은 바깥으로 표출되는 순간 의도하지 않더라도 소유의 개념에 입각한 인위적인 행복을, 우리가 엄격히 지켜 온 사회적 규범과 경제적 이익을 무참히 박살낸다. 한편 포피와 팀Tim의 러브 스토리도 JCP의 신랄한 비판으로 인해 그 의미가 퇴색될 수는 없다. 사실상 JCP는《불쾌함을 잊는 기술Art of forgetting un unpleasant》에서 "사람을 우둔하게 만드는 사랑의 중독"을 "모든 인간의 마음을 지배하는 궁극적 감정"인 두려움을 마비시키는 수단이라고 지적하지 않았던가.

그것은 아마도 우리의 철학자가 자신의 저술에서는 낙관주의와 간소함을 서약했지만 실제로는 비관주의적인 신경증환자이기 때문일 것이다. 그는 악을 물리치기 위해 가장 기초적인 힘들의 순수한 융합과 지속적으로 변화하는 '나(혹은 놀이)$^{Je(u)}$'에 대한 맹신에 어렴풋이 의지하고 있다. 미국 전역으로 강연을 다니던 시절, 그는 인간의 본성에 회의적인 (심지어 냉소적인) 작가들(폴 베를렌, 아나톨 프랑스, 표도르 도스토예프스키, 아우구스트 스트린드베리[87])을 열렬히 탐독했다. 타인의 폭력이나 죽음의 공포로부터의 도피에 강박적으로 목을 맸던 반^{反}영웅 포이스. 그는 출생 전 행복했던 상태로의 퇴행을, 순결하고 매혹적인 요정을, 다시 말해 손에 쥘 수 없는 불가능한 행복을 꿈꾸었다. 그는 정신분석가와 마초 기질이 있는 나쁜 남자, 그리고 생체 해부자 들을 비판했다. 그는 자신의 힘으로 행복에 이르게 해 주는 저 범에너지의 비밀을 밝혀내기 위해 노력했다. 그것은 먼저 건강한 고독에서 출발했다. 그리고 '엘리멘털리즘^{elementalism}', 행복의 절제로 귀결됐다.

《고독의 철학$^{A\ Philosophie\ of\ Solitude}$》에서 포이스는 인간 정신이 지니고 있는 '마술적 힘', 다시 말해 "민중, 광고, 뉴스의 목소리, 고독의 암살자들이 내는 목소리"를 조용하게 만들 수 있는 '도피의 능력', '자기 변신술'에 천착한다. 몽상과 감정(우리는 이것이 포피에게 얼마나 중요한지 앞서 살펴보았다)에 집중할 수 있게 해 주는 이 침묵에서 출발해, JCP는 '엘리멘털리즘^{elementalism}'을 표방한다. '도

---

87 August Strindberg: 스웨덴 극작가.

교'의 영향을 받은 그는 '현대의 소음'을 '질병의 증후'로 인식하고 그 치료제를 다음과 같은 말로 정리했다. "이처럼 삶을 점점 더 간소화한다면 비로소 행복에 이를 수 있을 것이다." 버팀목도 필요로 하지 않고, 좌절감도 느끼게 하지 않는, 극도로 만족스럽고 극도로 견고한 행복에.

그러나 포이스의 사상에서 어떤 온건성이나 수동성을 읽어 내는 것은 절대 금물이다. 겉으로는 그가 상식을 요구하며 그저 강하게 불만을 제기하는 것에 불과한 듯 보여도, 그 이면에는 전투적인 태도가 숨겨져 있기 때문이다. 도교와는 달리, 서양 철학은 행복을 '정복해야 할 무엇, 노력을 통해 쟁취해야 할 무엇, 끝없는 투쟁을 통해 확보하고 지켜 내야 할 무엇'으로 여긴다. 이를테면 운동선수나 카우보이의 냄새가 물씬 풍기는 행복이라고 해야 할까? 그렇다면 이것으로 도교, 풍요로운 무, 노자, 은하수milky way[88]와는 영영 이별을 해야 하는 것일까? 이제 자기 경영의 제국, 승리자들의 제국에 온 걸 환영해야 하는가? "우리는 신과 비슷해져야 한다. 선택하고 버릴 줄 알아야 한다. 있는 그대로 코스모스를 온전히 다 받아들이는 것은 노예의 태도이지, 인간의 태도가 아니다." JCP에 따르면 이런 태도는 '뿌리 뽑아야' 한다. 그리고 "우리가 행복을 얻기 위해 충분히 싸웠을 때 시원한 이슬방울처럼 생명

---

88 엄마 젖을 먹던 유아기로의 퇴행을 의미한다.

으로부터 발산되는 바로 그런 종류의 행복"을 지향해야 한다. 행복을 얻기 위한 싸움은 "우리의 정신을 필요 이상으로 고문하는" 야심 찬 목표도 경쟁적인 시합도 아니다. 다만 그것은 "우리 의지가 발휘하는 상상력"이다. 아마도 그가 "간소화하라! 간소화하라!"고 외치는 것도 바로 그 때문이리라. 그는 무의식에 천착하는 구루[89]들에 반하여, "의지가 지닌 위풍당당한 마술적 힘"을 주장한다. 금욕주의 정신을 옹호하는 구루들에 반하여, 삶의 변화 속에서 실질적인 즐거움을 찾아내려고 시도한다.

모든 동양철학은 우리더러 행복에 대해 무심하라고 말한다. 그러나 그것은 삶에 대한 일종의 신성모독이다. 흠뻑 쏟아지는 빗물을 즐기는 풀이나 어머니의 젖을 빠는 동물이나 애인을 품에 꼭 안은 연인이나 들판에서 들꽃으로 꽃다발을 만드는 소녀에게서 우리는 동양철학의 반증을 쉽게 발견할 수 있다. "최선을 다해 고통을 견뎌라. 그러면 기쁨을 누릴 수 있다." 그것은 삶이 내지르는 외침이다.

즐거움의 추구가 기지의 사실이라면, 우리는 모든 '내면의 무기'를 즐거움에 집중해야 할 것이다. 아무리 즐기기 힘든 상황에 처

---

89 영적 지도자.

해 있거나, 두려움과 슬픔의 파도에 깊이 잠겨 있을지라도 말이다. 오로지 이 목적을 위해 정신의 모든 자원을 총동원해야 할 것이다. 특히 무엇보다도 상상력과 의지력을 널리 발휘해야만 할 것이다. 상상력은 우리가 앞으로 다가올 행복을 미리 맛보며 현재에서 벗어나게 해 주고, 의지력은 창조적인 힘을 지닌 용기와 최고의 인내력을 불어넣어 줄 것이기 때문이다. "우리는 경험을 통해 욕망이 지배하는 다른 영역에서도 의지가 누적 가능한 위력을 지닌다는 사실을 알게 되었다." JCP는《감각에 대한 옹호Defense of Sensuality》에서 이렇게 설명했다. 그러면서 그는 이런 의문을 제기한다. "그렇다면 행복의 영역에서도 그러지 말란 법이 없잖은가?" 그가 찾은 해답은 이러했다. 아마도 삶의 목적은 "일종의 금욕적인 행복일 것이다. 그것은 '아무런' 행복이 아니라, 도전에 사용할 무기들을 손이 닿는 곳에 지니고 있는 행복이다! 이처럼 온 힘을 다해 노력하면서도 동시에 단 한순간도 삶을 즐기기를 멈추지 않는 이런 종류의 태도는 사실 무엇이라 정확히 정의하기 매우 어렵다." 그러나 마이크 리는 〈해피 고 럭키Happy-Go-Lucky〉에서 언제나 단호히 희생자의 운명을 멋지게 거부하는 포피라는 인물을 통해 이러한 종류의 태도를 훌륭하게 구현해 냈다. 포피는 사실상 JCP가 생각하는 행복의 전형이라고 할 수 있다. 그녀는 "행복을 빠는 기계"다. 심지어 그녀는 "아무것도 빨을 것이 없을 때에도 계속해서 기계를 돌려 행복을 빨을 수 있다. 이처럼 우연성에 정면 도전하는 행위, 불행의 제1원인에 도전장을 내미는 행위, 무욕의 상태에서 무의식적으로 줄기차게 정신의 기계를 계속 돌리는 행위, 이런 행위만이 오로지 우리 내면을 무엇인가 심오한 것으로 채워 줄 수 있다. 그리하여 만족감이 일종의 행복을 잉태하도록 만들 수 있다. 말하자면, 만물을 창조한 조물주처럼 문자 그대로 '아무것도 없는 무로부터' 무엇인가를 창조할 수 있는 것이다." 바로 그렇기에 마술이라는 표현을 쓰는 것이리라.

그럼에도 JCP를 잘 읽어 보면, 그가 칭송하는 이런 결연하고 믿음직한 태도는 장난기가 가득 넘치면서도 겸양의 미덕을 지닌 포피의 태도와는 상당히 차이를 보인다는 사실을 알 수 있다. 이 철학자가 찬양하는 의지의 승리는 이 젊은 여인에게서 찾아볼 수 있는 공감의 전율과는 극과 극을 이룬다. JCP는 "설령 자신을 둘러싼 혼돈을 제어하는 능력을 영원히 얻지 못할지라도, 타자의 사회가 주는 이 피상적 쾌락을 포기하라"고 개인들을 설득한다. 반면 포피는 인간이 두 무릎을 꿇고, 삶의 도취감에 빠져들게 해 줄 매우 중요한 정수가 바로 타자의 사회 안에 있다고 본다. JCP에게 인간성은 '감옥'이었다. 그래서 저급한 방법이든 고급한 방법이든 모든 방법을 동원해 어떻게든 타자의 사회로부터 탈출해야 한다고 생각했다. 가장 기본적인 소소한 즐거움으로 돌아가든지, 정신적 에너지들을 결합하든지, 엘리멘털리즘이든 범에너지든 그 무엇을 통해서라도 탈옥을 시도해야만 한다고 여겼다. 그에게 인간적인, 너무도 지나치게 인간적인 삶은 인간이 피해야 할 지옥과도 같았다. 반면 포피가 아는 삶은 오로지 인간적인 삶 그 자체뿐이었다. 그녀는 단 한 번도 인간적인 것이 '너무 지나치게' 인간적이라고는 느껴 본 적이 없었다. 오히려 그녀에게는 인간적인 것이 '충분히 인간적이지는 않아' 보였다.

어느 날 포피는 자기 반 학생이 쉬는 시간에 친구를 때리는 장면을 목격한다. 그런데 그녀는 오히려 '가해자를 위로'하기 위해 달려간다. 그녀는 피해 학생을 위해 눈물을 흘리며 그의 불행을 더욱 강화해 주지 않는다. 문제는 (그리고 해법도) 피해자가 아닌 가해자에게 있다고 여기기 때문이다. 가해 학생은 충격 파동을 매력 파동으로 바꿀 수 없었다. 그러니 진정으로 불행한 자는 바로 그다. 그러니 그를 도와줘야 한다. 포피는 백방으로 수소문해 전문가를 찾아내고 그에게 도움을 요청한다. 그녀는 소년과 함께 그 충격 파동의 원인이 어디서 연원한 것인지 하나씩 거슬러 올라간다. 그리고 마침내 소년이 집에서 엄마의 애인으로부터 폭행을 당하고 있었다는 사실을 알아낸다. 바로 그것이 충격 파동의 원인이었던 것이다.

우리가 받은 폭력을 영속화하는 것, 그것이 바로 충격 파동이다. 반면 우리가 받은 인간성^{humanity}을 영속화하는 것, 그것은 바로 매력 파동이다. 포피는 인간성이 결여된 존재를 찾아가 그에게 자신의 인간성을 불어넣어 준다. 때로는 사회적 규범이나 합의, 예의범절을 모조리 뒤집어엎을 각오까지 하고서 말이다. 그것이 바로 그녀의 '관심사'다. 그녀에게 인간 사회는 그녀의 '나(혹은 놀이) Je(u)'가 뛰어노는 놀이터다. 마이크 리 감독에게는 참으로 미안한 말이지만, JCP의 사고관을 잘 보여 주는 예는 포피가 아니라 오히려 마음속에 원한을 가득 품은 인물 스콧이다. JCP는 이렇게 소름끼치는 말을 한 적이 있다. "사회는 세상에서 가장 은밀한 곰팡이다. 우리 사회 속에서는 인간성을 위협하는 모든 해로운 독성 물질들이 치명적인 악취를 풍기는 고름을 내뿜고 있다."

세계를 소화시킴으로써 존재를 변화시키는 힘인 행복. 사실 행복은 스스로를 지켜보지 않는다. 정작 행복이 지켜보는 것은 바로 우리다. 행복은 우리를 지켜보며 우리에게 처방전을 내주고 우리가 먹어야 할 것이 무엇인지를 알려 준다. 우리는 그 어떤 '식이요법(제도)régime'을 통해서도 행복에 이를 수 없다. 행복 자체가 바로 우리의 식이요법이기 때문이다. 그것은 우리 내면의 영양학이자 정치학이다.[90] 그 어떤 합리적이고 논리적인 조직도 감히 위조할 수가 없다. 내가 생각하는 행복관은 존 쿠퍼 포이스가 생각하는 행복관과 아주 중요한 점에서 차이가 난다. 그것은 바로 의지와 관련된 부분이다. 그는 우리가 훌륭하게도 우리의 의지로 행복을 결정한다고 여기지만, 나는 오히려 훌륭하게 결정을 내리는 쪽은 행

---

90 프랑스어로 régime은 식이요법이라는 뜻 외에도 '정치 체제' 및 '제도'라는 뜻을 가지고 있다.

복이라고 생각한다. 우리는 행복을 '향해서'가 아니라, 행복에 '의해' 추동된다. JCP는 행복을 거의 전투적인 방식을 통해 정복해야 할 어떤 대상으로 여긴다. 그에게 행복은 '의식적인 노력'을 통해 '쟁취'되어야 할 무엇이다. 반면 나에게 행복은 그냥 자연스럽게 펼쳐지는 무엇이다. 심지어 노력하고 있다는 기분조차 들지 않을 정도로. 나는 JCP의 행복관에 대한 반론을 단 한마디로 요약할 수 있다. 진정으로 행복한 자는 '보 펜 양!'을 말하는 자다. '만사 형통'을 외치는 자다. 단순히 그가 행복해지기를 원하거나 혹은 지금의 행복을 유지하고 싶어서가 아니라(의지를 중시하는 JCP의 행복관), 그냥 바로 지금 이 순간 그가 진정으로 행복감을 느끼기 때문에(진정한 최고의 행복). 포피가 보여 주는 행동들은 행복해지기 '위해서'가 아니라 행복하기 '때문'에 자연스럽게 나타나는 것들이다. 그녀가 내뱉는 친절한 말이나 타인을 향한 마음은 행복을 추구하는 데서 비롯되는 것이 결코 아니다. 만일 그랬더라면 금세 그것들은 자연스러움이나 생동감, 다시 말해 도취감을 일으키는 능력을 잃어버리고 말았을 것이다. 샴페인 같은 기분은 행복을 가져다주는 무엇이 아니다. 그 자체가 바로 행복이다. 톡톡 생기로 흘러넘치고, 직접 행동에 나서게 만드는 감정적인affective 힘이자 동시에 실질적인effective 힘.

우리는 아직 랭보나 포피에 대한 이야기를 완전히 매듭짓지 못했다. 그러나 그들은 우리 내면 안에 잠시 편안하게 쉬도록 내버려 두자. 대신 그 사이 그 샴페인 같은 기분에게 이름이나 하나 붙여 주자. '신명exhilaration'. 그리고 이 단어가 입에 붙을 때까지 일곱 번 정도 이 낱말을 발음해 보자. 이제 점잖은 삶 따위는 모두 잊어버리자. 그리고 감사한 마음으로 삶을 음미하자.

신명

우리도 봄이다,
봄이 외칩니다!
그것이 바로 봄이 우리를 이토록 매혹시키는 이유겠지요.

_루 안드레아스 살로메,
〈라이너 마리아 릴케에게 보내는 편지〉, 1904년 5월.

어느 화창한 봄날, 따뜻한 나라에서 휴가를 즐기고 있을 때의 일이었다. 바야흐로 식물만이 아니라 여자들도 함께 소생하는 봄이었다. 우리는 티셔츠나 가벼운 반팔 셔츠 차림으로 외출했다. 빛이 방향제처럼 우리의 마음을 안정시켰다. 사람들이 우리를 둘러싸고 매혹했다. 별것 아닌 일에도 우리는 쉽게 도취감에 젖어들었다. 삶이 우리에게 미소 지었다. 해바라기를 닮은 아이들처럼. 우리는 '신명'이라는 이름의 춤을 추었다. 세상을 향해 활짝 마음을 열어 주는 신바람 나는 기분, 꿈과 수액의 상승, '나(혹은 놀이) Je(u)'로부터 발산되는 향취, 만물을 우리 몸에 소중한 존재로 만들어 주고 우리를 팽창시켜 주는 경이. 우리는 마음속으로 속삭였다. 삶은 세상 그 무엇과도 바꿀 수 없는 축복이라고. 신명이라는 이름의 춤을 출 때는 충격이 슬로우 비디오처럼 아주 느리게 우리에게 도달한다. 촘촘하게 그물망이 짜인 레이스로 뒤덮여 있기라도 한 듯, 폭신폭신한 쿠션을 덧대고 있기라도 한 듯. 심지어 죽음마저도 샴페인에 푹 젖어 흐물흐물해진다. 신명이라는 춤은 여러 명이 즉흥적으로 자유롭게 춘다. 누군가의 조그만 흥이 금세 국경을 초월한 파도타기 응원으로 변한다. 이 춤을 추는 동안에 언제나 우리는 올바른 선택만을 한다.

지금까지는 어느 화창한 봄날, 휴가를 보내고 있을 때 일어난 일이었다. 그러나 신명에 젖은 이들에게는 이러한 일이 언제까지고 지속된다. 그 비결이 뭐냐고? 그것은 바로 꿈결 속인 듯 인생을 살아가기 때문이다. 그렇다면 이제 정말 그들이 올바른 선택을 했는지 함께 알아볼 차례다.

꿈결 속인 듯 살아라

여기 가슴 아픈 개인사로 큰 상처를 입은 두 남자가 있다. 그들이 바로 쇠렌 키에르케고어Søren Kierkegaard와 쥘 쉬페르비엘Jules Supervielle이다. 덴마크의 신학자이자 철학자인 키에르케고어는 가족들의 죽음으로 격심한 고통에 시달렸으며, 우루과이를 제2의 조국으로 삼은 프랑스의 시인 쥘 쉬페르비엘은 태어날 때부터 혈혈단신 고아로 자라났다.

키에르케고어는 비틀린 행복으로 인해 억압된 삶을 살았던 대표적인 지성인이지만 동시에 우리에게 많은 교훈을 남기기도 했다. 책에서만 만나는 그는 얼마나 재미있는 사람인지! 그는 고통에 시름하는 자를 향해 진지하게 조언했다. "너 자신을 사랑하라." 그리고 모든 사람들을 향해 믿음에 익숙해지라고, 다시 말해 "고통을, 기쁨을 기대하는 마음으로 바꾸라고" 요구했다. "믿는다는 것은 끊임없이 즐거운 것, 행복한 것, 선한 것을 기다리는 것을 의미한다. 그것이야말로 필경 생기를 북돋는 즐거운 오락이 아니고 대체 무엇이겠는가! 그러니 우리에게 다른 무엇이 더 필요하리오!" 삶에 꿈을 가미하고, 현실을 보지 않기 위해 얼굴을 손으로 가린 채, 수많은 약속들로 삶을 미화하고, 삶을 정련하라. 왜냐하면 쇠렌에게 꿈을 꾼다는 것은 "점점 더 높은 권능에 오른다는 것"을 뜻하기 때문이다. 그 말은 곧 신을 향해 전진한다는 말이다. "꿈꾸는 존재 (그로 인해 꿈은 거의 현실에 가까워진다) 속에 자리한 꿈은 우리를 무한히 증발시키는 힘이다."

반면 쥘 쉬페르비엘은 삶에서 그 무엇도 가감하지 않는다. 어떤 희망도 더하려 하지 않고, 어떤 실체도 비물질화하지 않으며, 어떤 고통도 덜어 내려 하지 않는다. 단지 그는 '꿈결 속인 듯이' 인생을 살아갈 뿐이다. 그것은 삶을 (마치 꿈처럼) 실제로는 존재하지 않는 것으로 생각한다는 말이 결코 아니다. 현실의 사건들을 정면으로 맞받아치는 대신, 경탄이라는 마법을 써서, 직설적이 아닌 암시적인 차원에서 받아들인다는 의미이다. "나는 언제나 내가 보고 있는 것을, 그것을 바라보는 순간은 물론이요, 그 이후로는 더욱 강렬하게 꿈처럼 몽상한다"고 쥘은 말했다. "내가 보는 것을 꿈처럼 몽상한다"는 것, 다시 말해 어떤 사건이 발생하는 순간 그것을 꿈처럼 몽상한다는 것은 우리가 거기에 감정적으로 흠뻑 빠져들어서, 그것들을 걸러 내거나 분석하거나 혹은 통제의 임무를 맡은 '자아Moi'의 감압실 안에 격리 조치하지 않고 우리의 상징체계 속에 그대로 받아들인다는 것을 의미한다. 또한 야수성과 시정이 풍부하여 모든 파동(매력 파동이든 충격 파동이든)을 유연하게 흡수하고, 즐기고, 그것으로 나를 더 확장해 나간다는 뜻이다. 그런 것이 바로 신명이다. 삶 그 자체를 꿈처럼 몽상하며, 도취감을 느끼는 것이다.

프랑스어로 신명을 의미하는 'exhilaration'이라는 단어는 희랍어와 라틴어에서 유래한 영어에서 들여온 말이다. 흔히 "삶의 기쁨"으로 해석된다. 그러나 그것은 이 단어를 너무 협소한 의미로만 이해한 것이다. 이 단어에는 갑자기 끓어오르는 행복의 열광적인 도취감과 행복의 폭발력, 행복이 육신과 육신을 옮겨 가며 일으키는 기적적인 고통의 경감이라는 다양한 의미가 함축되어 있다. 신명에 들뜬다는 것은 가수 바르바라Barbara가 부른 〈고독Solitude〉이란 노래에 나오는 것처럼, "봄에 취하는 것"을 의미한다. 기억을 통해서가 아니라, 실존을 통해서 즐거움을 향유하는 것을 말한다.

쇠렌이 현재의 고통을 견디기 위해 자꾸 경이로움을 만들어 낸다면, 쥘은 현재(현재야말로 우리에게 가장 친숙한 시간이 아니던가) 자체를 끝없이 지속되는 경이로움으로 만들어 버린다. 그는 현재를 실존으로 바꾸고, 현실을 불확실한 것으로, 다시 말해 현실을 어떤 물건들을 보여 주는 전시장이 아닌 (꿈이 그러하듯이) 가장 놀라운 샘물로, 정보와 데이터의 흐름으로 만들어 놓는다. 그 결과 장소를 나타내는 말(y)은 어느새 연루를 나타내는 말(en)로 바뀌어버린다. 쥘은 '~에(세계에, 삶에, 현실에)' 있는 존재가 아니라, '~의' 일부로 변한다. 타자의 경우도 마찬가지다. 타자를 알고 타자와 힘께한다는 것은 타자와 완전히 마음을 터놓고 점점 더 깊이 융화되어 나간다는 걸 의미한다. 공감의 원칙이 점점 범위를 넓혀 가는 것을 뜻한다. 더 이상 동일성은 육신의 경계 안에만 국한되지 않는다. "꿈을 꾸는 것은 육신의 물질성을 잊고, 어느 정도 외부 세계와 내부 세계가 함께 융화되는 것을 의미한다." 투과-분출, 내부-외부 간의 투과성은 바로 '나(혹은 놀이)$^{Je(u)}$' 자체를 의미한다. 타자와의 융화 혹은 분열의 가능성을 뜻한다.

물론 쇠렌에게 타자는 행복을 방해하는 훼방꾼이었다. 그는 어떻게 타자가 행복을 방해하는지 한 짤막한 우스개 글을 통해 다음과 같이 설명한다. '걷는다^{marcher}'(덴마크어로 ga에 해당하는데, "다 잘 될 거야"라는 의미를 내포하고 있다)라는 단어를 비튼 언어유희로 인해 이 일화를 온전히 번역하기란 쉽지 않지만 어쨌든 그의 글을 잠시 음미해 보자.

"나는 골똘히 생각에 젖어 한 시간 반을 걸어 다녔다. 그리고 그 운동 덕분에 나는 아주 기분 좋은 사람이 되어 있었다. 이 얼마나 행복한 일인가! 여러분도 짐작했겠지만, 나는 이 행복을 얼른 집으로 가져가려는 생각에 정신이 팔려 버렸다. 인도 위로 올라가 고개를 푹 숙이고 급하게 걸음을 옮겼다. 당연히 나는 인도를 통행할 우선권이 오로지 나에게만 있다고 여기며 앞도 살피지 않고 발걸음을 내딛었다.

나는 나의 행복을 호주머니에 넣고 걸음을 서둘렀다. (물론 인도 위에서 커다랗고 무거운 짐을 옮기는 것은 힘들겠지만, 행복이라면 사정이 달랐다. 행복을 나르는 사람은 행복을 아주 가볍게만 생각할 것이었다.) 그때 별안간 나는 한 남자와 쾅하고 정면으로 맞부딪히고 말았다. 그 남자도 나처럼 왠지 모를 불안감에 사로잡혀 있었다. 그도 고개를 푹 숙이고 걸음을 옮기고 있었다. 그 역시 나처럼 자신의 불안감을 극복하기 위해 열심히 싸우고 있었던 것이다. 그에게 인도를 우선적으로 통행할 권리가 있는 것도 아닌데, 그는 고개를 푹 숙이고 앞도 살피지 않고 걷고 있었다. 그러면 사람들의 시선을 끌지 않을 것이라 생각하는 듯이. 그리고 남자는 결국 내

앞을 그렇게 가로막았던 것이다. 그는 아주 기품이 넘치는 사람으로, 나에게 예의 바르게 말을 걸어 왔다. 그러나 나는 모든 것을 잃어버렸다. 그러니 그다음에 내가 할 수 있는 일이라고는 오로지 단 하나, 집으로 돌아가던 발걸음을 돌려 다시금 길을 걷는 것뿐이었다."

이 이야기는 쇠렌이 형수에게 보낸 편지에 썼던 내용이다. 웃자고 지어낸 이야기이기는 하지만, 쇠렌에게 있어 행복이 얼마나 고된 것인가를 잘 보여 준다. 이야기 속에서 '운동(걷기)'으로부터 생겨난 행복은 점차 집으로 가져가서 소비해야 할 구체적인 사물로 변질된다. 그처럼 행복은 존재에서 소유로, 내적 흐름에서 '호주머니' 안에 든 물건으로 둔갑한다. 쇠렌은 공공장소(거리)에서 우연히 생긴 이 뜻밖의 행복을 얼른 사적인 장소로 가져가기 위해 "고개를 푹 숙이고" 다른 사람의 존재는 아랑곳하지 않고 코뿔소처럼 걸음을 서두른다. 그러나 불행한 사람과 맞부딪히는 순간, 그 길로 그의 행복도 그만 그대로 증발해 버린다. 왜냐하면 그의 행복에는 어떤 매력 파동도, 어떤 내면의 미소도 실려 있지 않아서 충격 파동에 부딪히는 순간 힘을 잃어버리기 때문이다. 이 행복은 쇠렌을 "아주 기분 좋은 사람"으로 만들어 주었다. 그러나 동시에 그에게 "우선적으로 인도를 통행할 권리"와 "기품 있는 사람"이 말을 걸더라도 상스럽게 반응할 권리도 함께 부여했다. 대체 그는 어쩌자고 그렇게 신의 은총을 날려 버린 것일까? 그 신경쇠약증에 걸린 사상가는 어떻게든 행복이라는 행운을 붙잡고 싶어 안달했다. 그러나 그는 행복을 도대체 어떻게 만들어 낼 수 있는지, 어떻게 누릴 수 있는지 알지 못했다. 반면 신명에 젖은 사람은 숨 쉬듯 자연스럽게 행복을 만끽한다. 그는 행복을 내가 당연히 받아야 하는 무엇이 아니라, 남들과 함께 나누어야 할 선물처럼 생각한다. 반면 쇠렌은 어떻게든 행복을 자기 혼자만 가지려고 안달했다.

사랑받지 못한 자들이 보이는 전형적인 이기심, 혼자 간직하려는 욕망은 세상의 전율을 완전히 멈추어 버리게 만든다. 반대로 행복과 '관대함'이 결합하면 신명 나는 기분은 한층 더 강렬해진다. 그러나 여기서 관대함이라는 단어를 도덕적 의미로 이해해서는 곤란하다. 여기서 관대함이란 폭발하는 힘("ex-"), 자기를 파괴하지 않는 자기헌신, 행운과 환희의 전파를 의미한다. 신명에 넘치는 사람은 자신의 희열을 아끼려고 하지도 않고, 어딘가에 저장해 놓으려고 애쓰지도 않는다. 그는 이 귀중한 감정 상태를 보존하기 위해 감정을 순환시킨다. 이 말은 곧 이 감정 상태를 바로 잊어버린다는 뜻이기도 하다. 그는 그것을 홀로그램 영상으로도, 사진으로도 절대 남기는 법이 없다.

신명은 나를 물 흐르는 듯 살아가게 해 준다. 사람들의 기대가 더 이상 나를 짓누르지 않게 해 주는 '보 펜 양', 분위기를 맑게 만들어 주는 무사태평(Happy-go-lucky)을 가능하게 해 준다. 신명 나게 산다는 것은 마치 난생 처음 본 것을 대하기라도 하듯 우리가 우리의 꿈에 대해 쏟는 것과 똑같은 강도의 관심을 우리의 주변에도 골고루 기울이는 삶을 의미한다. "어느 날 시골을 방문했을 때의 일이었다. 나는 전원의 풍경이 금세 나의 내면의 풍경처럼 느껴져 너무도 놀라지 않을 수 없었다. 마치 알 수 없는 어떤 힘에 의해 바깥의 풍경이 내 안으로 미끄러져 들어오기라도 한 것만 같았다. 나는 어느새 내 머릿속을 거닐듯 들판을 거닐고 있었다." 그러면서 쥘 쉬페르비엘은 이렇게 설명한다. "이따금 내가 세상을 대할 때마다 경이로움에 탄성을 내지르는 모습을 보면 사람들은 신기하다는 듯한 반응을 보인다. 그러나 내가 이처럼 매번 세상에 경이를 느끼는 것은 무엇보다 내 기억력이 신통치 않기 때문이고, 또한 언제나 내가 꿈결 속을 거닐듯 인생을 살아가는 습관이 있기 때문이다. 두 가지 이유 때문에 나의 삶은 매일이 놀라움의 연속이고, 또한 나는 여전히 만물에 경이로움을 느끼는 것이다. '와! 저기 나무가 있네. 와! 저기 바다가 있네. 와! 저기 여자들이 있네. 심지어 예쁘기까지 하네' 하고 말하면서."

신명에 젖은 이들은 무엇인가 새로운 것을 발견하기라도 한듯 언제나 '와!'라는 감탄사를 멈추지 않는다. 근사한 향연을 즐기고 있기라도 한 듯, 아름답고 감동적인 세계에 매혹되기라도 한 듯. 사실 이런 것을 정말 잘하는 사람들이 있다면 그들은 아마도 시인들일 것이다. 우리는 경이로움을 만나는 순간, 그 자리에서 '즉시' 그것을 소화시켜 버린다. 신명은 경이로움을 만들어 내는 공장이다. 넥타르를 생산해 우리의 삶을 더욱 풍요롭게 살찌운다. 신명은 내가 활짝 꽃을 피우는 데 걸림돌이 되는 것들을 깨끗이 치워 준다. 그리고 외부적 사건들에서 발산되는 전율과 내 안의 상징체계로부터 발산되는 전율을, 다시 말해 외부와 내부를 서로 짝지어 준다. 신명은 꿈의 경이로움이 내 삶 안에 연장되는 것을 말한다. 그것은 내가 삶 속에 함유된 신명나는 환희를 홀짝 홀짝 빨아 먹도록 해 준다. 새로운 얼굴을 마주칠 때마다, 새로운 것을 접촉할 때마다 내가 영원히 다시 태어날 수 있도록 해 준다. 신명 덕에 나는 경험보다 꿈을 더 선호하는 것을 멈추게 된다. 비로소 백일몽을 '추고', 봄을 '살' 수 있게 된다.

  사실 이런 것에 대해 가장 잘 표현한 사람이 있다면 그것은 바로 에밀리 디킨슨Emily Dickinson이 아닐까 싶다. 그녀는 뜨겁게 끓어오르는 흥분에 목마른 화산이나 신명 나는 기분을 느끼지 못하는 은자들의 세상을 예언했던 무신론자였다. "직관적이고 지속적인 환희". 1876년 여름이 끝나 가던 무렵 어느 날, 그녀는 그것에 대해 이렇게 표현했다. "원인이 없는 '행복'이야말로 인생 최고의 행복이다." 아마도 이 신명 나는 환희로 인해 그녀는 인생 말년에 가슴 속에 뜨거운 열정을 품은 채 죽는 날까지도 에머스트(매사추세츠)의 집에 틀어박혀 펜을 놓지 않았던 것이리라. "삶은 너무도 경이로워서, 다른 걱정거리가 들어설 틈이 없다." 그렇다면 이제 우리도 함께 에밀리의 시 두 편을 꿈꾸고-느껴 보자. 그 전에

'Ground'라는 말이 여기서는 '대지'와 '이성'이라는 이중의 의미를
지닌다는 점을 명심하자.

신명은 내 안에 있으니

그 어떤 외부의 술도

이 신성한 술보다

더 훌륭하게 나를 취하게 하지는 못하리라.

Exhiliration -is within-

There can no Outer Wine

So royally intoxicate

As that diviner Brand

        *

신명은 미풍이려니

우리를 땅에서 들어올려

또 다른 세계에 내려놓는다

아무도 정확히 어디인지 모르는 세계 위에

신명은 우리를 원래 있던 곳으로 되돌아가게 만들 순 없지만,

시간이 지나면

우리는 다시 맑은 정신이 되어 내려온다

마법에 걸린 땅에서 지낸 시간 덕에

조금은 새로운 존재로 거듭나서

Exhiliration is the Breeze

That Lifts us from the Ground

And leaves us in another place

Whose statement is not found-

Returns us not, but after time

We soberly descend

A little newer for the term

Opon Enchanted Ground-

세퍼 목사의 요정

우리가 어떤 행복관을 지니고 있는지를 알려 주는 테스트가 있다. 바로 세퍼 목사의 테스트다. 처음에 나는 이것을 아르튀르 랭보와 포피에게 먼저 적용했다. 행복에 접근하는 그들의 방법이 어떤 독특한 특성을 지니는지를 알아보기 위해서였다. 그리고 다음으로 나 자신에게도 같은 테스트를 해 보았다. 이 논문의 결론을 맺기 위해서.

아돌프 세퍼는 랭보가 살던 시대에 활동한 개신교 목사이자 작가였다. 그는 행복이란 하느님과 화해한 영혼이 느끼는 평온함이라고 주장했다. 하느님과 화해한 영혼만이 시련 속에서 평온하게 죽음을 맞이할 수 있다고 생각했던 것이다. 그는 《어느 행복한 남자에 관한 이야기 Histoire d'un homme heureux》(1865년 작)에서 이 복음 신앙의 후광을 둘러쓴 행복에 대해 다음과 같이 옹호했다. "주님, 제가 주님께 바라는 것은 결코 재물이 아닙니다. 바로 주님의 영혼입니다. 성령이 임하는 곳에 행복도 함께 임하는 법일 테니까요." 이 행복의 방정식에 깊이 감동한 사람은 오로지 신도들뿐 아니었을까. 그러나 어쨌든 매 페이지마다 배어 나오는 기독교 교리보다 훨씬 더 나의 마음을 사로잡는 것이 있었으니 그것이 바로 '만일'이라는 가정문이었다. 역사에 관심이 많은 청년 앙리가 들려주는 간결한 설명을 함께 살펴보자.

만일 무슨 소원이든 다 들어주는 요정이 우리에게 나타나 가장 간절히 바라는 소망을 이루어 주겠다고 하면, 만일 '요정님, 제 소원은요……' 말하기만 해도 내가 원하는 것을 얻을 수 있다면. 나는 내가 빌게 될 소원을 이미 잘 알고 있다. 나는 명성을 좋아한다. 그러니 위대한 사람이 되기를 바랄 것이다.

그러면서 그는 최고의 명성을 날리는 것과 관련된 소원을 무슨 대하소설을 쓰듯 줄줄이 열거한다. 이를테면 "라파엘보다 더 완벽한 그림을 그리거나, 멘델스존보다 더 매혹적인 멜로디를 작곡하거나, 아벨라르[91]나 미라보[92]보다 더 뛰어난 언변을 자랑하는 것 등등" 다양한 예가 제시된다. 박학다식한 앙리는 이리저리 근사한 꿈들을 생각해 보다가 마침내 자신을 절정의 기쁨으로 달아오르게 할 최고의 소망이 무엇인지를 찾아낸다. "나는 작가의 명성과 위대한 시인의 승리에 도취되었으면 좋겠어. 이런 위대함에 비한다면, 그 밖의 다른 소망들은 대체 무슨 의미가 있을까?" 그러나 청년은 요정이 소원을 들어주기를 기다리는 건 무모한 짓이라고 판단하고 직접 팔을 걷어 부치고 이 이야기로부터 훌륭하게도 다음과 같은 교훈을 도출한다. "요정님, 그냥 저는 제 힘으로 이룰래요. 제가 꿈꾸는 명성은 그냥 제 힘으로 얻겠다고요. 비록 제가 꿈꾸는 행복을 완전히 이룰 수는 없을지라도, 적어도 조금 더 제 꿈에 가까워지게 할 수 있는 건 제 자신뿐일 거예요. 저는 위대해지길 원하고, 또 그렇게 될 거랍니다." 말하자면 이 이야기에서 요정은 앙리가 자신이 소망하는 것이 무엇인지를 순식간에 깨닫게 해 준 계시자의 역할을 했던 셈이다. 아마 우리도 비슷한 식으로 각자 이 이야기를 가지고 자신의 소망이 무엇인지 알아낼 수 있을 것이다.

랭보의 여동생은 언덕과 계곡을 활보하는 오빠의 모습을 상상

---

91 Abélard: 프랑스의 스콜라 철학자, 신학자.
92 Mirabeau: 프랑스 혁명기 대웅변가.

하며 이렇게 썼다. "스스로 자유로운 존재라고 느끼는 건 얼마나 행복하고, 즐거운 일일까!" 그러나 정작 사막의 황량한 풍경 속을 헤매던 이 무기 밀매상이 진정으로 원하던 것은 다른 것이었다. 그것은 대체 무엇이었을까? 그것은 분명 사랑이었으리라. 자신의 마지막 기대를 온전히 충족해 줄 타인, 요컨대 어린아이를 교육("무장"하고, "아름답게 보이게" 해 줄)시켜 줄 타인을 향한 사랑. 아마도 그 타인은 우리를 아무런 조건 없이 사랑해 주고, 우리에게 그 어떤 위협도 가하지 않으리라. 우리가 누군가에 대해 은밀한 분노, 차마 밝힐 수 없는 적대감을 느끼고 있을 때에도 그 타인은 더할 나위 없이 이상적인 존재가 되어 주리라. 타인과의 융화에 병적일 정도로 심각한 공포를 지닌 자들은 자신의 아이와는 타자로서만 관계를 맺는다. 그것만이 유일하게 허용 가능한 관계라고 여기는 것이다. 반면 어떤 이들은 아이를 통해 진정한 사랑의 의미를 다시 배운다. 타인과 마음을 터놓은 '나(혹은 놀이)들$^{Je(ux)}$' 속에서 신명 나는 환희를 느끼는, 다시 말해 '나(혹은 놀이)들$^{Je(ux)}$'에 도취되고 몰두하는 '나(혹은 놀이)$^{Je(u)}$'의 의미를 다시 배우게 되는 것이다.

아르튀르가 만일 요정을 만났더라면 그는 아마도 치유를 소망으로 빌었을 것이다. 자신의 마조히스트적인 탐색으로부터, 이성으로부터, 자신을 치료해 달라고 간절히 부탁했을 것이다. 이성은 끊임없이 불려 나와 그의 시와 투시력과 감각의 '착란'을 지배한다. 아르튀르는 아마도 타자를 '취하고', 또 '이해하게' 해 달라고, 그리고 반대로 자신도 취해지고 이해되게 해 달라고, 그래서 마침내 자신이 생각되어질 수 있게 해 달라고("그들은 나를 생각한다")[93], 빌었을 것이다. 물론 언제나 '환상' 속에서였겠지만 말이다.

반면 포피가 요정을 만났다면 아마도 개인의 만족감을 초월하는 소원을 빌었을 것이다. 가령 이 세상에 더 이상 기아로 죽는 사람이 없게 해 달라든가, 부를 더 형평성 있게 분배해 달라든가, 혹은 결핵이나 말라리아, 에이즈 등의 병마와 싸우는 사람들을 모두 치료해 달라든가 하는 부탁을 했을 것이다. 그녀는 요정의 마술 능력을 이용해 전 세계적으로 매력 파동을 더욱 크게 만들고, 충격 파동은 가능한 없애 달라고 청했을 것이다. 사실 그녀는 이미 충만한 내면을 가지고 있었기에, 자신을 위해 빌 만한 소원은 아무것도 없었을 것이다. 차라리 눈물과 상처 속에 자선을 베푸는 편이 더 낫다고 생각했을 것이다.

포피는 모든 사람들이 샴페인 같은 내면을 가지게 해 달라고, 축제와 어린아이로 부풀어 오른 심장을 가지게 해 달라고, 웃음을 통해 더 이상 권위 따위는 발붙일 곳이 없게 해 달라고 빌었을 것이다. 부디 언제나 길이 아닌 곳에 길을 만드는 사람들, 불평할 줄

---

[93] 랭보는 데카르트의 코기토에 맞서 '나는 생각한다' 대신 '그들은 나를 생각한다'를 제안한다.

모르는 사람들, 죄의식이라면 질색하는 사람들만을 만나게 해 달라고 빌었을 것이다. 특히 그녀는 요정과 잡담을 나누는 것도 잊지 않았을 것이다. 요정의 삶에도 관심을 기울였을 것이다. 요정은 어느 곳에서 왔는지, 요정도 원하는 소망이 있는지, 있다면 무엇인지, 요정이란 직업은 재미있는지, 요정은 어떤 것을 좋아하고, 어떤 것에 회의를 느끼고, 또 어떤 것을 즐기는지 꼬치꼬치 캐물었을 것이다. 또 그녀는 요정이라는 마약은 타인이라는 마약보다 훨씬 더 기분 좋은 감정을 유발하는지, 떨리는 육신을 끌어안고 혼연일체가 되는 '나(혹은 놀이)들Je(ux)'보다 훨씬 더 강력한 재생력을 지녔는지 확인하고 싶어 했을 것이다. "이제 나는 사람들이 사랑을 할 때 만들어 내는 것이 무엇인지 알 것 같아." 그녀는 숨을 헐떡이는 앤드류의 귀에 대고 속삭였다. "아, 그래? 그게 뭔데?"― "음, 그건 바로 행복이야."

만일 내가 셰퍼 목사의 요정을 만났다면 대체 나는 어떤 소원을 빌었을까? 물론 어디까지나 그것이 누군가의 장난도 아니고, 꿈도 아니고, 알코올금단섬망으로 인한 일시적인 정신착란도 아니라는 사실을 확신한다면 말이다. 사실 고백해야 할 것이 있는데, 36년 전 그와 같은 행운이 진짜 나에게로 굴러들어 온 적이 있었다. 당시 나는 이탈리아를 방문 중이었는데, 한 아름다운 여인이 태국에서 들여온 가짜 아편과 술기운에 취해 이상한 꿈에 빠져들었다. 여자는 그 아편의 이름이 '지온'이라고 알려 주며, '깊은 명상에 빠지게 하는' 효능이 있다고 선전했다. 하지만 그것은 내 인생 최악의 완곡어법이었다! 실상 그녀가 말한 '깊은 명상'이라는 것의 실체는 밤새도록 정신착란에 시달리는 것을 의미했다. 나는 그날 학생처럼 유치찬란하기가 그지없는 유머 감각을 자랑하는 한 얼룩말과 철학을 논하는 환상에 시달렸다. 그리고 7777명의 청중 앞에서 '해피니즘'에 대한 강연을 했다. 그리고 36년 뒤 쓰게 될 내 책을 한 장 한 장 읽으며 8㎞ 높이에 달하는 나무를 타고 내려오는 꿈도 꿨다. 그로부터 완전히 제 정신으로 돌아오기까지 무려 3개월이라는 시간이 걸렸다. 환각 증상에 시달리던 중에 요정은 나에게 얼른 소원을 빌라며 최후통첩을 날리기도 했다. 그는 내게 원하는 소원을 자세하게 그것도 딱 하나만 빌라고 요구했다. 그건 함정이었다!

그게 함정일 수밖에 없었던 것이, 36살 나이에 나는 너무도 행복한 사람이었다. 아침에 일어나면 계절에 상관없이 내 머릿속은 온통 봄으로 가득 차 있었다. 나는 내 일을 사랑했고, 내 뜻대로 인생을 설계했다. 또 하루 일과도 내가 하고 싶은 일들 위주로 계획했다. 물론 아직까지 내 감정을 솔직하게 모두 내보이거나 깊은 우정을 나누는 친구가 있는 것은 아니었다. 그럼에도 어쨌든 나는 언제나 제대로 된 길을 걸어가고 있다는 확신에 차 있었다. 결코 흔들리지 않는 확고한 자신감을 가지고 몽유병자 같은 발걸음을 한 걸음 한 걸음 당당하게 내딛었다. 더욱이 내가 행복하다는 사실을 여실히 보여 주는 증거가 또 있었다. 나는 결코 단 한 번도 '나는 정말 행복한가?'라는 식의 질문을 머릿속에 떠올려 본 적이 없었다. 물론 아직까지 꿈결 속을 거닐듯 인생을 살아가는 경지에 이른 것은 아니었지만, 그렇다고 불필요할 정도로 인생을 복잡하게 생각하며 살지도 않았다. 나는 비록 더디기는 했지만 분명 신명의 경지를 향해 한 걸음 한 걸음 나아가고 있었다. 나는 온화하고 매우 쾌활했으며, 그런 나 자신이 몹시도 마음에 들었다. 타인에게도 나 자신에게도 나는 친절했다. 그러니 요정에게 빌 소원을 정하기란 아주 어려운 숙제였을 것이다. 결코 아이디어가 부족했기 때문이 아니다. 오히려 정반대였다. 내 머릿속은 돈, 명예, 영생, 지혜, 여자, 박애주의 등에 이르기까지 온갖 소원들로 넘쳐 났다. 소원을 정하기 위해서는 나를 불행하게 하는 것이 무엇인지, 내게 결핍된 것이 무엇인지 떠올리기 위해 내 내면의 봄을 잠시 제쳐 두고, 나의 열정도 억제해야 했을 것이었다. 내 행복을 피해야만 했을 것이었다.

우리는 살아가면서 난관을 피하고, 약속을 피하고, 법망을 피한다. 우리는 우리에게 질문을 던지거나 우리를 당황하게 하는 것을 회피한다. 그러나 행복은 '답'을 준다. 행복은 결코 우리를 당황하게 만들지 않는다. 그러니 세상에 그 누구도 행복을 피하려 하는 사람은 없다. 물론 정신적으로나 육체적으로나 때로는 생존을 위해 그렇게 하는 것이 필요할 때도 있지만 말이다. 행복을 피하는 사람은 고통에 시달린다. 행복의 부름을 포기하는 것은 자신의 가장 좋은 부분을 내버리는 것과 같다. 감동하고, 감탄하고, 메마른 땅을 촉촉하게 적셔 주고, 강철 같은 마음이 물결치게 하고, 강렬한 감정들을 해방시켜 주는 것을 모조리 포기해야만 한다. 우리는 우리를 짓누르는 증거물을 회피한다. 우리는 거울을 피하고, 시간도 회피한다. 그러나 행복은 결코 피해지지 않는다. 행복이 변화하는 우리의 존재 속에 팔딱팔딱 살아 숨 쉬는 동안, 우리는 결코 나를 황홀하게 사로잡는 이 행복을 더 크게 만들고 싶다든가 혹은 더 큰 행복과 맞바꾸어야겠다는 욕심 따위는 감히 생기지가 않는다.

이제 나는 77살이 되었다. 그러나 나는 옛날에 내가 했던 선택을 절대 후회하지 않는다. 요정은 내게 얼른 소원을 선택하라며 등을 떠밀었다. 그래서 결국 나는 아돌프 셰퍼의 작품에 나오는 등장인물 앙리처럼, 내가 원하는 소망을 실현해야 하는 것은 바로 나 자신, 오로지 나 자신의 몫이라는 결론을 내렸다. 행복을 실현하는 몫을 다른 이에게 위임하고 오로지 마지막 과실만 따먹겠다는 생각은 결국 마지막 과실을 따먹는 기쁨을 빼앗기는 것이나 마찬가지일 테니까. 왜냐하면 행복은 외부에 존재하는 그 무엇이 아니라 내적인 변화의 움직임, 기분 좋은 개화를 의미하기 때문이다. 아! 외적으로 가지고 싶은 것을 원했다면 내가 빌 소원은 분명 한둘이 아니었을 것이다. 하지만 내적으로 이루고 싶은 나의 소망은 대체 무엇일까를 생각해 봤다. 그것은 바로 "나는 내 실패의 책임을 다른 누구에게도 결코 전가하고 싶지 않다"는 것이었다. 그러니 만일 내가 '스스로' 내 소망을 이루지 않는다면, 나는 내 내면의 목소리를 저버리는 꼴이 되어 버릴 것이다. 그렇다면 좀 더 글로벌한 소원은 어떨까? "나는 90억 명의 사람들이 매일 밤낮으로 매력 파동을 즐길 수 있기를 원해!" 그러나 나는 지난 50년 동안 미력하게나마 매일 아침 눈을 떠서 이 같은 종류의 혁명에 동참하기 위해 노력해 왔다! 이 지구상에 있는 수백만 명의 사람들이 매일 같이 이를 위해 사유하고, 노동하고, 투쟁하고, 사랑을 베풀어 왔단 말이다. 그런데 이 거대한 선과 평화의 꿈들이 힘겹게 지향해 온 것들이 그저 한 순간 손가락 한 번 튕기는 것만으로 마법처럼 실현된다니, 다시 말해 지난 수세기에 걸친 세월과 수많은 의지들과 무관하게 이루어진다니. 그것은 악몽이었다!

2009년 8월, 나는 이탈리아적인 밤을 보내고 있었고, 목이 마르고, 정신이 몽롱했다. 그래서 나는 이탈리아적인 것, 마실 수 있는 것, 잠을 깨워 줄 수 있는 것을 소원으로 빌기로 했다. 그것은 굉장히 평범한 것이었다. (신의 권능, 신성한 불, 아니면 지구를 통째로 달라고 빌 수도 있었다고 생각하면 너무도 시시한 소원이었다.) 그래도 그것은 내 삶을 놀라울 정도로 강렬한 꿈으로 바꿔 줄 수 있고, 나를 내면의 억압으로부터 자유롭게 해방시키고, 더욱 풍요롭게 해 줄 수 있으며, 신명 나는 기분을 느끼게 해 줄 것이 분명했다. 내가 요구한 것이 무엇이었냐고? 그것은 바로 끝내주게 맛있는 커피 한 잔이었다.

　내 소원은 이뤄졌다. 믿을 수 있겠는가, 친구? 그 커피는 정말이지 내 생애 최고의 커피였다네.

참고문헌

서문 "나는 정말 행복한가?" 7p-54p

위스턴 휴 오든Wystan Hugh Auden, 〈내게 사랑의 진실을 말해줘Dis-moi la vérité sur l'amour〉(10개 시 수록 선집), 크리스티앙 부르주아Christian Bourgeois 출판사, 파리, 1995년, 30~31쪽(개역판).

뱅상 세스페데스Vincent Cespedes, 〈너를 사랑해. 또 다른 사랑의 정치학Je t'aime. Une autre politique de l'amour〉, 플라마리옹Flammarion 출판사, 파리, 2003년, 101, 124, 255쪽; 〈우리 함께 융화되어 봐요. 인간 연금술에 관한 연구 Mélangeons-nous. Enquête sur l'alchimie humaine〉, 마렌 셀Maren Sell 출판사, 파리, 2006년, 20쪽, 311쪽.

팸플릿 탈육화된 행복 55p-136p

덱스터의 내기 61p-78p

헤르만 코흐Herman Koch, 〈디너Het diner〉, 안토스Anthos 출판사, 암스테르담, 2009년.

카튈 망데스Catulle Mendès, 〈타인의 행복Le Bonheur des autres〉, 마르퐁 앤 플라마리옹Marfon & Flammarion 출판사, 파리, 1891년, 3쪽.

덱스터 모간Dexter Morgan : 제임스 마노스 주니어James Manos Jr가 제작한 탐정수사물 〈덱스터Dexter〉의 주인공; 시즌1 104화, 107화.

압둘 카림 소루쉬Abdolkarim Soroush, 〈쿠리에 앵테르나쇼날Courrier International〉, 제985호, 2009년 9월 17~23일, 6쪽.

슬픔을 계획적으로 작동시키라 79p-106p

델피나 아코스타Délfina Acosta, R. 바레이로 사귀에르Bareiro Saguier/ C. 빌라그라 마르살Villagra Marsal의 시선집에 인용된 시, 〈20세기 파라과이 시Poésie paraguayenne du XXe siècle〉, 파티뇨Pativño 출판사, 제네바, 1990년, 319쪽.

샤를르 보들레르Charles Beaudelaire, 〈악의 꽃Les Fleurs du mal〉, '여행에의 초대L'invitation au voyage', 리브르드포슈Le Livre de Poche 출판사, 파리, 1972년. 73~75쪽.

알렉산드르 이바노비치 게르첸Alexandre Ivanovitch Herzen, 〈과거와 명상Passé et méditation〉, 제4권, 라주돔므L'âge d'Homme 출판사, 로잔느, 1981년, 53~54쪽.

폴 앙리 티리 돌바크Paul-Henri Thiry d'Holbach, 〈자연의 정치 혹은 진정한 통치 원리에 관한 강연La Politique naturelle, ou Discours sur les vrais principes de gouvernement〉, 강연 9, '사치'.

가고일 이론 107p-136p

막스 자콥Max Jacob, 〈클로틸드 보귀옹에게 보내는 비밀 편지(1934~1944년)Lettres mystiques à Clotilde Bauguion〉, 1942년 10월 26일자 서한, 칼리그람Calligrammes 출판사, 캉페르Quimper, 1984년.

더글라스 케네디Douglas Kennedy, '라 그랑드 리브레리La Grande Librairie' TV 방송 프로그램과의 인터뷰, 〈프랑스 5France 5〉 TV, 2009년 5월 21일.

클라이브 스테이플즈 루이스Clive Staples Lewis, 〈예기치 못한 기쁨Surpris par la Joie〉, 쇠이유Seuil 출판사, 파리, 1964년, 프랑스어 번역본, 66쪽, 96쪽, 203쪽.

에마뉘엘 무니에Emmanuel Mounier, 〈어려운 확신Les Certitudes difficiles〉, 제5장 '행복에 대하여Du BONHEUR', 제4권, 쇠이유Seuil 출판사, 파리, 1963년, 273쪽, 281쪽.

필립 페탱Philippe Pétain, 〈카이에 샤를르 무라스Cahiers Charles Mourras〉, 제28호, SDEDOM 출판사, 파리, 1969년, 5쪽.

막간극(인터루트) <u>내 안의 삶</u> 137p-198p

닥포 림포체Dagpo Rimpotché, 〈람림, 점진적으로 깨달음에 이르는 길Lam Rim. La Voie progressive vers l'Eveil〉, 게펠 연구소Institut de Guépèle, 브뇌레사블롱Veneux-les-Sa-

blons, 1982년, 17쪽, 146쪽.

앙드레 지드^{André Gide}, 〈귀환^{Le Retour}〉, '레이몽 보뇌르에게 보내는 편지^{Lettres} ^{à Raymond Bonheur', Ides et Calandesl}' 출판사, 뇌샤텔^{Neuchâtel}/파리^{Paris}, 1946년, 14 쪽, 39쪽, 41쪽, 49쪽, 65쪽, 69쪽, 72쪽, 80쪽, 83쪽, 93쪽.

아니 르클레르^{Annie Leclerc}, 〈여자의 말^{Paroles de femme}〉, 아크트 쉬드^{Acte Sud} 출판 사, '바벨^{Babel}' 총서, 아를르^{Arles}, 2001년, 57쪽.

안나 마리아 오르테세^{Anna Maria Ortese}, 〈천체^{Corps céleste}〉, 아크트 쉬드^{Acte Sud} 출판 사, 아를르^{Arles}, 2000년.

블레즈 파스칼^{Blaise Pascal}, 〈팡세^{Pensées}〉, 단상 139, 162(브룅스빅크^{Brunschvicg} 엮음), 부킹 인터내셔널^{Bookking International} 출판사, 파리^{Paris}, 1995년, 58 쪽, 68쪽.

앙리 프랑수아 조제프 드 레니에^{Henri-François-Joseph de Régnier}, 〈1887~1936년 미출간 노트^{Les Cahiers inédits 1887~1936}〉, 피그말리옹^{Pygmalion}/제라르 바틀레 ^{Gérard Watelet} 출판사, 2002년, 139~140쪽, 341쪽, 427쪽.

연구논문 <u>샴페인 같은 기분</u> 199p-398p

행복하게 해 주다 201p-246p

레이날도 아레나스^{Reinaldo Arenas}, 〈생나자르의 명상^{Méditations de Saint-Nazaire}〉, 생 나자르 외국작가 및 번역가 협회^{Maison des Ecrivains Etrangers et des Traducteurs de Saint-Nazaire}, 생나제르^{Saint-Nazaire}, 1990년, 22쪽.

장 푸라스티에^{Jean Fourastié}, 〈인간의 기나긴 길^{Le long chemin des hommes}〉, 로베르 라퐁^{Robert Laffont} 출판사, 파리, 1976년, 68쪽.

프랜시스 허친슨^{Francis Hutcheson}, 〈도덕심에 관한 해설을 곁들인 우리의 정염 과 애정의 본질 및 태도에 관한 에세이^{Essai sur la nature et la conduite de nos passions et affections avec illustration sur le sens moral}〉, 아르마탕^{L'Harmattant} 출판사, 파리, 2003 년, 90쪽.

알퐁스 드 라마르틴^{Alphonse de Lamartine}, 〈알퐁스 드 라마르틴 서한집^{Correspondance d'Alphonse de Lamartine}(1830~1867년)〉, 오노레 샹피옹^{Honoré Champion} 출판 사, 파리, 2001년, '1845년 2월 2일 발랑틴 드 세시아에게 보내는 편 지^{Lettre à Valentine de Cessiat du 2 février 1845}', 509~510쪽.

로자 룩셈부르크Rosa Luxembourg, 〈카를 카우츠키와 루이제 카우츠키에게 보내는 편지Lettres à Karl et Luise Kautsky〉, 에디시옹드상드르Editions du Sandre 출판사, 파리, 2007년, 128쪽.

루이즈 미셸Louise Michel, 〈나는 나의 밤 동안 당신에게 편지를 씁니다. 1850~1904년 서한집Je vous écris de ma nuit. Correspondance générale- 1850~1904〉, 에디시옹 드 파리Editions de Paris 출판사, 파리, 1999년, 49쪽.

파블로 네루다Pablo Neruda, 〈검은 섬의 회상록Mémorial de l'Ile Noire〉, '사랑 : 로사 우라Amours : Rosaura', 갈리마르Gallimard 출판사, 파리, 1970년, 295쪽.

조세핀 펠라당Joséphine Péladan, 〈사학문의 강당. 우리는 어떻게 예술가, 미학가가 되는가Amphithéâtre des sciences mortes. Comment on devient artiste : esthétiaue〉, 샤뮈엘/메셍Chamuel/Messein 출판사, 파리, 1891년, 192쪽.

마리쟌느 리코보니Marie-Jeanne Riccoboni, 〈제르트뤼드의 사랑 이야기Histoire des amours de Gertrude〉, 앵디고Indigo & 코테팜므Côté-femmes 출판사, 파리, 2001년, 44쪽.

행복은 타자다 247p-376p

가스통 바슐라르Gaston Bachelard, 〈꿈꿀 권리Le Droit de rêver〉, PUF/Quadrige, 파리, 2013년, 153쪽, 155쪽.

장 보드리야르Jean Baudrillard, 〈냉정한 기억Cool Memories, 2000~2004년〉, 갈릴레Galilée 출판사, 파리, 2005년, 18쪽.

뱅상 세스페데스Vincent Cespedes, '랭보, 흔들리는 정체성Rimbaud, l'altérité branlante', 〈르몽드Le Monde〉, 2014년 10월 20일.

르네 샤르René Char, 〈광적인 열정과 신비Fureur et Mystère〉, 파리, 갈리마르Gallimard 출판사, 1978년.

존 쿠퍼 포이스John Cowper Powys, 〈불쾌함을 잊는 기술L'Art d'oublier le déplaisir〉, 조제 코르티José Corti 출판사, 파리, 2007년, 39쪽; 〈행복의 기술Art du bonheur〉, 라주돔므L'Age d'Homme 출판사, 로잔느Lausanne, 1984년, 45쪽, 61쪽; 〈고독의 철학Une philosophie de la solitude〉, 라 디페랑스La Différence 출판사, 파리, 1984년, 110~111쪽, 122쪽, 126쪽, 127쪽; 〈몰윈Morzyn〉, 앙리 베리에Henri Veryer 출판사, 파리, 1978년, 47쪽; 〈감각에 대한 옹호Apologie des sens〉, 포베르Pauvert 출판사, 파리, 1975년, 33쪽, 178쪽, 215쪽, 256쪽, 291쪽, 292쪽.

에르네스트 들라예Ernest Delahaye, '랭보Rimbaud', 〈파리 샹파뉴 문학 저널Revue littéraire de Paris et de Champagne〉, 랭스Reims, 1905년, 89쪽.

장 앙리 그랑피에르Jean-Henri Grandpierre, 〈미국에서 보낸 몇 달Quelques mois de séjour aux Etats-Unis d'Amérique〉, 그라사르Grassart 출판사, 파리, 1854년, 12~13쪽.

티모테 그루Timothée Groult, 〈무지개와 그 그림자. 랭보에 관한 성상파괴주의적 독해L'Arc-en-ciel et som ombre. Une lecture iconoclaste de Rimbaud〉, 팀Tim 출판사, 파리, 2038년.

로버트 해리슨Robert Harrison, 〈망자Les Morts〉, 르 포미에Le Pommier 출판사, 파리, 2003년, 150쪽.

올더스 헉슬리Aldous Huxley, 〈가자에서 눈이 멀어Eyeless in Gaza〉(프랑스어 제목은 〈심연의 평화La Paix des profondeurs〉), 파리, 타블르롱드Table Ronde 출판사, 1976년, 338쪽, 339쪽.

이자벨 랭보Isabelle Rimbaud, 〈나의 오빠 아르튀르Mon frère Arthur〉, 메르퀴르 드 프랑스Mercure de France출판사, 파리, 아르망스Harmance, 스트라스부르Strasbourg, 2040년.

로코 시프레디Rocco Siffredi, 〈로코가 로코를 이야기하다. 나의 인생사Rocco raconte Rocco. L'histoire de ma vie〉, 파스칼 프티오Pascal Petiot 출판사, 파리, 2006년, 10쪽.

잭 스파이서Jack Spicer, 〈잭 스파이서의 책. 나를 그것으로 만들어 준 것은 나의 언어였다C'est mon vocabulaire qui m'a fait ça〉, 트블루뒤시엘L. Bleu du Ciel 출판사, 보르도, 2006년, '7행의 발라드Ballade des sept passages', 23쪽.

시에나 설리번Siena Sullivan, 〈다정다감한 사람Un tendre〉, 랭보에 대한 비평적 전기. 모던 라이브러리Modern Library 출판사, 뉴욕, 2041년; 아르튀르 대 랭보(대담집), 조프 페이지Geoff Page 출판사, 캔버라, 2044년.

신명 377p-398p

루 안드레아스살로메Lou Andréas-Salomé/마리아 라이너 릴케Rainer Maria Rilke, 〈편지Correspondance〉, 갈리마르Gallimard 출판사, 파리, 1989년, 135쪽

에밀리 디킨슨Emily Dickinson, 〈스승, 친구, 가정교사, 연인에게 보낸 편지Lettres au maître, à l'ami, au précepteur, à l'amant〉, 조제 코르티José Corti 출판사, 파리, 1999년, 토머스 W 히긴슨에게 보낸 편지Lettre à Thomas W. Higginson, 1872년 말, 1876년 늦여름, 131쪽, 148쪽.

쇠렌 키에르케고어Søren Kierkegaard, 〈사랑과 재능에 관한 서한집Lettres choisies sur l'amour et le don〉, 〈철학Philosophie〉 제60호지에 실렸던 1847년 헨리에테 키에르케고어Henriette Kierkegaard에게 보낸 편지들, 에디시옹드미뉘Editions de Minuit 출판사, 파리, 1998년 12월[안느크리스틴 아바르Anne-Christine Habbard 역] 15쪽, 18~19쪽; 〈일기Journal〉, 제I권(1834~1846년), 갈리마르Gallimard 출판사, 파리, 1963년, 221쪽.

이자벨 랭보Isabelle Rimbaud, 〈나의 오빠 아르튀르Mon frère Arthur〉, 메르퀴르 드 프랑스Mercure de France 출판사, 파리, 아르망스Harmance, 스트라스부르Strasbourg, 2040년, 50쪽.

아돌프 셰퍼Adolphe Schaeffer, 〈한 행복한 남자에 관한 이야기Histoire d'un homme heureux〉, 미셸레비 프레르Michel-Lévy Frères 출판사, 파리, 1865년, 18~20쪽, 254쪽.

쥘 쉬페르비엘Jules Supervielle, 〈탄생Naissances〉, '시 예술에 관한 몽상En songeant à un art poétique', 갈리마르Gallimard 출판사, 파리, 1951년.

참고

219쪽에 인용된 파블로 네루다의 작품 〈검은섬의 회상록Mémorial de l'Ile noire〉은 갈리마르 출판사Eidtions Gallimard의 클로드 쿠퐁Claude Couffon 역을 참조했다. 377쪽에 인용된 루 안드레아스 살로메Lou Andréas-Salomé의 〈라이너 마리아 릴케에게 보내는 편지Lettre à Rainer Maria Rilke〉는 갈리마르 출판사Eidtions Gallimard의 필리프 자코테Philipe Jaccottet 역을 참조했다. '라지드에서 지드'(160쪽부터~)에서 인용된 앙드레 지드의 작품 〈소설과 이야기로의 회귀Le Retour in Romans et récits〉는 갈리마르 출판사에서 출간된 책을 참조했다.

옮긴이 허보미

서울대학교 불문과 석사 과정을 수료하고, 한국외국어대학교 통번역대학원을 졸업했다. 현재 전문번역가로 활동 중이며, 번역한 책으로는 《아인슈타인의 빛》, 《대안은 없다》, 《신의 생각》, 《여우와 아이》, 《돈이 머니? 화폐 이야기》, 《채소 동물원》, 《문화재지킴이 로즈 발랑》, 《로댕의 미술 수업》 등이 있다. 월간 〈르몽드 디플로마티크〉 한국판 번역에도 참여하고 있다.

행복에 관한 마술적 연구

초판 1쇄 발행 2015년 12월 14일

지은이 뱅상 세스페데스
옮긴이 허보미
펴낸이 양소연

기획편집 함소연 디자인 하주연 이지선 마케팅 이광택
관리 유승호 김성은 인터넷사업부 백윤경 최지은

펴낸곳 함께읽는책 등록번호 제25100-2001-000043호 등록일자 2001년 11월 14일

주소 서울시 금천구 디지털로9길 68, 1104호(가산동, 대륭포스트타워 5차)
대표전화 1688-4604 팩스 02-2624-4240 홈페이지 www.cobook.co.kr
ISBN 978-89-97680-17-7(03100)

이 도서의 국립중앙도서관 출판예정도서목록(CIP)은 서지정보유통지원시스템 홈페이지(http://seoji.nl.go.kr)와 국가자료공동목록시스템(http://www.nl.go.kr/kolisnet)에서 이용하실 수 있습니다. (CIP제어번호: CIP2015031822)